《厦门大学法律评论》编委会

编委会主任：徐崇利
编委会成员：陈　鹏　　陈喜峰　　韩秀丽　　胡萧力
　　　　　　姜孝贤　　李　刚　　刘志云　　刘学敏
　　　　　　吕英杰　　魏磊杰　　熊亚文　　阳建勋
学 术 编 辑：张　璐

XIAMEN UNIVERSITY
LAW REVIEW

王杏飞 / 主编

厦门大学法律评论

2024年第二卷
总第三十九辑

图书在版编目（CIP）数据

厦门大学法律评论. 总第三十九辑 / 王杏飞主编.
厦门：厦门大学出版社，2024.12. --（厦门大学法律评论）. -- ISBN 978-7-5615-9608-1

Ⅰ. D90-53

中国国家版本馆 CIP 数据核字第 2024R83H35 号

责任编辑　李　宁　郑晓曦
美术编辑　张雨秋
技术编辑　许克华

出版发行　厦门大学出版社
社　　址　厦门市软件园二期望海路 39 号
邮政编码　361008
总　　机　0592-2181111　0592-2181406(传真)
营销中心　0592-2184458　0592-2181365
网　　址　http://www.xmupress.com
邮　　箱　xmup@xmupress.com
印　　刷　厦门市竞成印刷有限公司

开本　787 mm×1 092 mm　1/16
印张　12.25
插页　2
字数　300 千字
版次　2024 年 12 月第 1 版
印次　2024 年 12 月第 1 次印刷
定价　68.00 元

本书如有印装质量问题请直接寄承印厂调换

厦门大学出版社
微信二维码

厦门大学出版社
微博二维码

编辑者言

　　编辑者将怀着对作者和作品的温情与敬意,持守对法治及其理论的虔诚与审慎,以《厦门大学法律评论》(以下简称《评论》)参与中国的学术建设、社会进步。

　　1.编辑者为此所提供的形异而神一的理论平台包括:专题研究、理论探索、学说争鸣、法律实务等。

　　在必要且可能时,编辑者将就某一特定主题以专题研讨的形式展示作者之智识于读者。

　　2.稿件篇幅不限。编辑者希望作者可以借此从容铺陈,而读者则从条分缕析中得享阅读之乐。所刊稿件若确因版面所限,编辑者将商请作者删减。

　　3.编辑者在收到稿件后两个月内就稿件情况回复作者。

　　4.《评论》已被列为《高等学校文科学术文摘》之文摘源出版物,所有在《评论》上发表的文章均可能被《高等学校文科学术文摘》转载或摘编。

　　《评论》已加入"中国期刊全文数据库"(CJFD)、北京万方数据股份有限公司"万方数据知识服务平台"(WANFANG DATA)、"中国法律知识资源总库"、北京北大英华科技有限公司"北大法宝"数据库以及DOI系统。所有在《评论》上发表的文章均被同步编入如上数据库。编辑者就此敬请作者于惠赐作品时慎重考虑。

　　5.稿件一经采用,即由出版者支付稿酬(其中包括以上数据库的作者著作权使用费),并提供样书两册。

　　6.稿件请用Word文档形式发送电子邮件至:lawrev@xmu.edu.cn。

　　7.编辑部电话:0592-2181280。

　　来稿请注明作者姓名、所在机构、学位、职称、研究方向、通信方式,并请附上中英文标题、摘要和关键词。作者的以上信息,仅当文章录用并刊发时一并载明,以便读者与作者联系。

《厦门大学法律评论》编辑部

DOI 简介

DOI(Digital Object Identifier),即文献数字对象识别号,为美国出版商协会(The Association of American Publishers,AAP)于1994年建立,1997年成为数字资源命名的一项标准。DOI能让学术文章永久寻址,实现文献永续存在。

《厦门大学法律评论》从2013年起,通过台湾元照出版公司提供的平台,正式加入DOI系统,所有在本刊刊发的文章将正式获得全球唯一且永续的"身份证号"。

DOI之特色可以简要地从如下几个方面进行介绍:

• 唯一且永续存在的标识符:DOI的意义在于,替数字文献加上固定的寻址,避免文献搜寻结果为"该资源已经被移除或无效",解决大量网络信息链接失效的问题,提高引文的正确性。

• 文献跨入国际DOI学术圈:透过国际DOI系统进行解析,跨越单一平台或数据库的局限走入国际,提升论文的能见度与学术影响力。

• 提高作品的引用率:对学术期刊及其文章而言,DOI可永久成功链接的特性,让服务质量提升;对搜寻服务来说,在学术文献中加入DOI,会提高检索结果的正确性,导引读者取得全文,提高文献被引用的机会。

• DOI的呈现方式:在文献标题处以脚注形式加上,具体如DOI:10.3966/102559312013020213001。

目　录

理论争鸣
人工智能的法律知识……………………………………………康允德(1)
刑罚正当根据的理论提升与实践面向……………………………刘鹿鸣(11)
合伙之诉的规范基础及其展开……………………………………叶玮昱(47)
行政决定者的思维过程不受探索吗？
　——以美国行政裁决为中心的考察………………………………阳　李(61)
法律援助对象范围的生成机制与优化进路…………………………罗　恒(78)
论我国短线交易归入制度的完善………………………蒋悟真　蒋文琪(94)

法律实务
酒驾治理困境的成因检视及路径纠偏
　——以法律与社会的关系为视角…………………………………徐　申(111)
论非暴力不法行为防卫权适配标准的逻辑理路与实践进路………高思洋(124)
一人公司财产独立证明法理重述及裁判规则审思……吴佳悦　郭泽喆(137)
《巴勒莫议定书》中人口贩运被害人身份的认定………宋佳宁　王楠楠(153)

学术评论
党内法规学教材的"三个面向"
　——从刘练军教授《党内法规学讲义》说起……………………刘怡达(171)

域外法音
对配偶的不忠行为相对人的精神损害赔偿请求
　——对最高裁判所2019年2月19日民集73卷2号第187页的
　　评释……………………………………[日]水野纪子著　赵宸毅译(180)

Contents

Theoretical Viewpoint

The Promise and Perils of Legal Artificial Intelligence ·········· Thomas Coendet（1）

The Theoretical Improvement and Practical Orientation of the Legitimacy
 of Punishment ·· Liu Luming（11）

The Foundation of Actio Pro Socio and Its Development ·········· Ye Weiyu（47）

Are the Mental Processes of Administrative Decision-Makers not Subject to Exploration?
 —A Study Centered on Administrative Adjudication in the United States ······ Yang Li（61）

The Generation Mechanism and Optimization Approach of the Scope of
 Legal Aid Recipients ·· Luo Heng（78）

On the Improvement of the Short Term Transaction System
 in China ·· Jiang Wuzhen　Jiang Wenqi（94）

Legal Practice

Analysis of the Causes and Corrective Measures of Drunk Driving Dovernance Dilemma
 —Based on the Perspective of the Relationship between Law and Society ··· Xu Shen（111）

On the Logic and Practice Approach of the Adaptation Standards for the Defense Right of
 Non-violent and Illegal Acts ·· Gao Siyang（124）

Restatement of Legal Theory of Independent Proof of Single-Member Company Property
 and Review of Adjudication Rules ·················· Wu Jiayue　Guo Zezhe（137）

Consideration on Identification of Victims of Human Trafficking in the Context of
 Palermo Protocol ································ Song Jianing　Wang Nannan（153）

Academic Review

The Three Orientation of Intra-Party Regulations Textbooks:
 Thoughts on Professor Liu Lianjun's Lectures on Intra-party Regulations ··· Liu Yida（171）

Extraterritorial Study

Compensation Claim for Mental Damages of the Spouse's Infidelity Relative
 —Commentary on the Supreme Court's Case of February 19, 2013 Vol.73, No.2,
 Page 187 of Collection of Civil Judgments ·················· MIZU NO Noriko（180）

人工智能的法律知识[*]

康允德[**]

摘要：本文尝试呈现人工智能在法律框架、学术研究和法律程序中的演变角色，探讨将人工智能作为自主智能体与将之作为分析人工智能融入法律实践的前景和风险之工具的区别。通过这个视角，文章调查了一系列旨在增强法律分析、规则制定和决策过程的人工智能工具。此外，文章还批判性地检视了人工智能作为代理人在法律程序中发挥积极作用的规范含义。本文认为，解决此问题需要理解法律不仅是一个机械系统，而且是人类生活形式的重要组成部分。参与这种生活形式需要承诺、技能、常识、创造力和判断力等特质，而人工智能无法或只能在有限程度上模拟这些元素。为了说明这些限制，本文展示了一个利用ChatGPT进行的现场测试，对于任何依赖或开发人工智能工具进行法律研究和应用的人来说，理解它们是至关重要的。

关键词：人工智能；判断；人类反向传播；法律专业知识；训练谬误

---

[*] 文章DOI：10.53106/615471682024120039001。

本文为笔者2021年7月在上海世界人工智能大会上发表的主题演讲的扩展版本，略有修改，由华东政法大学外语学院副教授张纯辉、上海交通大学凯原法学院硕士研究生王子杰翻译。原题为"电脑化法学：希望与恐惧"。这个标题在当时可能显得有些宏大，但考虑到介绍中概述的最新发展，现在看来似乎是一个恰当的选择。同样，演讲中提出的概述和基本论点在当前背景下仍然相关。然而，最近来自人工智能前沿的消息促使笔者在本文的第三节（"人工智能与法律：双刃剑之弊"）中强调了担忧和批判性的方面。在后记中，笔者讨论了"ChatGPT革命"。总的来说，这段文本保持了原始演讲的风格。

[**] 康允德，上海交通大学凯原法学院特聘教授，法学博士，研究方向：私法、商法、法学理论。电子邮箱：thomas.coendet@oxon.org。

The Promise and Perils of Legal Artificial Intelligence
Thomas Coendet

Abstract：This article reflects on the evolving role of artificial intelligence（AI）within legal frameworks，scholarship，and procedures. It introduces the distinction between AI as autonomous agents and AI as tools for analysing the promises and perils of integrating AI into legal practices. Through this lens，it surveys the array of AI tools that aim to augment legal analysis，rule formulation，and decision-making processes. Furthermore，the article critically examines the normative implications of AI assuming an active role as an agent within legal processes. It argues that addressing this question necessitates an understanding of law not solely as a mechanistic system，but as a vital part of the human form of life. Engaging in this form of life demands traits such as commitment，competence，common sense，creativity，and judgment；traits that AI can simulate only to some degree，if any. To illustrate these limitations，the article presents a field-test utilizing ChatGPT；understanding them is paramount for anyone who relies on or develops AI tools for legal research and application.

Key Words：artificial intelligence；judgement；human backpropagation；legal expertise；training fallacy

一、法律与人工智能带来的挑战

人工智能(AI)是我们时代的重要研究领域之一。没有任何学科能够幸免于思考如何应对由先进计算机技术带来的挑战——这种发展有时被称为"机器的崛起"①。对于科学来说，这些挑战是显而易见的，同时，社会科学也被要求探讨计算机化的过程和前景。当考虑到"数字人文"(digital humanities)这一术语时(这个术语已经存在一段时间了)，②或者当通过"后人文主义"(post-humanism)的概念视角来审视人工智能时，人文学科的参与就变得显而易见了。③

考虑到人工智能安全中心(the Center for AI Safety)最近发布的一份关于人工智能风险的声明，"后人文主义"这个术语显得有些令人不安。该声明指出："减轻人工智能对人类

---

① See Jelena Stajic, et al., Rise of the Machines, *Science*, 2015, Vol.349, p.248.
② See Matthew K. Gold ed., *Debates in the Digital Humanities*, University of Minnesota Press, 2012; Matthew K. Gold & Lauren F. Klein eds, *Debates in the Digital Humanities 2016*; University of Minnesota Press, 2016. Matthew K. Gold & Lauren F. Klein eds., *Debates in the Digital Humanities 2019*, University of Minnesota Press, 2019.
③ 关于该论题的讨论，可参考 Giovanni Aloi & Susan McHugh eds., *Posthumanism in Art and Science: A Reader*, Columbia University Press, 2021.

社会和人类整体造成的灭绝风险,应该成为全球范围内与其他社会规模风险(如流行病和核战争)并重的优先事项。"①尽管这并不是有关人工智能对人类社会和人类整体潜在威胁的第一次警告,但这份关于人工智能风险的声明之所以特别引人注目,是因为它不仅得到了杰出的人工智能科学家的支持,而且还得到了人工智能行业知名人士的支持。此外,这份声明发布的时机(2023年5月)正值学界刚刚开始意识到"ChatGPT革命"。② 在这更广泛的背景下,对人工智能的法律知识进行反思确实非常适时。

探索人工智能与法律之间的关系有两种截然不同的角度:一种是研究法律应该如何应对人工智能的开发及其在特定社会领域中的应用。当今人工智能在医疗、经济、政治进程、军事、监控、金融技术以及其他众多领域的出现,已足以显示人工智能给法律带来的希望,也引发一定的忧虑。另一种是研究人工智能是如何影响法律的,如何将其应用于或可能应用于法律程序。本文将围绕第二个角度展开,因为我们也有足够的理由对这一问题满怀希望且心怀忧虑。

谈及人工智能在法律程序中的作用,首先必须提出的问题是:这是什么类型的人工智能?根据一个著名但又颇具争议的区分标准,人工智能可分为弱形式和强形式。③ 在弱形式中,计算机程序是强大的工具,我们可以依赖其以更严格更精确的方式来形成并验证假设。在强形式中,对计算机进行适当的编程可使其具备与人类思维相同的认知能力,因此得以真正地智能运作。简而言之,弱人工智能是人类智能体的工具,强人工智能是与人类智能体处于同一层面的智能体。John Searle于1980年引入了强人工智能和弱人工智能的区别,并以此论证强人工智能的不可能性。这虽然并非要在本文中展开的内容,但区别工具和智能体有助于清晰地概览人工智能与法律之间关系。

二、人工智能与法律:双刃剑之利

将人工智能应用于法律程序的想法始于20世纪70年代的法律专家系统。这一想法的基础是拥有一个可以自行解决用户问题的计算机程序。该努力的主旨是安装计算机程序,将其作为解决法律问题的智能体。法律专家系统在某种程度上实现了这一目标,直至今日有些系统依然保持运行。然而,建造具备人类法律专家水平的人工智能法律专家这一强法

---

① Statement on AI Risk, www.safe.ai/statement-on-ai-risk#open-letter(Last visited on Jul. 28, 2021).

② See Jack Grove, The ChatGPT Revolution of Academic Research Has Begun, Http://www.time-shighereduction.com/depth/chatgpt-revolution-academic-research-has-begun (Last visited on Mar. 16, 2023).

③ See John R. Searle, Minds, Brains, and Programs, *Behavioral and Brain Sciences*, 1980, Vol.3, p.417.

律人工智能的目标显然还未能实现。① 鉴于对人工智能的研究离生产通用人工智能这一目标还很遥远,这种情况并不令人意外。②

因此,就目前对法律和人工智能的研究而言,更重要的是了解其表现出的不同趋势:其核心关注点并非设计一个可以模拟法律专家的专家系统。当前的研究范式更多的是在法律程序中设计能为人类智能体所用的工具。③ 这并未解决这样一些问题:这些法律人工智能工具中的一些是否可能作为智能工具运作,因此应被视为人类代理人的代理;未能明确人工智能工具是否可以在某个时刻与人类法律专家相提并论,也未能对我们是否应该为实现这个目标而努力的问题给予答案。人工智能作为人类智能体的法律工具这一范式仅仅标志着事态的发展。强化律师行为(augmented lawyering),而不是机器律师行为(machine lawyering),是表达这种范式转变的一种方式。④ 现在,让我们更加具体地探索当前正在发展和使用的法律人工智能工具。

一个重要的研究领域是法律文本分析。⑤ 这就需要研发有能力对法律文本进行大规模信息检索的计算机工具。检索的信息可能是对法律概念的使用或某种论证模式。可供选择的法律文本包括成文法、判例法、学术评论和期刊论文、立法材料、证据开示的文件或尽职调查程序的文件等。研究人员试图从中提取特定法律信息的文本,排列在语料库中并手动注释,以便机器学习。结果是呈现出一个可搜索的法律文本数据库,例如,人们可以用它来搜索"员工"这一概念会在哪些语境中出现。⑥ 分析法定概念的使用语境有助于深入了解手头的案例中对这一概念的阐释。目前,这种语料库分析为探究如何实际使用某一法律相关术语提供了有用的工具。⑦ 然而,它并没有解决该如何理解一个术语

---

① See Philip Leith, The Rise and Fall of the Legal Expert System, *International Review of Law, Computers & Technology*, 2016, Vol.30, p.94; Philip Leith, Legal Expert Systems, in Philip Leith ed., *The Computerised Lawyer: A Guide to the Use of Computers in the Legal Profession*, Springer, 1991.

② See Pei Wang, On Defining Artificial Intelligence, *Journal of Artificial General Intelligence*, 2019, Vol.10, No.1, pp.14-15; Ben Goertzel, Artificial General Intelligence: Concept, State of the Art, and Future Prospects, *Journal of Artificial General Intelligence*, 2014, Vol.5, p.1.

③ See Kevin D. Ashley, *Artificial Intelligence and Legal Analytics: New Tools for Law Practice in the Digital Age*, Cambridge University Press, 2017.

④ See John Armour, Richard Parnham & Mari Sako, Augmented Lawyering (ECGI 2020) Working Paper 558/2020, https://www.ssrn.com/abstract=3688896(Last visited on Jul. 28, 2021).

⑤ See Friedemann Vogel, Hanjo Hamann & Isabelle Gauer, Computer-Assisted Legal Linguistics: Corpus Analysis as a New Tool for Legal Studies, *Law & Social Inquiry*, 2018, Vol.43, p.1340; Jack G. Conrad & L. Karl Branting, Introduction to the Special Issue on Legal Text Analytics, *Artificial Intelligence and Law*, 2018, Vol.26, p.99; Amarnath Gupta, et al., Toward Building a Legal Knowledge-Base of Chinese Judicial Documents for Large-Scale Analytics, *Legal Knowledge and Information Systems*, 2017, Vol.302, p.135.

⑥ See Friedemann Vogel, Stephan Pötters & Ralph Christensen, *Richterrecht der Arbeit-empirisch untersucht: Möglichkeiten und Grenzen computergestützter Textanalyse am Beispiel des Arbeitnehmerbegriffs*, Duncker & Humblot, 2015.

⑦ 运用案例可参见 Thomas R. Lee & Stephen C. Mouritsen, Judging Ordinary Meaning, *Yale Law Journal*, 2018, Vol.127, p.788.

的规范性问题。即使我们明白这是一个动态的研究领域,但其在分析论证模式或论证挖掘方面也鲜起作用。① 其困难类似于自然语言处理(NLP)的语境和语义方面的一般性问题:在一个和数个法律文件中,计算机分析在提取语义内容并判断其相关性方面仍然存在极大的局限性。②

另一个重要的前沿研究是用计算机代码进行法律推理的建模。这是以税法为基础的法律专家系统的发源地。③ 早期的模型试图将权威的法律文本压缩成形式逻辑的算法。但在当时人们已经发现,对于判例法分析人们也需要对类比推理进行建模。④ 今天,各种法律推理的计算模型的出现,为法定推理和基于判例的推理建立了模型,它们也被用在类比推理甚至政策论证推理中。⑤ 一些模型可建构模拟法律辩论中的正反观点并预测法律案件的结果。⑥

在当前创造法律人工智能工具以支持人类智能体的范式中,一个主要目标是将检索法律信息的工具与法律推理的计算机模型结合在同一个计算机应用程序中。⑦ 这些法律应用程序将作为甚至有些已经作为法律专家研究诉讼策略、普通民众判断其法律立场、法律学者验证其假设在某一法律领域中所起作用的陪练伙伴,并可能在未来发展为为立法者检验其立法草案的逻辑性和术语一致性的工具。即使仍然存在许多技术困难,但也充满着希望。像 ChatGPT 这样的人工智能语言模型将在何种程度上影响并可能推动法律推理实践,还有待观察。我们将在后记中回到这个问题上。双刃剑之利,我们就先谈及至此。

---

① 具体调研参见 John Lawrence & Chris Reed, Argument Mining: A Survey, *Computational Linguistics*, 2020, Vol.45, p.765.

② 总体性论述参见 Junichi Tsujii, Natural Language Processing and Computational Linguistics, *Computational Linguistics*, 2021, Vol.47, p.713 (Disambiguation is the single most significant challenge in most NLP tasks; it requires the context in which expressions to be disambiguated occur to be processed. In other words, it requires understanding of context. 消除歧义是大多数自然语言处理 NLP 任务中最重要的挑战:它要求处理要消除歧义的表达式所在的上下文。换句话说,它需要理解上下文语境)。

③ See L. Thorne McCarty, Reflections on Taxman: An Experiment in Artificial Intelligence and Legal Reasoning, *Harvard Law Review*, 1977, Vol.90, p.837; Richard E. Susskind, Expert Systems in Law: A Jurisprudential Approach to Artificial Intelligence and Legal Reasoning, *The Modern Law Review*, 1986, Vol.49, p.168.

④ See Bruce G. Buchanan and Thomas E. Headrick, Some Speculation about Artificial Intelligence and Legal Reasoning, *Stanford Law Review*, 1970, Vol.23, p.52.

⑤ 总体概览可参见 Ashley (n 7) pt 1.

⑥ See Daniel Martin Katz, Michael J Bommarito Ii & Josh Blackman, A General Approach for Predicting the Behavior of the Supreme Court of the United States, *Plos One*, 2017, Vol.1.

⑦ Ashley (n 7) ch 12.

三、人工智能与法律：双刃剑之弊

在某些方面，法律人工智能的前景确实非常黯淡。① 首先，人们没有理由相信，这些新人工智能工具的编程过程是在脱离了世俗利益而在纯粹科学精神的背景下进行的。对于政治上特别有争议的法律领域，例如劳动法，通常存在分别代表雇主和雇员利益的律师事务所，那么对劳动法的法律阐释是否因此会偏向于一方或另一方的观点呢？在这种背景下，为什么我们会认为引入雇佣法的法律应用程序就不会具有偏袒性呢？简而言之，我们不能认为法律应用程序是中立、公正的技术产品。一款能够预测法院将如何裁决争议的法律应用程序可以给一方带来法律和科学权威的光环，使其在庭外和解谈判中谋取利益，尤其是当另一方缺乏经验的时候。

当然，还存在的问题是：随着这些人工智能工具变得越来越智能，变得太智能了，那么又会发生什么呢？我们能够将法律推理交给人工智能工具，让它们成为次代理人（sub-agents），甚至某种情况下，成为法律程序中的代理人吗？处理这些经验和规范问题需要一些法理学的基础知识。首先必须理解，无论计算机科学的技术如何进步，法律始终都是一个规范领域（normative domain）。②③ 人们常常会产生一些误解，但法律不仅仅是处理过去的数据以解决当前的问题，其对未来的影响也在当前的法律程序中以两种关键方式体现出来：其一，如果当前没有足够可供借鉴的内容，那应该如何去裁定案件？此时对手头案件的裁决需要考虑对未来的法律会有什么影响。其二，原则上，未来全然的不确定性也为现有法律无法解决的手头案件带来了更多可能性。④ 更实际地讲，普遍的情况是法律问题是由全新的事实情况造成的，而并不是由不明确的法律规则引起的。

因此，要让法律人工智能代替人去处理法律问题，就必须在技术上模拟规范的法律推理。换句话说，法律人工智能不仅要能解释如何解决某个法律问题，还要能就如何解决某个

---

① 总体性概述可参见 Simon Deakin & Christopher Markou eds., *Is Law Computable? Critical Perspectives on Law and Artificial Intelligence*, Hart Publishing, 2020; Steven Livingston & Mathias Risse, The Future Impact of Artificial Intelligence on Humans and Human Rights, *Ethics & International Affairs*, 2019, Vol.33, p.141.

② *Locus classicus*, Hans Kelsen, *Reine Rechtslehre: Einleitung in die rechtswissenschaftliche Problematik*, Matthias Jestaedt ed, Mohr Siebeck 2008.

③ 在这里，我将法律的规范性理解为关于法律总体的命题。将这个命题简要地与比较法学方法论长期以来的辩论联系起来似乎是有用的，这一辩论在强调法律的普遍属性和强调法律的特殊性的方法之间展开。这一辩论并不是总能带来有关采用哪种方法的适当背景的有益建议。总的趋势似乎是当前更倾向于强调法律的特殊性的方法。然而，从法律具有特殊性的真正观察出发，并不意味着关于法律本身——无论法律在哪里被发现——没有什么真实可言。关于这些问题的讨论和澄清的尝试，参见 Thomas Coendet, Critical Methods, in Mathias Siems & Po Jen Yap eds., *The Cambridge Handbook of Comparative Law*, Cambridge University Press, 2024, forthcoming.

④ See Adrian Vermeule, *Judging Under Uncertainty: An Institutional Theory of Legal Interpretation*, Harvard University Press, 2006, p.155.

法律问题进行论证。① 鉴于人工智能技术的现状以及过去几十年来我们所见证的发展,计算机能够有效地进行规范性推理并非不可想象。然而,关键问题并不是技术的可行性问题,而是如果我们将法律问题的规范性推理外包托付给计算机,那么人类会失去什么。②

面对这个潜在损失的问题,有两种不是特别有效的极端立场。一种是担心法律的独特性并认为法律规则可能会被计算机规则所取代。③ 另一种则同 Weizenbaum 一样认为仅仅考虑是否让计算机成为法律判决的代理人或次代理人都是"可憎的"。④简而言之,我们需要的论证并非科幻小说,而是涉及更具体的伦理问题。这又需要一些更普遍的法理学和哲学知识。

回答这些问题需要这样一种洞察力,即法律体系不仅仅是一台将律师作为其组成部分的机器。相反,法律反映了一个社区或社会的生活形式。它反映了人类如何与他人共处,以及当他们对公正的含义产生分歧时是如何用更文明的形式去解决分歧的社会活动。这种对法律的理解,顺便说一下,也适用于法律实证主义者(legal positivist),⑤因此,对法律的推理意味着一种能力和责任:它需要常识来理解人类生活的意义,也需要一种对于人类生活方式的责任。这种能力和责任并不是天生的,必须通过训练并得到重视——这就是为什么我们不仅应该关注我们的法律教育和职业状况,还应该关心公众如何看待法律以及公众的体验。

那么,人工智能可以复制这种能力和责任吗?撇开人工智能在技术上还不能复制人类的常识、情感和智慧的事实,原则上计算机不能分享人类状况。它们不像我们那样会濒临死亡和经受苦痛。即使进化的人工智能系统也是如此,与人类不同,它们不会经历一个有限的社会化的过程。⑥ 所以,我们为什么要认为计算机会真正对人类生活负责呢?它们为什么会关心?这种人类特殊性就是为何法律程序始终根植于人类社会的重要原因。即使现代法律已经具有超出个体人类智能体控制的社会体系属性,⑦但这并不意味着我们应该将人类对法律的推理完全交由机器并希望它们做得更好。

因此,当涉及 AI 和法院时,法治(rule of law)需要"人类的反向传播"(human back-

---

① 关于法律论证和法律解释之间的区隔研究,参见 Thomas Coendet, Legal Reasoning: Arguments from Comparison, *Archiv für Rechts-und Sozialphilosophie*, 2016, Vol.102, pp.489-490.

② "计算机的适用性极限最终只能以诸多'应然'(oughts)来衡量。"参见 Joseph Weizenbaum, *Computer Power and Human Reason: From Judgment to Calculation*, Freeman, 1976, p.227.

③ See Simon Deakin & Christopher Markou, From Rule of Law to Legal Singularity, in Simon Deakin & Christopher Markou eds., *Is Law Computable? Critical Perspectives on Law and Artificial Intelligence*, Hart Publishing, 2020.

④ Vgl. Weizenbaum (n 23) 268-269.

⑤ See John Gardner, *Law as a Leap of Faith: Essays on Law in General*, Oxford University Press, 2012.

⑥ 如果我们假设人工智能不需要复制这种特定的人类条件,而只是在自身中复制它,那么这个论点甚至仍然成立。分担痛苦的条件与分担痛苦是不同的。因此,我们在这里避免了"人工智能谬论"(AI fallacy),即假设为了达到或超越人类能力,机器需要模仿人类行为,参见 Richard E Susskind, *Online Courts and the Future of Justice*, Oxford University Press, 2019, p.272.

⑦ Vgl. Locus classicus Niklas Luhmann, *Das Recht der Gesellschaft*, Suhrkamp 1993.

propagation),正如过去一样。即使我愿意考虑人工智能在标准案例中能提供法律解释,并在需要法律论证的时候作为我们的陪练伙伴,这些人工智能最终也仍然只是工具。它们是必须具有透明性、可靠性和安全性技术标准的工具,并经得起法律的质疑。换言之,法庭上的法律人工智能必须直面人类智能体对案件进行推理的权利,因为判决的重任完全落在我们的肩上,无论好坏。①

四、后记:ChatGPT 的现场测试

AI 语言模型 ChatGPT 的介绍已经普遍存在,尤其是关于它如何影响学术研究和教学,以及它可能如何改变它们。但与其提供另一种介绍,我认为更有见地的做法是报告并简要反思对 ChatGPT 进行的现场测试结果。为了进行这次测试,我注册了一个 ChatGPT 账户,免费获得了该程序的 5 月 24 日版本的访问权限。②我使用了本文的前三部分作为测试数据,其中包含基本相同的文本(包括标题)。不过,我省略了介绍的第二段关于最新进展的评论,以及文本中稍后提到的 ChatGPT。我还删除了作者信息和参考文献。

首先,我只是要求 ChatGPT"阅读文本",所以当它的第一反应是对文本内容进行详细总结时,我感到有些惊讶。作为经验丰富的人类读者,我们知道除了总结内容之外,还有无数种方式可以处理文本。因此,常识告诉我们,对于阅读请求,应该有不同的回应,比如说,"是的,我已经阅读了文本。您想了解什么?"或者"您想让我用文本做什么?"当然,我们可以合理地期望 ChatGPT 学到,下一次最好先询问要对文本做什么,而不是喋喋不休地总结。公允而论,对于人类读者来说,我们也需要学习这一点。

值得称赞的是,ChatGPT 对我的文本所做的总结相当出色:准确且表达清晰。然而,当我要求它写一份摘要时,它的表现就不那么令人印象深刻了。聊天机器人生成的内容基本上只是文章的一个较短的总结。尽管有几句措辞不错的句子,但整体上是那种令人兴味索然、毫无想象力的摘要:一堆信息,以线性方式总结文本,而没有以创造性的方式重新阐述论点或集中在关键主题上。可以肯定的是,这样的摘要并不吸引人去阅读全文。

我继续询问 ChatGPT 会为文本提供哪些参考文献。最初的回应是关于如何在研究论文中加脚注的介绍。在我将问题更改为要求提供具体的与主题相关的书籍和文章之后,ChatGPT 提供了一份关于法律和人工智能主题的五个资料来源的列表,虽然确实相关,但仍然很笼统。于是我要求提供能用来为文章做脚注的具体资料,而回复又一次变成研究论文脚注的入门指南。因此,我尝试着问道:"但你为什么不能提供具体的资料来源呢?毕竟,文本中提到了非常著名的人名和论点。"这对 ChatGPT 来说已经足够接近了,它提供了正确的文献,即 Searle 关于强人工智能和弱人工智能区分的著名论文。不过需要注意的是,

---

① 令人欣慰的是,决策者正在意识到这些问题,例如 The Law Society of England and Wales, Algorithms in the Criminal Justice System,2019. The Right to a Human Decision has been Addressed in a Recent Monograph, see *Mund* 2022.

② 网址为 https://openai.com/blog/chatgpt.

确定这个资料来源是毫不费力的:不仅因为它在人工智能辩论中是如此标准的参考文献,而且因为本文中提供了这方面的基本信息。此外,ChatGPT忽略了另一个显而易见的参考文献,原文中也有类似的细节信息:Weizenbaum的《计算机力量与人类理性》(Computer Power and Human Reason)。①

除了Searle的文章外,ChatGPT还提供了另外四个参考文献,包括两本书——其中一本与法律和人工智能相关,也与我的文本相关。然而,我发现聊天机器人推荐的两篇文章实际上并不存在。当我向ChatGPT指出这一点时,它摊牌承认:"我先前提供的参考文献是虚构的,并非基于真实的文章。"我随后询问为什么它没有从一开始就指出这些来源是虚构的,得到的回应是:"我对我之前的回应造成的任何混淆表示歉意。我应该从一开始就澄清,我提供的具体来源是虚构的,而不是基于实际文章的。……"

这些虚构的参考文献引起了我的兴趣,我想知道ChatGPT对真实性的承诺会做何反应。我问道:"你在乎你给出的答案是否准确吗?"程序迅速回答道:"作为一个AI语言模型,我的主要目标是提供有用和准确的信息……"很容易看出,这个回答与提供虚构的参考文献之间存在着明显的不一致。因此,我对ChatGPT说:"早些时候你已经承认你提供了虚构的信息来源。你怎么还能像上次回应那样,声称自己关心提供准确信息?"此时程序未能生成回应,而是返回了一条错误信息。在点击"重新生成回应"按钮之后,最终还是收到了一个回答:"您是正确的,我为我之前回答中的矛盾表示道歉。我为提供虚构的来源而道歉,且未从一开始就澄清这些来源并非基于实际参考文献。我承认这个错误,并为可能造成的任何混淆或误解而道歉。准确性的确很重要,我为在这个实例中未能做到这一点而道歉。如果您有任何进一步的问题,或者我还能为您提供其他任何帮助,请告诉我。"

我继续询问ChatGPT如何改进文本。我对这一问题进行了多次重新措辞和重新定义,但却无法得到对我的论点有帮助的反馈。我当然渴望获得专业意见来提高文本的质量,但聊天机器人的回答始终停留在一个较为一般的水平上。程序似乎在努力提供全面的答案:面面俱到,但缺乏深度。基本上,ChatGPT的回应就像一个非常勤奋而有知识的学生,却缺乏带入自己观点的能力。在这一点上,它与人类专家对论文草稿的反馈明显不同,后者会挑出(或至少挑出一些)论点的关键线索和主题,并进行详细讨论。在ChatGPT向我推荐了一位该领域专家的意见之后,我直截了当地问道:"我想要你的意见,但要像专家一样。"这导致了一个信息量极大的回复:"作为一个AI语言模型,我没有个人观点或主观专业知识。我的回答是基于我接受训练的数据中的模式和信息生成的。虽然我可以就各种主题提供信息和见解,包括人工智能和法律,但我没有个人经验或形成独立观点的能力。如果您正在寻求专家意见,建议咨询该领域的权威学者、研究人员和从业者。他们可以根据他们的专业知识、研究和实践经验提供细致入微的观点。"

这个回答表明,程序员们已经考虑过聊天机器人如何向其对话伙伴展示自己。它相当准确地阐述了我在测试ChatGPT时观察到的限制,正如几个例子所证明的那样。总的来

---

① ChatGPT可用的措辞分别是:"John Searle于1980年引入了强人工智能和弱人工智能的区别,并以此论证强人工智能的不可能性。""另一种(观点)则同Weizenbaum一样认为仅仅是考虑是否让计算机成为法律判决的代理人或次代理人都是'可憎的'。"

说，ChatGPT 的常识和判断能力，以及对手头任务的投入程度仍有很大的提升空间。延长对 ChatGPT 的使用时间显然会提高其性能，因为该模型会将之前与特定用户对话的经验融入随后的回答中。至少，该程序的未来版本很可能会解决在这次显然很粗浅的测试中发现的问题，例如主动要求明确任务的规范，生成引人入胜的摘要，并在被要求反馈时避免默认给出完整但空洞的概括。

然而，我们不应该陷入所谓的"训练谬误"(training fallacy)：我们总是可以争论说一个计算机程序可以在事后，即在人类用户指出问题之后，调整其算法。然而，在现实世界的沟通和决策中，第一次就做对是非常重要的。在法律的社会实践中，可靠的判断力的重要性是不言而喻的。这就是为什么我们希望将困难的案件交到经验丰富、训练有素的法律专家手中，交到具有精细判断力的智能体手中。这也是为什么司法系统中有多个实例，承认错误仍然会发生。因此，如果 AI 在常识和判断力方面失败，单单声称进一步的训练将纠正特定的失误是不够的。正如前面所说的，常识和判断力是参与法律程序的核心能力；因此，它们应该受到认真对待。ChatGPT 的最后一句回答（如上文所引）比模型所"知道"的更接近事实真相。

刑罚正当根据的理论提升与实践面向[*]

刘鹿鸣[**]

摘要：当前对刑罚正当根据的研究，囿于报应论与预防论的讨论范式，难以兼顾理论一贯与实践导向。法确证与法恢复说借助"国家—市民社会"的二元结构，发现了刑法中行为规范的作用机理，并以此为框架展开理论建构：在国家层面，规范面向类型化的社会角色施展普遍效力，当行为规范被犯罪行为破坏时，要以刑罚（确证刑）确证行为规范的本来效力，揭示恢复规范效力的充分条件；在市民社会层面，行为规范面向形象饱满的个体，在普遍适用的前提下于适用效果之中显现个体差异，根据犯罪人同市民社会交往的具体状况随时确认规范效力的恢复情况，将确证刑调整为恢复规范效力充分且必要的刑罚（恢复刑）。法确证与法恢复说不仅在理论上逻辑自洽，还能够为司法实践提供具体指导。

关键词：刑罚正当根据；行为规范；报应；预防；量刑

The Theoretical Improvement and Practical Orientation of the Legitimacy of Punishment

Liu Luming

Abstract：The current researches on the legitimacy of punishment have been confined by the discussing paradigm between the Theory of Retribution and the Theory of Prevention, which is difficult to take both logical unity and practice into consideration. With the help of the "State-Civil Society", the Theory of Norm-Confirmation and Norm-Restoration has found the action mechanism of norms in the criminal law and carried out the theoretical construction：At the

---

[*] 文章DOI：10.53106/615471682024120039002。

[**] 刘鹿鸣，法学博士，最高人民检察院检察理论研究所学术部干部、助理研究员，研究方向：刑法学、检察学。电子邮箱：liulum4869@hotmail.com。

"State" level, the norm exerts universal force on the typed social roles. When the norm violated by the crime, the original normative force should be confirmed by penalty (Confirmatory Penalty), while revealing the sufficient condition for restoring the normative force. At the "Civil Society" level, the norm is oriented to precisely individuals and takes individual differences into consideration while being applied under the universal force. When the norm violated by the crime, it is necessary to confirm the restoration level of the normative force at any time according to the specific communicative situation between the criminal and Civil Society. And then adjust the Confirmatory Penalty to a penalty that is sufficient and also necessary to restore the normative force (Restorative Penalty). The Theory of Norm-Confirmation and Norm-Recovery is logically self-appropriate in theory, and it can also provide specific guidance for judicial practice. What's more, it has enlightening significance for the linkage between the theory of punishment and the theory of crime, and the reform of the system of punishment.

Key Words: the legitimacy of punishment; behavioral norms; retribution; prevention; sentencing

一、徘徊于报应与预防之间的既有理论

刑罚正当根据是刑法学的元理论，[1]只有明确了对人实施刑罚的正当性，才能引出将哪些行为定性为犯罪、对犯罪人实施何种刑罚等一系列的具体问题。离开对刑罚相关问题的研究，便不可能清晰地揭示犯罪的本质，[2]更不可能很好地开展各项刑罚实践。[3] 然而，对于这样一个基础而重要的问题，理论界始终没能达成一致，报应论、预防论、并合论的对峙仍长期存在。这也直接导致当前的刑罚论研究缺乏体系性关联，多为碎片化的成果。[4] 鉴于此，有必要尽快查明刑罚正当根据理论遭遇瓶颈的原因并对症下药。

(一)作为通说的并合论及其疑问

并合论是责任报应、特别预防与一般预防的并合，主张对过去犯罪的报应与对未来犯罪的预防均为刑罚正当根据，并由此衍生出由责任刑到预防刑的量刑步骤规则。基于其丰富

---

[1] 参见[德]米夏埃尔·帕夫利克:《刑法科学的理论》，陈璇译，载《交大法学》2021年第2期。
[2] 参见周光权:《法治视野中的刑法客观主义》，法律出版社2013年版，第325页。
[3] 参见王世洲:《现代刑罚目的理论与中国的选择》，载《法学研究》2003年第3期。
[4] 参见王利荣:《为重构刑罚学说寻求新方法》，载《法学研究》2013年第1期。

的理论内涵与良好的实用性,并合论在国内外均处于通说或是有力说的地位。① 但并合论的缺陷也难以忽视:

首先,并合论内部存在明显的逻辑抵牾。并合论将以个体自由为底色的报应论和以社会治理为根基的预防论这两种价值基底完全不同的理论强行拉拢到一起,导致了刑罚正当根据理论的内在矛盾。并合论认为,偏向于报应或预防的任何一端都是不正确的,不可能为刑罚提供完整的正当根据,哪怕是这些有价值的理论之间存在部分冲突,也要折中地加以考虑。② 但在批评者看来,报应和预防间的冲突不可调和,一方面,报应论所重视的个体自由与预防论所重视的社会治理分别代表绝对主义和功利主义的法哲学立场,③二者法哲学基底迥异,④前者要求社会成全个体,而后者偏向于拘束个体以保全社会;另一方面,强行将两种敌对的理论绑定在一起指导实践时,结果必然是其中一种理论占上风,最终倒向报应或预防的一元论,所谓对两者的兼顾只不过是不断地用语言将两种理论关联起来,是不负责任的搅和,终将导致实践混乱。⑤

并合论的支持者也承认,报应论和预防论存在二律背反,报应论为保障个体自由会有限制国家刑罚权的倾向,而预防论却有充分调动刑罚以保护社会安全的冲动,⑥仅将两者形式化地拼凑在一起,恐会沦为"平庸的全面",甚至是"错误的全面"。⑦ 但并合论的支持者仍不愿放弃兼顾两种价值,而是试图通过把报应、一般预防、特别预防分别归入不同刑罚制度阶段的阶段划分法来化解其间的紧张关系。阶段划分法将刑罚制度划分为制刑、量刑和行刑三个阶段。主张制刑阶段以一般预防为根据,重在以刑法规范警示一般公众避免犯罪;量刑阶段以报应为根据,旨在将预先规定的刑罚分配给犯罪人,以示公正;行刑阶段以特别预防为根据,意在使刑罚达到改造犯罪人的最佳效果,⑧由此实现在各阶段内减少报应与预防的

---

① 参见张明楷:《责任刑与预防刑》,北京大学出版社 2015 年版,第 72~135 页;黎宏:《刑法学总论》,法律出版社 2016 年版,第 326 页;陈伟:《注射刑的并合主义刑罚目的观及其层次性》,载《法制与社会发展》2021 年第 3 期;[美]约书亚·德雷斯勒:《美国刑法精解》,王秀梅译,北京大学出版社 2009 年版,第 21~22 页;[日]城下裕二:《量刑理论的现代课题》,黎其武、赵姗姗译,法律出版社 2016 年版,第 3~10 页;[德]汉斯-约格·阿尔布莱希特:《重罪量刑》,熊琦等译,法律出版社 2017 年版,第 31 页;[英]汤姆·布鲁克斯:《刑罚:政治的,而非道德的》,高山林译,载张永和主编:《中国人权评论》(第 10 辑),法律出版社 2018 年版,第 151 页。

② See H.L.A. Hart, *Punishment and Responsibility: Essays in the Philosophy of Law*, 2nd. ed., Oxford University Press, 2008, p.3, 10.

③ 参见[日]大塚仁:《刑法概说(总论)》(第 3 版),冯军译,中国人民大学出版社 2003 年版,第 52~53 页。

④ 参见周漾沂:《刑罚的自我目的性——重新证立绝对刑罚理论》,载《政大法学评论》2016 年第 147 期。

⑤ 参见周光权:《刑法学的向度——行为无价值论的深层追问》,中国人民大学出版社 2023 年版第 3 版,第 253 页。

⑥ 参见张明楷:《责任刑与预防刑》,北京大学出版社 2015 年版,第 94 页。

⑦ 参见杜宇:《报应、预防与恢复——刑事责任目的之反思与重构》,载陈兴良主编:《刑事法评论》第 30 卷,北京大学出版社 2012 年版,第 22~23 页。

⑧ See H.L.A. Hart, *Punishment and Responsibility: Essays in the Philosophy of Law*, 2nd. ed., Oxford University Press, 2008, p.8.

正面冲突。然而,阶段划分法显然不符合立法实际。一方面,我国《刑法》第65条至第68条将累犯、自首、坦白、立功等与预防必要性有关的事实规定为量刑情节;另一方面,根据我国《刑法》第81条的规定,犯罪人要想获得假释必须以执行一定刑期为前提,说明在行刑阶段绕不开对报应的考虑。另外,阶段划分法只是生硬地将报应和预防分割到刑罚制度的各环节中,未能在理论上解释为何刑罚制度的各环节对应完全不同乃至价值相悖的正当根据,没有尝试在更宏观层面以某种更高的价值统摄刑罚制度的各阶段,没有从根本上解决报应与预防的冲突问题。

其次,由责任刑到预防刑的量刑步骤不能归功于并合论,难以视为并合论富有实践价值的表现。不论并合论的支持者在理论上如何解读报应与预防的关系,都不会否认在量刑时,要首先根据犯罪事实量定责任刑,划定报应的上限,然后在责任刑的范围内依据预防必要性裁量预防刑。① 由责任刑到预防刑的量刑步骤分阶层判断犯罪事实与罪行之外的其他犯罪人事实,既严守责任主义,又考虑了犯罪人的个体情况,通常不会导致量刑畸轻畸重,符合公众的正义感,确实具有较高的实践价值。但是,这一量刑步骤的运作依赖于报应与预防的相互制约而非相互配合,所产生的量刑结果是报应和预防互打折扣的妥协性产物,报应要经过预防的调节,而预防又要受到报应上限的约束,最终并不可能同时完整地实现报应和预防。显然,责任刑精准反映了犯罪人的罪行轻重,是最符合报应要求的刑罚,最能够体现公正,可其一旦经过预防刑的调节就不再是准确的报应,不可能完整地实现作为刑罚正当根据的报应;同理,最能实现预防效果的刑罚也不可能是受到责任刑约束的预防刑,而必然是与犯罪人的人身危险性、公众的守法意识完全吻合的刑罚,其一旦受制于责任刑,便不可能圆满地回应刑罚正当根据中的预防要求。

这样看来,之所以由责任刑到预防刑的量刑步骤通常能够生成令人满意的量刑结果,或许只是因为其谨守责任主义,同时顾及了犯罪事实情节与犯罪人个体情节,在量刑的计算程序上有一定合理性,能够确保不枉不纵。但指导这一计算程序运行的原理恐怕不是并合论,而应当是某种内部无矛盾且与实践逻辑一贯的理论。更为确切地说,应当存在一个居位更高的理论对"报应限制预防"和"预防削减报应"的现象作一体解释,为由责任刑到预防刑的量刑步骤提供更坚实的理论基础。

再次,并合论无法为量刑情节的具体评价提供富有说服力的解读。一方面,报应论本身无法参与到责任刑的裁量中,实践中大多将法益侵害结果作为责任刑轻重的判断基准,而并不会在量刑过程中提及报应,且报应一词自带"回应恶害"的内涵,容易使办案人员过度关注犯罪结果,忽视重要事实细节。例如:学界一致肯定在判断因果关系时须检验结果避免可能性,即当行为人实施合法行为时,法益侵害结果是否大概率能被避免或是法益侵害危险大概率能被降低,倘使缺乏结果避免可能性,便不能将法益侵害结果归责于行为人。② 这意味着,实施相同义务违反行为(如超速行驶)、造成了相同法益侵害结果(如致一人死亡)的两个行为人,完全有可能因为具体案件中结果避免可能性的差别而走向入罪与出罪、罪重与罪轻

---

① 参见张明楷:《责任刑与预防刑》,北京大学出版社2015年版,第133~135页。
② 参见陈兴良:《口授刑法学》,中国人民大学出版社2017年版,第184~185页;张明楷:《刑法学》,法律出版社2021年版,第240页;周光权:《刑法总论》,中国人民大学出版社2021年版,第130~131页。

的不同结局。可报应论思维恰恰易使办案人员产生处罚冲动,看到某种令国民震撼的实害结果便不加甄别地科予同等处罚,没有通过分析行为与结果之间关联程度的差别来仔细判断犯行在具体案件中的危险性差异,没有精确度量行为人对实害结果的实际贡献,进而无法准确量定责任刑。

另一方面,预防论的理论包容度与解释力均有限。例如,被告人特殊家庭情况便难以被预防论容纳与解读。在实践中常有这样的案件,被告人家境极其困难,上有老人重病急需巨额医药费,下有幼童嗷嗷待哺,配偶又丧失劳动能力,在这种情况下,被告人就选择实施财产犯罪或经济犯罪来解决家庭困难。按照预防论的观点,量刑时原则上只能考虑特别预防,当一般预防必要性比较小时也可以例外予以考虑。倘使特别预防与一般预防必要性的判断发生冲突,则应当坚持特别预防优先,对于一般预防必要性小但特别预防必要性大的案件,理应在责任刑之下从重处罚。① 但上述判断规则会在被告人家庭情况特殊的案件中遭遇困境:一是被告人家庭情况特殊对被告人特别预防必要性的影响并不明确。既可以认为,在不解决贫穷根源的情况下,被告人继续实施不法行为取得钱财的危险性很高,再犯的可能性很大;又可以认为,被告人家中有多人需要靠其维系生活,知道自己入狱会给家人带来灾难性打击,能够充分认识到犯罪的危害,故再犯的可能性较低。二是被告人家庭情况特殊对一般预防必要性的影响也不明确。既可以说,特殊家庭情况会令公众更倾向于同情被告人,但不会因其罪行而动摇对法的信赖,一般人的家庭状况也没有这么困难,因而不会模仿被告人犯罪;也可以说,相关犯罪事实为经济状况不佳或是短期急需资金的人提供了范本,一般预防必要性较高。三是在裁量预防刑时将特别预防置于优先地位本就值得怀疑,一旦认为家庭情况特殊的被告人特别预防必要性大,即便肯定其一般预防必要性比较低,也要对其从重处罚,可这样的量刑结果明显与一般公众的法感情相违背,没有回应公众对被告人的同情感,难以令人信服。这样看来,预防论把原本就不太可靠的人身危险性、再犯可能性预测作为论理根基,无法全面而稳定地指导量刑实践,时常会陷入"公说公有理,婆说婆有理"的困境。

最后,并合论难以实现犯罪论和刑罚论的深度融贯。按照并合论的说法,犯罪是对法益的侵害,而刑罚则是对法益侵害事实的报应和预防,在犯罪和刑罚之间并没有一条贯穿全过程的主线。以至于并合论在理论上无法自洽地回答:为什么要以刑罚来报应法益侵害?为什么刑罚能够预防法益侵害?换言之,并合论尚不是一个足够彻底的理论,还有进一步纵深追问的空间。

总之,并合论难以担当作为刑罚正当根据理论的重任。在理论层面,其内部报应论与预防论的理论冲突仍无法克服,且未能实现犯罪论和刑罚论的深度贯通;在实践层面,由责任刑到预防刑的量刑步骤虽然具有一定的实践价值,可惜其与并合论的初衷并不一致,不能完全归功于并合论,且并合论也难以为责任刑和预防刑的具体裁量提供可靠指导。

为了寻得妥当的刑罚正当根据,并合论的批评者们普遍将功夫下在了确保理论内部的无矛盾上。既然报应和预防之间的冲突是不可调和的,那么只站在报应或预防的其中一边自然就不会存在冲突。因此,学者们构建无矛盾的刑罚正当根据理论的核心路径就是在报应论和预防论中"选边站"。同时,为了避免"选边站"后的刑罚正当根据在内容上有折损,学

---

① 参见张明楷:《责任刑与预防刑》,北京大学出版社2015年版,第328~332页。

者们普遍将视野拓宽至哲学与社会学层面,试图在更宏观的理论层面将对方理论的一些优势吸纳至己方理论的框架中,在确保理论一贯的前提下尽可能地提升理论内涵的包容度。由此,学界出现了一些新的报应论和新的预防论,这些理论能脱颖而出吗?

(二)以报应论、预防论为基础的改进学说

1.以报应论为基础的改进学说

一部分并合论的批评者选择深耕报应论。报应论主张在过去既已发生的犯罪中寻找刑罚正当根据,① 潜心回答为何要以刑罚这种方式回应已经发生的犯罪这一问题。沿此思路,学界出现了三类较有影响力的新型报应论。

(1)情感报应论

情感报应论也称刑罚情绪论,② 其在所处社会环境中、人类所共有的道德基本信念中寻求责难的根据,③ 主张对犯罪人处以刑罚的正当性在于可以回应某种因犯罪而产生的情感,这种情感或表现为公众因犯罪而产生的愤慨与对恢复道德平衡状态的期望,或表现为犯罪人自身的负罪感,④ 但无论如何都不是非理性的,而是归根结底作为集体信念组成部分的正义感觉,⑤ 体现了自尊、自卫与对道德秩序的尊重和忠诚,具有普遍的道德意义。⑥

支撑该说的底层逻辑在于,每个人都不可能脱离他人、集体、文化等背景去定义自我,个体自由的实现也只能建立在对历史、自然、同伴需求、公民职责等背景的承认与利用的基础上。⑦ 我们只能在承认、遵循已成为坚固共识的集体信念的前提下利用集体信念来定义自我,正义感觉是集体信念的组成部分,作为普遍的正义感觉的表现,人们会很自然地对犯罪行为产生怨恨或义愤的反应性态度,而施恶者也会蒙受羞耻心或是至少产生要承担责任的自我反应性态度,作为惩罚的刑罚正是对这些反应性态度的利用与表达,⑧ 是对集体信念的回应与贯彻。

支持情感报应论的部分学者也承认,情感报应论能否在实践中证成一套刑罚制度是值

---

① 参见[德]米夏埃尔·帕夫利克:《人格体、主体、公民——刑罚的合法性研究》,谭淦译,中国人民大学出版社 2011 年版,第 11 页。
② 参见许家馨:《应报即复仇?——当代应报理论及其对死刑之意涵初探》,载《中研院法学期刊》2014 年第 15 期。
③ 参见[德]米夏埃尔·帕夫利克:《人格体、主体、公民——刑罚的合法性研究》,谭淦译,中国人民大学出版社 2011 年版,第 37~39 页。
④ 参见[英]安东尼·达夫:《刑罚、沟通与社群》,王志远等译,中国政法大学出版社 2018 年版,第 43~45 页。
⑤ 参见[德]米夏埃尔·帕夫利克:《人格体、主体、公民——刑罚的合法性研究》,谭淦译,中国人民大学出版社 2011 年版,第 37 页。
⑥ See Jeffrie G. Murphy, *Getting even Forgiveness and its Limits*, Oxford University Press, 2005, pp.19-22.
⑦ 参见[加]查尔斯·泰勒:《本真性的伦理》,程炼译,上海三联书店 2012 年版,第 47~52 页。
⑧ 参见[英]彼得·斯特劳森:《自由与怨恨》,薛平译,载应奇、刘训练编:《第三种自由》,东方出版社 2006 年版,第 15、32~33 页。

得怀疑的,办案人员在司法实践中应当注意到情感的危险性,避免司法活动随意被情感左右。① 由此也可以看出,情感报应论倾向于为刑罚提供一个纯粹理论性的正当根据,不言而喻,缺乏实践导向便是情感报应论的弊端之一。另外,情感报应论在理论上也并不完整,其只说明了回应情感的必要性,而并未论证为何要用刑罚这样一种极为严厉的制裁措施而非其他诸如损害赔偿等相对缓和的方式来回应这种情感。② 不过,对于刑罚正当根据是否以及如何包含公众正义情感的问题而言,情感报应论的论证思路及其启发性不容忽视。

(2)实存恢复论

实存恢复论着眼于刑罚的积极价值,将刑罚正面地描述为一种理性,即"恢复",并将"恢复"的过程同经验上可以感知的大小关联起来。③ 由于该观点所主张的可被刑罚恢复的对象皆为在经验上有对应具象化的实存,故本文将此类观点统称为实存恢复论。实存恢复论的核心意旨是以刑罚回应犯罪来恢复某些实存化的损害。不同学者对被恢复的实存有不同见解,大体存在正义秩序恢复与关系恢复两类观点。

正义秩序恢复论认为,犯罪人通过犯罪行为从守法者那里获取了额外的不正当利益,打破了犯罪人与守法者之间的公平状态,欠了社会一笔"债",④是故需要借助刑罚向犯罪人施加负担,恢复原先的公平状态。⑤

关系恢复论主张,刑罚能够重建犯罪人与被害人和其他公众的关系。对此,存在两种有力论证路径:

第一种是沟通主义路径,沟通报应论(communicative retributivism)与表达刑罚理论(expressive Straftheorie)皆属此一路径。沟通报应论认为,刑罚在本质上是一种以发生在过去的犯罪事实为讨论对象的沟通机制,在沟通的过程中刑罚向犯罪人表达其所应得的谴责和非难,明确地告诉犯罪人社会的价值以及犯罪行为对社会的伤害。⑥ 由于犯罪是一种公共性的不正当,会引起整体社群的充分关注,与作为私人性不正当的侵权有本质差别,因此,对犯罪的谴责(刑罚)必然是一种权威性的、共同性的谴责,而这种谴责要由社群公共性地完成而不是由当事人私下完成,犯罪人、被害人和社群中的其他成员都应参与到沟通中去。沟通的过程并不是单方向地向犯罪人表达谴责,而是允许犯罪人表达意见,促进犯罪人

---

① See Jeffrie G. Murphy, *Getting even Forgiveness and its Limits*, Oxford University Press, 2005, p.31.
② 参见[德]米夏埃尔·帕夫利克:《人格体、主体、公民——刑罚的合法性研究》,谭淦译,中国人民大学出版社2011年版,第41页;[英]安东尼·达夫:《刑罚、沟通与社群》,王志远等译,中国政法大学出版社2018年版,第44页。
③ 参见[德]米夏埃尔·帕夫利克:《人格体、主体、公民——刑罚的合法性研究》,谭淦译,中国人民大学出版社2011年版,第49页。
④ 参见许家馨:《应报即复仇?——当代应报理论及其对死刑之意涵初探》,载《中研院法学期刊》2014年第15期。
⑤ 参见[英]安东尼·达夫:《刑罚、沟通与社群》,王志远等译,中国政法大学出版社2018年版,第39~41页。
⑥ 参见许家馨:《应报即复仇?——当代应报理论及其对死刑之意涵初探》,载《中研院法学期刊》2014年第15期。

忏悔、改造并尽快地重返社群。[1] 表达刑罚理论/传达刑罚理论主张，刑罚的关键功能在于针对过去的犯罪事实传达否定、谴责，[2]国家刑罚权的发动本质上是一种交流行为，就规范的侧面来说，这种交流行为要对违反规范的犯罪事实的消极价值进行传达和确认；就人格的侧面来说，这种交流行为不仅面向行为人，要唤起行为人的赎罪感，还要安抚受害方，并向第三方公众传达规范的正面价值。[3] 表达刑罚理论与沟通报应论在本质上相通，都重视刑罚本身传达含义与交流互动的功能，将刑罚视为对犯罪的该当回应，因而其底层逻辑带有典型的报应论色彩。[4]

第二种是承认理论路径。提出法在主体间构建了一种承认关系，主体通过合法行为承认对方与自己在利己生活方面是平等的主体，进而确保各主体都能自由行动。犯罪是对主体间承认关系的破坏，否认了他人的法主体性，而刑罚意味着对主体间承认关系的恢复。[5] 用日常的语言来解释，为了能够自由、平等地开展生活，每个人都要承认对方可以同自己一样实施合法行为，而犯罪行为打破了这一平衡，毕竟犯罪人不可能承认其他人也可以对自己实施犯罪行为，此时就需要刑罚来恢复平衡，让其他人相信犯罪行为不具有普遍化潜质而是必然会得到刑罚的回应，进而重塑主体间的承认关系。

不论是正义秩序恢复论还是关系恢复论，都主张利用刑罚回应过去发生的犯罪能够恢复某种法规范之外的实存，尽管秩序、关系也比较抽象，但是多多少少能在经验世界找到外在的对应表现，这与下文即将介绍的绝对报应论有本质差别。另外，与旧的报应论和情感报应论不同，实存恢复论为报应论描绘了一幅新图景，其不再只作消极回应，而是也有积极恢复的功能。从这一点也可以看出，实存恢复论实质上是将预防论的一些内容整合到报应论中，不管是恢复正义秩序，还是恢复犯罪人与社群间的生活关系，抑或是恢复主体间承认关系，都不仅是对过去的回应，更蕴含着对未来的期待与指引。可以认为，实存恢复论确实在确保理论一贯性的基础上提升了报应论的包容度。

但是，实存恢复论仍非无可指摘。首先，实存恢复论也未能指出为何一定要使用严厉的刑罚才足以恢复正义秩序或是某种关系。其次，实存恢复论的理论深度还有下探空间。各种实存恢复论都认同，即使是那些有特定被害人的犯罪，犯罪人侵害的也不仅仅是被害人，还包括社会整体（或为秩序，或为犯罪人与社会中其他人的关系）。相应地，刑罚也不是代表被害人而是代表社会整体。可这一论断得以成立的前提是犯罪人在社会整体之中负有一定的义务。秩序也好，关系也好，都不过是犯罪人在社会整体中负义务的实存表现，是履行义务时本应达到的效果。因此，要得出一个足够深刻的刑罚正当根据，探讨的起点不应是实

---

[1] 参见[英]安东尼·达夫：《刑罚、沟通与社群》，王志远等译，中国政法大学出版社2018年版，第47～48、59～188页。

[2] Vgl. Tatjana Hörnle, Tatproportionale Strafzumessung, Berlin: Duncker und Humblot, 1999, S. 114.

[3] 参见刘赫：《检视与否定：刑罚目的论的再思考》，载江溯主编：《刑事法评论》第47卷，北京大学出版社2023年版，第216～218页。

[4] 参见童海浩编译：《近年来国外刑罚理论研究概述》，载《犯罪与改造研究》2024年第3期。

[5] 参见[德]米夏埃尔·帕夫利克：《人格体、主体、公民——刑罚的合法性研究》，谭淦译，中国人民大学出版社2011年版，第54～59页。

存表现或效果,而应当是犯罪人为什么负有义务。再次,实存恢复论的实践导向较弱,基本无法从理论中派生出实体性实践规则。

总的来说,实存恢复论在理论的完整度、纵深性与实践性方面均有欠缺,但仍不失为一项有益的探索。特别是其告诉我们,报应论并非不能纳入未来视角,"预防犯罪""保卫社会安全"等预防论的常规表达也能同义转述为"恢复秩序""恢复关系"。这对于在构想刑罚正当根据的过程中,走出思维定式,破除陈见桎梏有重要意义。

(3)绝对报应论

绝对报应论强调刑罚的自我目的性,亦即刑罚并不是作为达到某种外在目的或效果的工具而存在的,而是单纯地对过去的犯罪予以回应,刑罚的目的就是刑罚本身。绝对报应论的经典表述是,一个人只能因为其实施了犯罪而非因为其他目的遭受惩罚,[①]犯罪是对法的否定,而刑罚是否定之否定。[②] 理论界存在极端的绝对报应论与缓和的绝对报应论两种观点。

极端的绝对报应论将法划分为作为法规范基底的理性主体性、作为法规范内容的主体间法权关系(权利义务关系)、具有实际效力的实在法三个层次,并据此提出,犯罪作为对法的否定,便是理性主体的自我矛盾,是对主体间法权关系的破坏,是对实在法规范效力的减损。进而,刑罚是理性主体的自我回复,是对法权关系的回复,是对规范效力的回复。[③] 由此,刑罚实质上就是超验层面的法本身,不应受到经验层面要素的影响。在极端的绝对报应论看来,每个人(理性主体)在超验层面的守法能力都是完全相同的,经由刑罚实现法恢复的能力也是相同的。经验世界的相对化平等不能成为极端的绝对报应论的论据,类似于"初犯轻罚、再犯重罚"等考虑主体"刑罚敏感度"的经验性预防性要素一律不能影响量刑。[④] 按照这一观点,自首、前科、赔偿被害方等事实均不能作为量刑情节。

极端的绝对报应论将犯罪论和刑罚论实质地关联到一起,其理论一贯性毋庸置疑,但实践价值着实令人怀疑。在该理论中,人与人之间的经验性差异不再重要,所有人在刑罚面前均蜕变为原子式的抽象人格体,罪刑相适应、刑罚平等等原则的适用场域也搬到了超验层面,整个刑罚理论仿佛"飘在空中"。然而,规范并不应当是法理论的尽头,规范的背后还有价值,而对价值的理解必然要依赖于生活的意义,[⑤]如果不是有大量生活经验作基础,便无法获知法的真意。[⑥] 一旦彻底排除经验事实,价值判断在刑罚实践中便没有生存空间,刑罚实践无疑会变成毫无情理掺杂的机械化活动,显然难以被现行实践所接受,此外,该理论指出,刑罚是负面的恶害属于经验性认识,将刑罚置于以"理性主体自我回复"为基础的整体框

[①] 参见[德]康德:《法的形而上学原理》,沈叔平译,商务印书馆1991年版,第163页。
[②] 参见[德]黑格尔:《法哲学原理》,范扬、张企泰译,商务印书馆1961年版,第100页。
[③] 参见周漾沂:《刑罚的自我目的性——重新证立绝对刑罚理论》,载《政大法学评论》2016年第147期。
[④] 参见周漾沂:《刑罚的自我目的性——重新证立绝对刑罚理论》,载《政大法学评论》2016年第147期。
[⑤] 参见赵汀阳:《论可能生活》,中国人民大学出版社2010年第2版,第27、65页。
[⑥] 参见黄荣坚:《灵魂不归法律管》,商周出版社2017年版,第30页。

架下审视就会发现刑罚的正面性。①可回避刑罚在经验上的恶害性并不可取,更不足以说明刑罚为何区别于其他制裁措施,总是给人以恶害性的经验感受。

德国刑法学者帕夫利克教授(Pawlik)提倡的法恢复理论是一种相对缓和的绝对报应论。该理论认为,承认理论路径的关系恢复论有一定的正确性,但其在理论上还不够深刻,应将目光从主体间承认关系转移至犯罪人一方的主体性,亦即作为主体间承认关系的前提——犯罪人对维护社会整体(共同体)的自由状态负有协力义务。按照这一逻辑,犯罪是对承认关系的破坏,也是犯罪人对协力义务的违反。②作为义务违反的犯罪内在地包含人格体不法(侵害其他人格体的无限行为潜能)、主体不法(侵害其他主体的生活规划)与公民不法(违反作为国家公民所负有的维护用于规划生活的自由状态的法义务)三个层次。③换言之,当法的意涵浸入日常生活构建出作为自由状态的法秩序后,生活中的主体便角色化为国家的公民。法设定公民义务维持着作为自由之定在的法秩序,④公民既是法秩序的受益人,也是法秩序维护的参与人。如果一个公民只想享受法秩序却又不履行义务或是违反义务,便属于公民的不法。公民的不法即为犯罪行为,其本质是行为人违反公民协力维护法秩序的义务破坏了作为自由之定在的法秩序,在公然表达对法规范不认同的同时构建了自己所认同的反面规范(Gegennorm)。相应地,刑罚是法秩序的恢复,是对自由之定在的否定之否定,是对犯罪人自以为是地违反协力义务、创造反面规范行为(犯罪行为)的报应,同时也是犯罪人维护法秩序的另一种义务履行方式。借助公民的协力义务,法恢复理论对犯罪论和刑罚论进行了深度的一体化思考。申言之,犯罪人虽然以犯罪行为表达了对公民义务的反叛,但其仍然具有公民身份,不能免除其维护作为自由状态的法秩序的公民义务,在犯罪之后,其履行公民义务的方式由协力维护义务转变成容忍刑罚义务,即犯罪人必须通过忍受刑罚来确认法秩序的存在,确认享有自由与履行协力义务之间的必然联系。⑤

之所以将法恢复理论称为缓和的绝对报应论,是因为其并未彻底排斥经验世界的因素,没有将对刑罚自我目的性的讨论停留在只面向原子式人格体的超验层面,而是将人格体逐步具体化为国家的公民。另外,即使帕夫利克教授一再强调自己的理论是报应论,并将报应论和预防论的对立由理论偏好的不同上升至理想世界图景的对立,主张预防论指向工具化的世界,而报应论则代表自由化的世界,⑥但法恢复理论仍明显试图把一些预防性要素纳入理论框架中。例如,主张行为人犯罪后的良好态度可以说明其对义务的违反程度减轻,也就

---

① 参见周漾沂:《刑罚的自我目的性——重新证立绝对刑罚理论》,载《政大法学评论》2016年第147期。

② 参见[德]米夏埃尔·帕夫利克:《作为违反协力义务报应的刑罚——论犯罪论的新范式》,赵书鸿译,载《中国刑事法杂志》2022年第5期。

③ 参见[德]米夏埃尔·帕夫利克:《人格体、主体、公民——刑罚的合法性研究》,谭淦译,中国人民大学出版社2011年版,第60~75页。

④ 参见[德]米夏埃尔·帕夫利克:《公民的责任》,李倩译,载[德]米夏埃尔·帕夫利克:《目的与体系》,赵书鸿等译,法律出版社2018年版,第173页。

⑤ 参见[德]米夏埃尔·帕夫利克:《作为违反协力义务报应的刑罚——论犯罪论的新范式》,赵书鸿译,载《中国刑事法杂志》2022年第5期。

⑥ 参见[德]米夏埃尔·帕夫利克:《作为违反协力义务报应的刑罚——论犯罪论的新范式》,赵书鸿译,载《中国刑事法杂志》2022年第5期。

是说行为人事后为重返共同体的努力可以减轻其罪行。又如，认为前科能够说明行为人对法秩序的抛弃极为严重，尽管静态地看当次犯罪可能比较轻微，但是动态地看行为人的义务违反很严重，应当加重刑罚。① 不过，法恢复理论将不属于犯罪事实组成部分的前科、犯罪后的态度等情节均列为影响罪行轻重的因素，即使在理论上有一贯性，恐怕也难以被实践接受。

尽管绝对报应论的立场与司法实践之间有相当的距离，但是我们仍要看到，绝对报应论比其他两种报应论更为重视刑罚与法规范之间的逻辑关联，极其有利于提升理论的包容度，也更容易把犯罪论和刑罚论实质地沟通起来。情感报应论所关注的情感只是犯罪的一种附带性效果，与法规范间的关系并不明确。实存恢复论中的秩序或关系都只是作为法规范保护对象的某种实存，倘若在理论中只强调作为保护对象的零散实存而不把作为保护主体的法规范本身置于中心地位，会导致理论流于片面。毕竟，与其让刑罚回应或是恢复某种实存，不如让刑罚回应或恢复实存背后的法规范来得更直接、更全面。诚然，具有一定经验性特征的实存相对易于被感知，易于被实践把握。但是，为了避免出现顾此失彼的局面，我们需要一个东西将实存整合地加以考虑。前文提到，要得出一个足够深刻的刑罚正当根据，探讨的起点不应是经验实存，而应当是通过课予犯罪人义务生成各种实存的法规范。只有从法规范出发，才可能将法规范想要确保的所有东西都纳入刑罚的回应射程，也才可能实现犯罪论和刑罚论的真正贯通。由此，要想提升理论包容度，以法规范为讨论原点无疑是最具潜力的一种方法。

2.以预防论为基础的改进学说

另一部分并合论的批评者则转向预防论，提倡积极的一般预防论。积极的一般预防论主张，刑罚通过惩罚违反法规范的犯罪人，向社会一般公众传达法规范有效的信号，引导国民对法规范与法秩序保持忠诚的状态，进而达到预防犯罪的效果。② 积极的一般预防论将法规范的有效运行作为理论展开的基点，法规范要有效运行，必然依赖其安全性或是稳定性，只有当所有违反法规范的犯罪行为都没有例外地付出相应的代价时，公众对规范安全性和稳定性的期待才能实现。③ 因此，决定刑罚轻重的不是对不法的可谴责性的量，而是法规范安定性被动摇的程度。④ 积极的一般预防论对此作出四点论证：其一，既然规范的有效运行要依靠全民对规范的遵守，刑罚的预防对象就不可能只有犯罪人而必须包括一般公众。⑤ 其二，法规范是公众日常生活中必须遵守的行为规范，公众原本就对法规范有一定的信赖和忠诚感，刑罚只是通过回应犯罪来积极地对此加以训练、巩固和维持，并不需要借助消极的

---

① 参见[德]米夏埃尔·帕夫利克：《人格体、主体、公民——刑罚的合法性研究》，谭淦译，中国人民大学出版社2011年版，第76页。
② 参见周光权：《行为无价值论与积极一般预防》，载《南京师大学报（社会科学版）》2015年第1期。
③ 参见[德]汉斯-约格·阿尔布莱希特：《重罪量刑》，熊琦等译，法律出版社2017年版，第37页。
④ Vgl. Wolfgang Frisch, Gegenwärtiger Stand und Zukunftsperspektiven der Strafzumessungsdogmatik, ZStW 99 (1987), S. 386.
⑤ Vgl. Claus Roxin, Luís Greco, Strafrecht, Allgemeiner Teil, Band I, 5. Aufl., München: Verlag C. H. Beck, 2020, § 3, Rn. 28.

威慑、恐吓来规训。① 其三,无须实证效果支撑。刑罚是对公众规范期待的确证,旨在表明犯罪行为使公众的规范期待落空,不值得被效仿,法规范还将继续有效地充当着公众的行动指南。② 换言之,积极的一般预防论是通过确保规范的效力来实现预防犯罪的,只要从现实来看,规范一直发挥着效力、一直为公众所信赖,就可以说实现了积极的一般预防,不需要在个案中实证。③ 其四,以责任主义为基础的报应只在量刑时发挥为刑罚划界的作用,其本身不是刑罚正当根据的内容。预防论的刑罚立场决定了量刑实践应当以预防必要性为判断核心,但是为了避免使犯罪人沦为社会治理的工具,不能出于预防目的使犯罪人承受超出责任范围的刑罚,必须以责任来约束预防必要性的考虑。④ 积极的一般预防论的支持者虽然不认为报应是证立刑罚的根据,但在量刑实践方面也均赞同由责任刑到预防刑的量刑方法。⑤

实际上,积极的一般预防论与传统预防论已有很大差别。传统预防论唯人身危险性是瞻,试图通过刑罚消除犯罪人的人身危险性或是抑制潜在犯罪人的人身危险性,以达到"无犯罪"的理想效果;积极的一般预防论以法规范效力为锚,并不特别追求用刑罚"扼杀"人身危险性,而是希望借助刑罚维持法规范的效力,让公众忠诚于法规范,哪怕刑罚无法让某个犯罪人复归社会,至少也能增强守法公民拒绝成为犯罪人的决心。⑥ 换言之,积极的一般预防论并非希望通过刑罚直接预防犯罪,而是更关心最有可能达到"无犯罪"效果的可持续方法,并期待透过刑罚保护该方法的效力。由此看来,维持规范效力、让法规范能够在社会中稳定运行是积极的一般预防论的中心思想,而预防犯罪反倒只是理论的附带效果。

不过,积极的一般预防论并未自发地派生出量刑实践方法,而是赞同由责任刑到预防刑的量刑步骤。其理由是,实现目的与实现目的过程中要遵守的限制当然可以共存,就好比人们开车的目的是前往某地,但在前往某地的过程中要遵守不撞死路人的限制,预防是刑罚的目的,是刑罚得以存在的根据,而在追求这一目的的过程中,自然要遵守罪责原则这一限制。⑦ 但这一类比未必合适,遵守不撞死路人的限制是为了更安全地抵达目的地,所要实现的目的与所要遵守的限制并不矛盾,甚至来说,遵守限制有利于目的的实现。而以责任划定刑罚上限,禁止预防考虑突破责任界限的做法则未必是有利于实现预防目的的。为此,论者又不得不解释称,同时考虑预防目的与责任限制是出于法律道德复杂现实的考虑,预防目的对于社会来说有正当性,责任限制对于被告人来说有正当性,两方的正当性须分别照顾到。⑧ 这不免令人心生疑问:积极的一般预防论与责任刑、预防刑之间的内在关联是什么?

---

① 参见周光权:《刑法学的向度——行为无价值论的深层追问》,中国人民大学出版社 2023 年第 3 版,第 258~259 页。
② Vgl. Urs Kindhäuser, Strafrecht, Allgemeiner Teil, 7. Aufl., Baden-Baden:Nomos Verlagsgesellschaft, 2015, § 2, Rn. 14-15.
③ 参见陈金林:《刑罚的正当化危机与积极的一般预防》,载《法学评论》2014 年第 4 期。
④ Vgl. Claus Roxin/ Luís Greco, Strafrecht, Allgemeiner Teil, Band I, 5. Aufl., München:Verlag C. H. Beck,2020, § 3, Rn. 48-55.
⑤ 参见周光权:《量刑的实践及其未来走向》,载《中外法学》2020 年第 5 期。
⑥ 参见[美]马库斯·德克·达博:《积极的一般预防与法益理论》,杨萌译,载陈兴良主编:《刑事法评论》第 21 卷,北京大学出版社 2007 年版,第 446 页。
⑦ Vgl. Luís Greco, Schuld ohne Vergeltung, GA 2021, S.270.
⑧ Vgl. Luís Greco, Schuld ohne Vergeltung, GA 2021, S.270.

其理论自身的实践价值体现在何处？对此，积极的一般预防论有必要作出回应。

（三）两派改进学说的突破与局限

总体来看，两派改进学说呈现出两点特征，其中既能看到突破也能看到局限。

第一，哲学与社会学底色较为浓厚，理论深度有所提升。这一点在报应论的各种改进学说中尤为突出。情感报应论强调刑罚对集体意识的回应，实际上是借鉴了法国社会学家涂尔干所主张的犯罪是对集体意识的侵害的观点。① 沟通主义路径的关系恢复论以社群主义为基本立场，②暗含了符号互动论、沟通行动论等社会学思想。极端的绝对报应论试图用康德的哲学理论框架解读刑罚。③ 法恢复理论则以黑格尔的法哲学理论为底层逻辑。④ 不可否认，哲学与社会学强化了刑罚理论的逻辑与纵深，有助于实现理论内部的无矛盾性。但在此值得思考的是，偏重于理论的哲学、社会学思考与重视实践导向的法学思考之间的关系是什么？构建无矛盾的刑罚理论是否意味着只能采取某一种哲学与社会学观点并贯彻到底？如果说并合论的问题在于只注重实践导向，对哲学与社会学的知识考虑不够，以至于理论内部矛盾丛生，那么极端的绝对报应论就是过度考虑某一派或某一位学者的哲学与社会学见解、大大牺牲理论实践价值的典型，同样不可取。想要避免上述情况，就必须明确哲学与社会学知识在法学理论中的影响方法与限度。

第二，对报应与预防的理解走向相对化。各种新报应论都不再将刑罚理解为要给犯罪人"当头一棒"的回击式报应，而是关注刑罚对公众的情感、被破坏的秩序、关系，法规范的效力能够产生哪些积极影响，表达刑罚理论的赞同者还特别指出了该理论与积极的一般预防理论的暗合之处，即都试图通过传达法规范的积极价值来塑造公众的规范观念；⑤积极的一般预防论也并非揪住人身危险性不放，紧盯刑罚对未来犯罪的消除效果，而是转而将重心放在作为预防犯罪方法的法规范。如此一来，认为报应论是无目的的刑罚理论以及主张预防论缺乏实证支撑等"老套"批评便均不再适用。新报应论着眼于公众情感、正义秩序、承认关系、法规范效力等明显带有社会属性的事物，似乎已经不再以个体自由为中心。这样的理论还能被称为报应论吗？积极的一般预防论关注法规范效力，而法规范效力被破坏多少终究要取决于犯罪事实，尽管积极的一般预防论极力反对报应成为刑罚正当根据之一，但它也无法拒绝报应对量刑活动的约束，这样的理论还是纯粹的预防论吗？特别值得注意的是，法恢

---

① 参见许家馨：《应报即复仇？——当代应报理论及其对死刑之意涵初探》，载《中研院法学期刊》2014年第15期。

② 参见[英]安东尼·达夫：《刑罚、沟通与社群》，王志远等译，中国政法大学出版社2018年版，第59～112页。

③ 参见周漾沂：《刑罚的自我目的性——重新证立绝对刑罚理论》，载《政大法学评论》2016年第147期。

④ 参见[德]米夏埃尔·帕夫利克：《人格体、主体、公民——刑罚的合法性研究》，谭淦译，中国人民大学出版社2011年版，第61页。

⑤ Vgl. Tatjana Hörnle, Tatproportionale Strafzumessung, Berlin: Duncker und Humblot, 1999, S. 117.

复理论与积极的一般预防论都着眼于法规范建构理论,且双方对法规范的理解并无多少差异,然而两种理论最终却走入了截然相反的阵营。对此又该如何解释?

上述各种问题足以表明,报应和预防的含义在当下已被相对化,新的报应论和预防论都兼顾了个体自由与社会治理。尤其是,法恢复理论与积极的一般预防论用法规范联结个体与社会,使两者不再呈对峙姿态:一方面,法规范是社会治理的工具,个体对法规范的忠诚确保了法规范的持续有效性,维护了社会的稳定与安全;另一方面,法规范也是个体自由的保障,表面看来个体对法规范的遵守意味着要牺牲部分自由,但这是以小牺牲博取更大更有价值的、不受他人侵害的真正自由。据此,法恢复理论与积极的一般预防论实际上都已站在法规范层面化解了个体自由与社会治理之间的紧张关系,所谓报应与预防的对垒只有表面意义。

不仅如此,囿于报应与预防的讨论范式恰恰导致了法恢复理论与积极的一般预防论的各种缺陷。报应以个体责任主义为基础,强调刑罚与犯罪事实相对应,主张依据罪行轻重量刑。这就使得法恢复理论不得不将诸如前科、犯罪后态度等犯罪事实以外的各种因素也强行解释为影响罪行轻重的事实,不仅与现行实践完全脱节,还实质地取消了以犯罪事实划定最高刑罚的限制,犯罪事实以外的因素也可以使刑罚在与罪行相称的基础上继续加重,责任主义"名存实亡"。预防以维护社会治理为根本目标,因而特别关注个体人身危险性对社会治理的影响。由此,积极的一般预防论为了将自己说成是预防论,便不得不声称刑罚最终取决于预防必要性,[①]将明显对刑罚上限有决定性作用的责任主义排除在刑罚正当根据之外,致使理论与实践无法整齐对应。这样看来,若想在刑罚正当根据理论上有所突破,必须放弃报应与预防的二元讨论范式,走出报应与预防的语言陷阱。

二、走出现有理论困境的思路与方法

承前所述,若要在现有改进学说的基础上继续前进,需要明确两点:其一,在构建刑罚正当根据理论的过程中,法学与哲学、社会学之间的关系是什么;其二,如何冲破报应与预防二元讨论范式的束缚。

(一)基本立场:以法学为体、以法规范为器

1.以法学为体

哲学和社会学重视对社会的观察、分析和反思,一般不需要提出十分具体的实践规则。但法学是一门实践的艺术而非纯粹形而上的理论学问,需要解决社会中的现实问题,因此法学研究总是要围绕社会生活实践来展开。[②] 在法学的研究场域内,哲学和社会学理论是服

---

① 参见[德]许迺曼:《罪责原则在预防刑法中的功能》,葛祥林译,载许玉秀、陈志辉合编:《不移不惑献身法与正义》,台湾新学林出版股份有限公司2006年版,第621页。
② 参见王利明:《试论法学的科学性》,载《法治研究》2022年第3期。

务于法学的,将刑罚问题作为一种社会现象完全置于哲学或社会学理论中展开研究,采取某一位或是某一派哲学家、社会学家的理论来描述刑罚现象,相当于用法学现象印证其他学科理论,难以回归法律实践,在方法论上存疑。作为部门法的刑法学更是如此,其存在意义绕不开实践,刑罚论作为刑法学的重要组成部分,自然也不能对实践置若罔闻。

所以,在证立刑罚正当性的法学命题中,应当以法学为体,灵活选取相关哲学和社会学理论并将其合乎法学逻辑地安放在法学理论之中,或者说要对哲学和社会学理论作规范性的过滤。①

不过,注重实践并不等于赋予实践超越理论的优先地位,而是强调理论要有派生实践规则、指导实践操作、构建说理机制的功能。刑法学是理论与实践相统一的学科,只有在理论上尽可能地追求体系自洽,才能为实践提供稳定、清晰、无矛盾的指引,才能增强实践的可预测性,即使在实践中需要问题思考,理论也能为此设定限度。② 实践导向不等于"兵来将挡、水来土掩",而是要用逻辑一贯的理论规束实践的走向,并保持对实践的批判与反思,推动实践前进。③

因此,在建构刑罚正当根据理论时,应以面向实践的法学为体,灵活选取相关哲学和社会学理论的有益思考并将其合乎法学逻辑地安放在法学理论之中,最终形成逻辑一贯且具备实践品格的理论。通常认为,刑罚正当根据理论需回答三个问题:其一,为何能施加刑罚?(刑罚的目的正当性)④其二,为何要用刑罚这般严厉的措施?(刑罚的手段正当性)其三,为何刑罚权由国家行使?(刑罚的主体正当性)⑤倘若考虑刑罚正当根据的实践面向,有必要添加第四个问题:如何施加刑罚是正当的?(刑罚的实践正当性)

明确了以法学为体的基本立场后,接下来的问题便是如何将哲学与社会学知识"法学化"?亦即,在法学理论中有没有这样一种可以赋予哲学与社会学知识法律实践属性的"工具"?

2. 以法规范为器

法的实践是通过规范发挥效力来完成的,这意味着法学研究必须在规范性视角下进行。⑥ 以法学为体,就必然要以法规范为器。

以法规范为器,特指以行为规范为器。刑法规范具有行为规范与制裁规范的二元属性,其中行为规范是指法规范内容为人们提供行动指引;制裁规范是指当行为人违反行为规范

---

① Vgl. Tatjana Hörnle, Tatproportionale Strafzumessung, Berlin: Duncker und Humblot, 1999, S. 113ff.
② 参见[德]米夏埃尔·帕夫利克:《刑法科学的理论》,陈璇译,载《交大法学》2021年第2期。
③ 参见周光权:《刑法学的研究要以功能主义和实用主义为导向》,载《人民法院报》2021年9月9日第5版。
④ 参见[日]松原芳博:《作为刑罚正当化根据的报应:刑法学的视角》,王兵兵译,载《国外社会科学前沿》2021年第7期。
⑤ 参见许家馨:《应报即复仇?——当代应报理论及其对死刑之意涵初探》,载《中研院法学期刊》2014年第15期。
⑥ 参见[德]卡尔·拉伦茨:《法学方法论》,黄家镇译,商务印书馆2020年版,第253页。

时,可根据法规范的制裁性内容惩罚行为人。① 制裁规范旨在维护行为规范效力,是刑法规范的技术性侧面,行为规范才是刑法规范的核心。当我们说法律的核心属性是规范性时,指的是法律能够规范、拘束人的行动,②也即强调的是法律的行为规范属性而非其他。行为规范在刑法上承担规制人的行动,避免法益保护目的落空的重要使命,③其稳定发挥效力对刑法实践至关重要。

如此看来,刑法实践逻辑的关键就在于行为规范如何发挥作用,在构建刑罚正当根据理论时,须重点考察行为规范的作用方式。至于那些哲学与社会学的精彩论断,不论其原初是为了讨论何种问题,在刑法学论域内都要用行为规范的作用机制来审视、加工,实现"法学化"。

只要以行为规范为核心、以行为规范的作用机制为基本框架建构刑罚理论,就无须在报应论和预防论中"站队"。理由在于,"行为规范指引行动"既向下关联到人的行动自由,涉及个体自由的边界;也向上关联到通过规制行动维护以保护个体自由为目的的社会秩序的国家意志,涉及社会治理的限度。个体自由与社会治理的关系能够在行为规范的作用框架内共生。法恢复理论与积极的一般预防论也都重视法规范的行为规范属性,可两者最终倒向不同阵营,可能的原因是,两者的哲学与社会学的派别底色有差别,积极的一般预防论着重参考了涂尔干、卢曼等社会学家的思想,而法恢复理论则更多采用了黑格尔的法哲学理论。不过,既然是以法学为体,有些时候哲学与社会学的派别底色就不再重要,只要相关的有益思考能够在法学理论中共存就可以了。换言之,法恢复理论与积极的一般预防论并没有划分为报应论和预防论的必要,而是都属于以行为规范为中心的刑罚论,共识大于区别。

既然要以行为规范为器建构刑罚正当根据理论,接下来的问题便是:行为规范究竟是如何发挥作用的?

(二)具体进路:考察行为规范如何发挥作用

即使未学习刑法专业,人的内心也会有些许经验性的规范感觉,有时表现为对普遍准则的抽象认知,如"禁止杀人""禁止盗窃"等;有时则表现为对具体案件的直观感受,如对多次实施犯罪者的义愤、对真诚悔罪者的宽容等。规范感觉时而抽象时而具体的现象,暗含了行为规范发挥作用的框架与逻辑,透过哲学与社会学理论中常用的"国家—市民社会"二元结构可以看得更清晰。

1.国家与市民社会的分离

国家与市民社会的分离是指理论的分层而非物理场所的区隔,国家并非指实际存在的行政建制,市民社会也并非我们生活所处的周遭环境,区分两者旨在更清晰地观察人们作为共同体成员生活与作为自我个体生活的两种场景,更分明地比较抽象的预设生活状态与具

---

① 参见[日]高桥则夫:《规范论和刑法解释论》,戴波、李世阳译,中国人民大学出版社2011年版,第3页。
② 参见雷磊:《法社会学与规范性问题的关联方式:力量与限度》,载《中外法学》2021年第6期。
③ 参见周光权:《刑法总论》,中国人民大学出版社2021年版,第35页。

体展开的实际生活状态。

国家与市民社会的分离是现代性的产物。现代性赋予了自由全新的含义：古代人的自由是一种集体性自由，将个人以集体方式行使主权、分享社会权力视为自由，私人自由没有存在空间；而现代人以个人独立为第一需要，将不受干涉地行使个人权利视为自由。① 现代性的发展促进了个人的自我发现与理性觉醒，个人权利成为社会制度构建的根基。② 对个人权利的强调使得私人生活与共同体生活之间的关系愈发紧张，对清晰划分公私领域的急切需求促成了作为公共政治领域的国家与作为私人生活领域的市民生活的二元结构的诞生。③

必须承认，不同哲学家对国家与市民社会概念的理解和使用各有千秋，对国家与市民社会之间的关系也持不同认识。本文采取的是黑格尔的见解，即将国家理解为一个实现了普遍性与特殊性相统一的精神实体，认为国家能够克服市民社会的反伦理性，市民社会中那些表现为伦理性的制度本质上也是国家在市民社会中的定在表现。之所以采取黑格尔的主张，并不是赞同其唯心主义哲学，而是因为黑格尔对国家倾注了较多的理想化色彩，用理想化的国家为现实化的市民社会的持存提供一个抽象的参照，并设置一些警戒线。本文要探究的是行为规范发挥作用的机理，而行为规范发挥作用也自然存在理想化的抽象预设与现实化的具体运行，故采用黑格尔的理解能够在方法论层面直接借鉴其"理想化抽象预设—现实化具体运行"的论证结构，更易阐释。

在"国家—市民社会"的二元结构中，市民社会是个体开展生活的具体场域，国家则是确保个体在市民社会中有序生活、与其他个体和谐共处的抽象实体。国家规制市民社会的秩序，市民社会将国家的规制现实化。问题是，既然强调个体自由，为何在市民社会之外还需要国家？

答案是，只有国家能够纠正市民社会的非伦理倾向。市民社会是从家庭中走出的陌生个体形成的"普遍之家"，兼具特殊性与普遍性，特殊性表现在每名个体都代表着特殊的目的和利益（内在特殊），普遍性体现于每名个体在追求目的的过程中都不可避免地要和其他个体建立联系，采取这种普遍方式实现自我（外在普遍）。④ 但这一模式会导致那些处于低位的个体往往只能沦为其他个体实现其目的的手段而无力自我实现，处于高位的个体会不断膨胀自己的特殊性进一步压榨其他个体，造成贫富分化和贱民的产生。⑤ 可见，市民社会具有非伦理倾向，其之所以产生是因为重视个体自由，之所以崩溃也是因为个体自由。出现这样的局面，探本究源是因为市民社会的普遍性仅仅停留在外在形式层面，不能进入内在合理地约束特殊性的张扬。⑥ 用更为日常的语言来说，市民社会的普遍性仅仅体现为"每个人都

---

① 参见[法]邦雅曼·贡斯当：《古代人的自由与现代人的自由》，阎克文、刘满贵译，上海人民出版社2005年版，第34～35、43页。
② 参见汪民安：《现代性》，南京大学出版社2020年版，第4～5页。
③ 参见徐步华：《20世纪"市民社会"概念的三次重要转变：葛兰西、柯亨和阿拉托、哈贝马斯》，载《世界哲学》2019年第3期。
④ 参见[德]黑格尔：《法哲学原理》，范扬、张企泰译，商务印书馆1961年版，第175、197～198页。
⑤ 参见[德]黑格尔：《法哲学原理》，范扬、张企泰译，商务印书馆1961年版，第244页。
⑥ 参见张双利：《重思马克思的市民社会理论》，载《学术月刊》2020年第9期。

可以自由地自我实现"这一过于乐观的表面式口号,并没有真正地为每名个体的自我实现提供制度保障,任由市民社会自由生长,必然导致市民社会沦为一部分人永恒地压制另一部分人的"集中营"。解决市民社会不能自我维系的困境需要更为强大的力量,即国家。

国家为市民社会中的零散个体注入普遍的集体意识,将他们凝聚为国家公民,个体不再仅仅追逐私利,也不再仅仅将他人作为手段,而是必须尊重其他个体作为国家公民的主体性,以普遍的国家为目的。[1] 在国家面前,市民社会中形形色色的个体一律披上公民外衣,拥有了普遍的、以与其他人共同生活所涉及的基本原则为内容的法权感,[2]实现了真正平等。但这并不意味着个体间的特殊性被国家彻底抹杀,国家只是通过赋予个体公民身份的方式,以普遍意志为特殊目的划定界限,防止一部分个体把其他个体作为自我实现的手段,反过来也避免任何个体沦为其他特殊目的的实现工具,真正落实了作为现代性基础的个体自由,彻底完成了自由的现实化。可以说,国家既包容了个体对特殊目的的追求,又用普遍意志在实质上约束特殊目的的扩张,实现了特殊性与普遍性的内在统一,而维系这种内在统一、反映国家与市民社会之间辩证关系的制度或手段正是作为行为规范的法律。[3]

再次强调,分离国家与市民社会是一种理论分析模型,而非意指我们生活的实体世界可被划分为国家的场所和市民社会的场所。每个人都永远同时地生活在国家与市民社会中,也可以认为国家与市民社会就是指我们身处的"大社会"。将国家抽象出来,是为了在理论上建构一个理想的模型供市民社会参照与遵守,以便让市民社会的运行更加有序,但同时,市民社会潜在的多样性也决定了其贯彻国家制度方式的相对多样性。

分离国家与市民社会,与行为规范的作用方式有何关联呢?

2.国家与行为规范

犯罪是违反行为规范的行为,行为规范是公民法权感的现实化,是普遍意志的工整表达。国家通过设定行为规范指引公民行动,确保其不实施犯罪行为侵入其他公民的自由空间,侵害其他公民的法益,同时也令公民相信自己的自由空间以及自由空间内的各项法益能被行为规范有力保护,普遍意志对特殊目的的约束通过行为规范对公民行动的指引得以落地。换言之,行为规范的生成过程是将普遍意志实在化,而行为规范有效地发挥作用则依赖于公民对反映普遍意志的行为规范的信赖与认同。

要达到上述效果,必然要求行为规范在国家层面普遍适用,在市民社会中无例外贯彻,否则不仅无法说明行为规范是对普遍意志的体现,更无法使行为规范得到公民的信赖与认同。因此,在国家面前的个体是相对抽象的,不论他们在市民社会中的形象有多么不同,国家都将他们视为平等公民,平等地适用行为规范,在犯罪时也要接受同等的刑罚。这是行为规范发挥效力的最理想预设。

但值得注意的是,规范适用对象的"普遍性"是"类型化"的,个体的一些形象属性能够进入国家层次,亦即不能将适用对象简单地划定为全体公民而是应当理解为具有同类社会属性的公民。理由在于:一方面,社会系统是经由角色分工、透过个体为角色期待之事来实现

---

[1] 参见[德]黑格尔:《法哲学原理》,范扬、张企泰译,商务印书馆1961年版,第260页。
[2] 参见[德]鲁道夫·冯·耶林:《法权感的产生》,王洪亮译,商务印书馆2016年版,第17页。
[3] 参见马长山:《国家、市民社会与法治》,商务印书馆2002年版,第5页。

持存的,①而某些特殊的社会角色与他人自由的实现紧密关联,有必要类型化地上升至国家层面的普遍意志。个体自由既包含个体在自治领域的行动不受他人干涉的消极自由,也包含个体自主选择做某件事、成为某个人的积极自由。② 某些社会角色对其他个体的消极或积极自由负有保护义务或是形成了管控状态,国家有必要专门为此类特殊的社会角色设定行为规范以指引其行动。例如,儿童因年幼,无法充分保护自己的生命安全与身体健康,尚不能妥善管理自己的自治领域,其父母基于监护人身份对此负有保护义务,国家要对监护人角色设定行为规范来保护被监护人的消极自由。又如,高校研究生招生工作负责人有决定录取名单的职权,相当于对考生前途发展的积极自由形成了管控状态,故国家有必要设定行为规范来规制此类主体的职务行为。另一方面,人的部分自然属性在刑法视域中会有特殊的社会意涵,能够对公众的规范信赖感与认同感产生特别影响,责任年龄与精神状态即为适例。在同等情况下,有刑事责任能力的未成年人或精神病人实施犯罪行为对公众的规范信赖感与认同感的动摇程度相对更低。因为公众普遍认为,未成年人和精神病人原本就不能与一般人等同而论,未成年人尚不成熟,容易冲动,对是非的认知水平相对较低,而精神病人有生理方面的障碍,两类群体辨控行为的能力低于一般人,公众不会将他们视为社会上最通常的一般人,更不会效仿他们的行为。故而一般人、未成年人、精神病人实施相同犯罪时,对行为规范效力的破坏程度会呈现类型化差异,对应的刑罚也会呈现类型化差别。

归纳来说,国家层面的行为规范是面向类型化的主体平等适用的,除了部分特殊社会属性,个体的其他特质在国家面前并不重要,不影响行为规范的适用。

3.市民社会与行为规范

相对于国家形象的抽象性,市民社会是充满烟火味的,不同的职业、爱好、感情、观念、生活经历绘制出千姿百态的个体形象。市民社会是个体的具体生活场域,作为目的的国家最终需要经由充满活力的市民社会来实现。③

市民社会的具体性和现实性对行为规范的作用产生了直接影响。考察现行刑罚实践便可发现,尽管国家层面的行为规范是普遍适用的,但是在实际落实中,实施同类行为的犯罪人却未必受到完全相同的刑罚。裁判者不仅重视为国家所关心的犯罪人的社会属性及其犯罪事实,往往还关注公民"面具"之下——犯罪人与被害人的关系、罪后态度、犯罪人成长经历、家庭情况等留存于市民社会中而未被抽象到国家层次的事实。对于实施同类行为的不同个体,当犯罪人具有被害方谅解、初犯、偶犯等情节时,裁判者往往会尽量轻罚,反之则重罚。表面看来,行为规范的普遍有效性仿佛在此"打了折扣",但实际上,这恰恰是考虑了市民社会有别于国家的具体性与现实性,行为规范虽然被同类行为侵害,规范效力虽然遭遇相同的折损,但却完全可能在效力恢复阶段因个体差异而得到不同对待。简而言之,在国家层面难以预测的规范效力恢复情况,在市民社会中得以尽情展现。

---

① See Talcott Parsons & Eaward A. Shils eds., *Toward a General Theory of Action*, Harvard University Press, 1951, p.23.
② 参见[英]以赛亚·伯林:《自由论》,胡传胜译,译林出版社2011年版,第170、179~180页。
③ 参见邓安庆:《国家与正义——兼评霍耐特黑格尔法哲学"再现实化"路径》,载《中国社会科学》2018年第10期。

丰富具体的社会事实使得行为规范在市民社会中的实际运作和国家层面的抽象预想并不完全重合。行为规范与刑罚面向的个体终究不是原子式的抽象人,而是形象饱满的"市民",这意味着对刑罚正当根据的思考不可能是纯粹抽象的,而是必须考虑市民社会的实践。

据此,行为规范的作用机制在"国家—市民社会"的二元结构中显而易见:在国家层面,行为规范面向具有类型化社会属性的主体施展普遍的效力;在市民社会层面,行为规范面向形象饱满的个体,在普遍适用的前提下于适用效果(规范恢复效果)之中显现个体差异。而贯穿国家与市民社会,把握行为规范作用命脉的,是公众对行为规范的信赖与认同,其中信赖是指公众相信行为规范有能力保护自己,而认同是指公众认可行为规范的行动指引内容及其法律后果的价值取向,信赖是认同的前提,认同有着超出信赖的内容。作为规范违反后果的刑罚正是通过维护公众对行为规范的信赖与认同来保护其效力的。至此,一个理想的刑罚正当根据理论呼之欲出。

三、法确证与法恢复说的理论展开

结合行为规范在国家与市民社会中的不同作用方式,可以推导出,旨在保障行为规范持续有效运作的刑罚的正当根据是法确证与法恢复。

要确保行为规范能够持续发挥效力,就必须为行为规范配置一个保护机制,当有人损害行为规范的效力时,保护机制理应确定无疑地被启动,及时地修复受损的行为规范,刑罚便是重要的保护机制之一。据此,刑罚对行为规范的保护实际上分为两个阶段:一是在行为规范受损时,要按照行为规范所预设的刑罚来确定地启动刑罚,告诉人们在破坏行为规范效力达到此种程度时就会承受相应的刑罚;二是利用刑罚来恢复规范效力。

刑罚维护行为规范效力的两个阶段可以被理论化为法确证与法恢复:法确证是指,在理想化的国家层面,行为规范预先针对规范违反行为(犯罪行为)设置一定的法律后果(刑罚),确定而平等地将刑罚施加于所有犯罪人,面向全体公民宣示行为规范效力被破坏的程度并确证行为规范的效力;法恢复是指,在现实化的市民社会层面,犯罪人要采取一系列措施修复被自己破坏的行为规范,直到规范效力被完全恢复,刑罚只是其中一种已被预先设定的措施。

在法确证与法恢复说的框架下,对刑罚正当根据的四项待证命题回答如下:其一,目的正当性。行为规范是公民普遍意志的表达,旨在维护个体自由,经由行为规范形成的那种社会秩序也是为了保护个体自由而存在的。刑罚通过维护行为规范的效力实现对个体自由的保护,且刑罚是个体自由选择的结果,刑罚本身也是自由的定在。其二,手段正当性。刑罚的适度严厉性确保了公民对行为规范的信赖与认同,行为规范才能真正发挥作用。其三,主体正当性。市民社会潜藏非伦理倾向,只有国家有能力将所有个体用普遍意志平等地联结为公民。行为规范在国家层面依普遍意志形成,其执行与维护也当然由具有凝结普遍意志能力的、作为行政建制的现实化国家完成,任何个体或组织都无权擅自实施私刑。其四,实践正当性。法确证与法恢复说能够推演出量刑方法,确证刑是恢复规范效力的充分但不必要条件,划定了刑罚上限;恢复刑是恢复规范效力的充分且必要条件,关乎刑罚的最终确定。

在阐释"国家—市民社会"二元结构的过程中,刑罚主体正当性的论证就已经完成了,因而下文主要围绕目的正当性与手段正当性来分别阐释法确证和法恢复的内容,至于实践正当性则放在第四部分论述。

(一)法确证

法确证的要旨是通过刑罚向公民确证行为规范的效力。就同一行为规范而言,只要行为人所属社会角色相同,不论是谁来违反都不会有什么不同,都必须同等地接受规范预先设定的刑罚,以此来证明行为规范的效力及其程度,这样的刑罚就是确证刑。确证刑有两点特征:一是"一视同仁",对于社会角色属性相同并实施相同犯罪行为的犯罪人来说,由于行为规范效力被破坏的程度完全一致,确证刑也当然完全一致;二是"以罪为本",只有当次犯罪事实能够展现规范效力被破坏的程度,能够作为确证刑的裁量依据。由此也分别派生出两个问题:一是仅靠"一视同仁"显然还不足以维系公民对行为规范的信赖与认同,对轻罪处以极刑或是对重罪仅处轻微刑罚的规范即使具有普遍效力,也难以得到信赖和认同。"一视同仁"定要和其他要素共同作用,这些要素是什么?如何在法确证说中安放?二是确证刑"以罪为本"的裁量原理与以报应论为基础的责任刑类似,均坚守责任主义,相比报应论,法确证说在论理方面有何优势?

1.确证刑对规范信赖感与认同感的维护

只有当公民认为行为规范能够有力保护自己的自由时,才会信赖规范;只有当公民对行为规范的行动指引和法律后果内容的价值取向表示赞同时,才会认同规范。在行为规范效力普遍性的基础上,确证刑通过妥当的、恰如其分的严厉性维护了公民对规范的信赖与认同。

首先,严厉性是对罪行严重程度的准确表达。犯罪是严重破坏行为规范效力的行为,会引致恶劣的法益侵害,致使被害人自我实现的自由条件被强烈侵犯乃至彻底剥夺。相较于民事侵权与行政违法,犯罪有着更高程度的规范违反性,并在实存层面有着更严重、更令人震撼的直观表现,配套制裁措施理应予以揭示。

其次,适度的严厉性能够确保公民对行为规范的信赖与认同。行为规范是公民普遍意志的表达,为了使普遍意志真正贯彻到个体意识中,在它们权威性尚不够强大的地方建立起更大的权威,当然需要相应的强度,使共同体能够比以往任何时候都感受到普遍意志的存在。① 倘若只对重罪附加十分轻微的不利负担,会让公民对行为规范能否有效保护自己产生怀疑。最终,作为规范存在基础的普遍意志会走向松散乃至瓦解,行为规范有名无实,个体怠于遵守规范,转而肆意地将他人作为实现自己特殊目的的手段,市民社会的非伦理倾向将不断放大。

但这种严厉性必须是适度的。刑罚过轻会使行为规范丧失公民信赖;刑罚过重也会令行为规范丧失公民的认同,公民会觉得行为规范的容错率太低,在生活中不得不畏手畏尾。因此,只有让公民看到与罪行相对应的刑罚确属"罚当其罪"时,公民才能清楚地认识到行为

---

① 参见[法]E.迪尔凯姆:《社会学方法的准则》,狄玉明译,商务印书馆1995年版,第84页。

规范在各种情境中的具体效力程度,才会信赖与认同行为规范。

再次,严厉性内在地回应了公民对犯罪事实的正义情感,强化了公民对行为规范的认同感。

在西方通行的哲学理论中,情感往往被认为是盲目的、非理性的,对指引人类的实践行动力所不逮。① 在多数现代刑罚理论中,情感也常常被排除在外,特别是要求裁判者要避免迎合民意判刑。然而,其一,情感是无法忽视的现实要素。法律是面向生活世界的学问,其作用对象不是科学的自然的"物",而是围绕人的互动关系展开的"事"。② 人的生活世界不可能缺少情感,因而行为规范的设置既要考虑合理性,也要考虑合情性,情感(人性理由)完全可以成为具有普遍性力量、与理性位居同一水平的规范理由。③ 其二,情感未必是杂乱无章的。有些情感能够呈现出一定的理性特质,将其归位于刑罚理论中完全可行。其三,重视情感的理论价值与我国本土文化相契合。西方主流哲学对理性的执着追求,压抑了人们的心灵,④使得人们的感性情感无处安放,不得不"另起炉灶"诉诸宗教,通过营造彼岸世界来回应人们的幸福诉求。⑤ 而儒学等我国传统哲学是从心灵出发、关注此世生活的学问,能够将理性的事物感性地表达出来,也可以将感性的事物理性地归纳整理,且其只关心在当下人们应当如何行动,并不意图创造彼岸世界。这种既不以理灭欲也不纵欲反理的理欲协调的学问模式,⑥恰恰是我们今天在充分吸纳西方有益思考过程中仍要坚守的基本立场。总之,刑罚正当根据应当是"合情合理""情理之中"的理论。

问题是,哪些情感与法确证说相关?这些情感如何有序地放置在法确证说中?其与刑罚的严厉性、公民对规范的信赖和认同有何关系?

既然法确证只与当次犯罪事实相关,就意味着只有公民对当次犯罪事实的情感能够纳入法确证说的范畴,至于公民对犯罪人品格、经历、犯后态度等与当次犯罪事实无关的事实的情感则暂不考虑。公众对犯罪事实的情感有可能不那么理智,例如,每逢发生一些恶性犯罪时,对主犯判处死刑的呼声都会很高,这种情绪化成分很高的情感显然不能被法确证说接受。法确证说可以接纳的情感应当是以一定的共识与理智为基础的,是能够上升为普遍意志组成部分的理智化情感。

这种理智化情感并非抽象的哲学概念,而是表现为鲜活的社会事实。在现实中,相同的事件之所以总是能够引起人们共同的情感表达,正是因为理智化的情感不是个人专有的,而是源自公共生活、具有集体力量的。其在每个个体的意识之中都能引起类似的反应(共鸣),并不是因为个体之间事前有协议,而是每名个体都会自然而然地受到某种个体必须承认的

---

① 参见黄裕生:《一种"情感伦理学"是否可能?——论马克斯·舍勒的"情感伦理学"》,载《云南大学学报(社会科学版)》2015年第5期。
② 参见赵汀阳:《共在存在论:人际与心际》,载《哲学研究》2009年第8期。
③ 参见赵汀阳:《论可能生活》,中国人民大学出版社2010年第2版,第1页。
④ 参见王德峰:《简论中国文化精神及其在当代复兴的可能性》,载《哲学研究》2005年第5期。
⑤ 参见赵汀阳:《共在存在论:人际与心际》,载《哲学研究》2009年第8期。
⑥ 参见李泽厚:《中国哲学如何登场——与刘绪源对谈》,南京大学出版社2021年版,第174～175页。

集体性力量的约束和牵引。① 德国哲学家舍勒将这种理智化情感命名为"价值",并区分了作为有序情感的价值和源自非意向感受活动(须借助表象等"中介"才能完成在主体与对象间建立联系的活动)的无序的感受状态。② 在舍勒看来,现实的好坏感受不过是对先验的好坏价值的情感回应,人们之所以在好坏的判断上总是呈现出相同的方向,就是因为存在先验的价值。③ 根据这一逻辑,正义感作为一种先验的价值存在于每个人心中,而公众对于各种犯罪事实的反应,不过是作为价值的正义感与作为"中介"的案件事实发生碰撞后形成的感受状态,是人基于正义价值对案件事实的当然感觉。这种情感回应不仅不是无序的,反而是必然的。由此,既然作为价值的正义感是先验存在的,就意味着每个公民都原本地痛恶犯罪、同情被害人,换言之,正义感原本就是普遍意志的一部分。在普遍意志转化为行为规范的过程中,正义感也当然地落入行为规范的内涵之中,并经由相应的法律后果表达。通俗地讲,公民对犯罪的义愤在制刑时便已考虑并反映在刑罚的严厉性程度中,之所以刑罚要比其他法律的制裁措施更严厉,也正是因为犯罪事实对公民正义感的冲击程度很高,公民输出的感受状态会十分强烈。由此推之,规范效力的破坏程度包含了正义感被侵害的程度,确证刑的严厉性正是为了内在回应公民的正义情感,强化公民对行为规范的认同。

最后,严厉性不等于严酷性,肉刑等不文明的酷刑不能被公民认同,不能为法确证说所证立。在以行为规范为中心的视角下,不论是犯罪还是确证刑都要"换算"为规范效力加以呈现,犯罪轻重与确证刑轻重都要通过规范效力的破坏程度呈现。但是,犯罪体现出犯罪人对行为规范的轻率与对包含自己意志的普遍意志的背反,会使得普遍意志中其他公民的意志感到不安,亦即被害方以及其他公众对行为规范的信赖感被犯罪行为削弱。因此,刑罚不能满足于显示规范效力,而是要同时承担起恢复规范效力的重任。合格的确证刑需要具备三项品质:其一,要能量化显示罪行轻重,明示规范效力的破坏程度;其二,要有恢复规范效力、确保行为规范持存的功能;其三,其量化形式要能同时反映恢复规范效力的条件。

这样看来,自由刑、财产刑、资格刑都是合适的刑种,肉刑、死刑则难以被正当化。肉刑与死刑虽然能够令公民信赖自由可以被有力保护,但在实质上不能得到公民的认同:一方面,肉刑无法像刑期、金额一样量化出细密的档次,对规范效力破坏程度的评价过于粗糙;另一方面,肉刑与死刑对规范效力的恢复没有实益。自由刑通过限制犯罪人的自由,可以让其在刑期内自我反省,回归普遍意志,重新训练对行为规范的忠诚,同时,被害方与其他公众也得以重拾对行为规范的信赖,他们先前对社会交往互动自由的期待仍然可以维持。④ 表面看来,刑罚将犯罪人排斥在共同体之外,在一段时间内无法与其他公众正常交往,⑤但其实际上促进了犯罪人回归共同体并在行为规范指引下与其他公民展开互动。被执行死刑的犯

---

① 参见[法]E.迪尔凯姆:《社会学方法的准则》,狄玉明译,商务印书馆1995年版,第30~31页。
② 参见[德]马克思·舍勒:《伦理学中的形式主义与质料的价值伦理学》,倪梁康译,商务印书馆2011年版,第380~384页。
③ 参见黄裕生:《一种"情感伦理学"是否可能?——论马克斯·舍勒的"情感伦理学"》,载《云南大学学报(社会科学版)》2015年第5期。
④ Vgl. Günther Jakobs, Strafrecht Allgemeiner Teil. Part 1, 2. Aufl., Berlin·New York: Walter de Gruyter & Co., 1991, § 1, Rn. 15.
⑤ 参见时延安:《犯罪化与惩罚体系的完善》,载《中国社会科学》2018年第10期。

罪人则再也没有重建规范忠诚态度的机会,被施以肉刑的犯罪人也无法通过忠诚于行为规范而重获完整的身体并重新展开社会活动,很难期待其拥有重返规范忠诚立场的动力。因此,肉刑与死刑的存在逻辑从来都不是培育规范认同感。在肉刑与死刑存在的年代,行刑常被作为一种景观公之于众,犯罪人受刑时的哀嚎恰恰被视为正义的伸张方式,① 公众在行刑现场直观感受着刑罚的残酷,基于恐惧感不得不对行为规范表示服从。这种服从是对酷刑及行刑者的畏惧,与基于普遍意志发自内心地认同规范有本质区别,其更多地存在于落后的集权型社会,在那里刑罚的功能不是维护规范效力而是维护专制统治。②

另外,有些时候,犯罪行为对固有普遍意志的动摇也可能暗含改革力量。公民的普遍意志也会随着社会生活条件的变化而调整,例如,早先我国刑法规定了投机倒把罪,但后来市场经济体制的确立使得不允许发展市场经济的行为规范不复存在,普遍意志在社会生活条件的改变中也得以更新。因此,如果看到社会必然不断发生变化的趋势,也必然会赞同,不宜用太严酷的刑罚来巩固普遍意志,过于坚不可摧的普遍意志可能会扼杀改革与独创精神,导致社会不能向前发展或是拖延了社会前进的脚步。③

总之,确证刑通过恰如其分的严厉性来维护公民对规范的信赖与认同,刑罚的手段正当性在法确证说中得以证明。实际上,从以上阐释中也能看到情感报应论、实存恢复论的影子,确证刑对公民正义情感的回应、对正义秩序被破坏程度的确证在内涵上与部分新报应论有一定契合之处,但那些观点没有以行为规范为论证核心,因而止于片面。

2.法确证说与报应论的比较

与传统报应论及部分新报应论相比,法确证说以行为规范为核心,在内涵范围与理论一贯性方面更具优势:

第一,法确证说没有将刑罚理解为"报复"或"祸害",其对行为规范的重视天然地排除了不文明的酷刑。一方面,刑罚对犯罪的回应不是以恶制恶,更不是在犯罪之后再次给社会强加痛苦,而是对犯罪人自由选择的尊重;④ 另一方面,确证刑是为了确证规范效力,训练公民对行为规范的信赖与认同,不文明的酷刑即使能够得到公民的信赖,也无法得到公民的认同。刑罚的文明性难以在报应论的框架内证成。在报应论看来,刑罚是否文明与惩罚原理无关,惩罚的性质始终是报复,刑罚之所以走向文明,是因为人类随着智识的发展,报复情绪逐渐收敛。⑤

第二,法确证说更合理地安放了公民情感,使得情感与刑罚的理论和实践建立起内在关联。报应论对情感要素的两种处理路径均难以令人满意:情感报应论的路径只是赋予经验

---

① 参见[法]米歇尔·福柯:《规训与惩罚》,刘北成、杨远婴译,生活·读书·新知三联书店2019年版,第37页。

② 参见[法]爱弥尔·涂尔干:《刑罚演化的两个规律》,载《乱伦禁忌及其起源》,汲喆等译,上海人民出版社2006年版,第328~337页。

③ 参见[法]E.迪尔凯姆:《社会学方法的准则》,狄玉明译,商务印书馆1995年版,第85~87页。

④ 参见[德]黑格尔:《法哲学原理》,范扬、张企泰译,商务印书馆1961年版,第103页;[德]沃尔夫冈·弗里施:《变迁中的刑罚、犯罪与犯罪论体系》,陈璇译,载《法学评论》2016年第4期。

⑤ 参见[法]埃米尔·涂尔干:《社会分工论》,渠敬东译,生活·读书·新知三联书店2017年版,第52~53页。

情感道德意义,[1]属于对经验情感现象的描述,仍停留在存在论层面,没有升华为普遍化的"情感理论"与犯罪事实建立联系,在刑罚面前,情感与犯罪事实仍然是彼此独立的两张皮,看不出面向犯罪事实的刑罚如何考虑情感;而像极端的绝对报应论那样直接排斥情感要素[2]会导致公众对案件的情绪反应无处安放,明显不切实际。按照法确证说,情感中的原初价值是普遍意志中的永恒构成,始终都会暗藏于表达普遍意志的行为规范之中,犯罪行为自然会侵害价值,而回应犯罪的确证刑也自然会回应价值。

第三,法确证说不仅面向过去,也面向未来。确证刑宣示了行为规范效力的破坏程度和恢复规范效力的条件,既回应了过去发生的犯罪事实,也训练了公民的规范信赖感与认同感,期待公民在未来能够坚持对规范的忠诚。报应论原本只有过去的面向,但实存恢复论、绝对报应论等新报应论试图在维持报应论立场的基础上吸纳预防论的优势,在理论中也添加了未来面向。但这样一来,报应的含义就被相对化了。预防论者也因而指出,各种报应论的阐述在实质上均可以转化为预防论。[3] 据此,采取法确证说可以彻底摆脱"报应"的语词束缚。

第四,法确证说重在"确证",道明了确证刑的明示功能。利用刑罚确保公众对行为规范的信赖与认同时,并不单单取决于最终的宣告刑,量刑说理也是极为重要的一环。法确证说强调了在裁判中明示与罪行相匹配、能够证明规范效力破坏程度的确证刑的重要性,唯有列出确证刑,表明最终宣告的刑罚是由确证刑调节得出的,方能让公众看到办案人员确实准确评价了罪行的实际严重程度,被害人被侵害权利的重要性得到确认,[4]公众也才能相信宣告刑的合理性,进而选择继续信赖和认同行为规范。但"报应"一词明显带有"执行"的意味,侧重于将刑罚施加于被告人之身的实际行动而非文字的宣示,单单在裁判中展示与罪行相称的责任刑恐怕只是"嘴上说说",不能满足"实际行动"的要求。相应地,由责任刑到预防刑的量刑步骤是否合乎报应论本意便值得怀疑。

第五,法确证说连同下文的法恢复说更为流畅地联通了犯罪论与刑罚论,完整地展现了行为规范效力由破坏到重建恢复的过程。犯罪是违反行为规范进而侵害法益的行为,定罪便是宣告行为规范在此存且有效,而刑罚则是确证行为规范效力的具体程度并恢复被犯罪破坏掉的部分,犯罪论和刑罚论始终围绕行为规范展开。

第六,法确证说具有更为明显的实践导向,能够为量刑实践提供理论指导。法确证说以行为规范效力为基点,重视对行为规范在具体情境中效力强弱、犯行对行为规范破坏程度高低的判断,在兼顾犯罪结果法益侵害程度的前提下,能够更为细致地分析同类犯罪行为在不同情境中所蕴含的不同的法益侵害危险。例如,甲乙同样实施了违反交通运输管理法规驾

---

[1] See Jeffrie G. Murphy, *Getting even Forgiveness and its Limits*, Oxford University Press, 2005, pp.19-20,22,31.

[2] 参见周漾沂:《刑罚的自我目的性——重新证立绝对刑罚理论》,载《政大法学评论》2016年第147期。

[3] 参见[日]松原芳博:《作为刑罚正当化根据的报应:刑法学的视角》,王兵兵译,载《国外社会科学前沿》2021年第7期。

[4] 参见[德]安德烈亚斯·冯·赫希:《该当量刑概论》,谭淦译,中国人民大学出版社2023年版,第20页。

车致一人死亡的交通肇事行为,甲的行为与结果之间具备直接因果关系;而乙的行为与结果之间的因果关联并无直接性,而是刚刚达到符合客观归责标准的程度,亦即即使乙合规驾车也不能确定地避免结果发生。此时,尽管在外观上看来,甲和乙均构成致一人死亡的交通肇事罪,但对甲乙裁量完全相同的确证刑明显并不合适,理由在于,遵守交规驾车的注意义务在甲驾车的场合拥有十足的效力,而在乙驾车的场合只是拥有盖然性的效力。换言之,甲的交通肇事行为对行为规范效力的破坏程度明显高于乙,需要确证的被破坏的规范效力程度更高,所对应的确证刑也应越重。上述逻辑只有透过行为规范效力才能触及,仅靠报应论显然难以阐明。

最后,法确证说并非刑罚正当根据的全部内容。新的报应论为了和预防论保持距离,试图独立论证刑罚正当性,但是出于内容全面的考虑,又不得不将预防论的一些考虑装进报应论的框架内,冲淡了作为报应依据的行为规范的行动指引机能。法恢复理论将犯罪人的历史表现、犯后态度等事实均作为罪行轻重的判断依据,恐会动摇责任主义,且使得不法评价与行为规范内容脱钩,不法不再发挥行为指引机能,刑罚也无法展现规范违反事实的轻重。法确证说没有报应论那样大的理论雄心,其仅仅作为刑罚正当根据的一部分,只强调围绕当次犯罪事实确证行为规范的效力,至于规范效力如何恢复以及犯罪事实以外的因素如何影响刑罚,并不是法确证说的论证任务。

小结来说,法确证的关键就在于"确证",即通过确证刑向国民展示行为规范的本原效力。在国家层面,值得关注的只有类型化的社会角色属性和规范违反事实。对于社会角色属性相同的行为人来说,不论是谁实施了某一类型的犯罪行为,其对相关行为规范的破坏程度、需要确证的规范效力、为恢复规范效力所要作出的努力都是完全一致的。因此,确证刑是普遍适用的,最能反映行为规范的本真效力,在实践中向公众释明确证刑对于发挥刑法的行为规范机能便十分重要。但是,确证刑源自抽象的国家层面,而市民社会才是公民开展生活的具体场域,行为规范的恢复最终要在市民社会中完成。在市民社会中,公民的形象被填充为丰富多彩的个体,那些不属于主体社会属性与当次犯罪的事实虽然在国家层面未能显现,但仍能在市民社会领域对规范效力的恢复产生影响。换言之,尽管确证刑预设了恢复规范效力的条件,但其最终在市民社会究竟如何落实仍是个问题,法恢复说便由此展开。

(二)法恢复

法恢复的核心意旨在于,根据被破坏行为规范效力的实际恢复情况,适时对确证刑作出调整,形成完整恢复规范效力所实际需要的刑罚(恢复刑)。确证刑是恢复规范效力的充分但不必要条件:一方面,确证刑是恢复规范效力的充分条件。确证刑是在理想化国家层面预设的恢复规范效力的措施,在行为规范效力被犯罪破坏时,只要启动预设刑罚,就能恢复规范效力。确证刑本来就是根据犯罪事实判定的,直接反映了行为规范效力的破坏程度,犯罪之外的事实不可能进一步提升规范违反程度,而是只能对规范效力的恢复进度产生影响。另一方面,确证刑未必是恢复规范效力的必要条件。例如,犯罪人完全有可能在接受刑罚之外实施一些诸如坦白、立功、赔偿被害方之类的行动,加快恢复公众对行为规范的信赖与认同,促进规范效力的恢复。一旦规范效力的恢复被加速了,确证刑也就变得"冗余",需要通过恢复刑将确证刑的多余部分去除。当然,倘使犯罪人没有任何趋轻方向的恢复刑情节,确证刑便依旧是充分且必要的。由于犯罪人在自由选择实施犯罪时就已经接受了行为规范预设的确证刑,选择了因违反规范可能负担的最不利后果,故而只要是在确证刑之内确定刑罚,都是对犯罪人的尊重。这样看来,确证刑与宣告刑、实际执行的刑罚完全可能是不一致的,由此便有必要探讨:在确证刑之外哪些事实能够影响规范效力的恢复,进而成为裁量恢复刑的依据。另外,恢复刑对确证刑的调整与预防刑对责任刑的调整似有可类比之处,那么法恢复说与预防刑背后的预防论之间的异同,也值得着墨。

1.恢复刑对规范信赖感与认同感的维护

在市民社会,犯罪对行为规范效力的侵害现实化地表现为其他个体对犯罪人不再信任,不愿意与之进行社会交往。犯罪人若想在确证刑之外加速恢复规范效力,寻求一个更为轻缓的恢复刑,原则上须寻找机会同市民社会互动,展示自己对行为规范的忠诚态度以求重获信任,市民社会中其他个体对犯罪人重拾信任的过程也正是其重建对行为规范信赖与认同的过程。

确证刑之外的法恢复行动应具备两项特征:

第一,亲手性,即法恢复行动必须由违反规范的犯罪人亲自作出。根据责任主义,刑罚只能施加于违反行为规范的人,这也暗含了一个道理,行为规范的效力被谁破坏,就应由谁来恢复。况且,唯有亲手实施才能彰显犯罪人本人的规范忠诚态度,才能得到公众的肯认。如果法恢复行动由他人代行,意味着犯罪人没有受到充足的法忠诚训练,其对行为规范的忠诚度并没有得到应有的回复,公众难以重拾对犯罪人的信任,也就难以重建对行为规范的信赖。不过,对亲手性的理解可以根据具体情况适度软化。要求犯罪人亲自作出法恢复行动,并不一定要求其自发主动、独立完成或主导实施,经他人提议、规劝后实施或是在他人指导下实施的,只要能够反映犯罪人向规范忠诚立场回归,都可获得肯定。当然,犯罪人对法恢复行动的参与意愿越主动、参与程度越高、参与内容越实质,体现出的规范忠诚态度也就越真诚,对确证刑的调减幅度便越大。

第二,交往性,即法恢复行动必须展现犯罪人与市民社会间的互动。公众对行为规范的信赖与认同都是通过在市民社会中的具体交往行动来现实化的,只有在互动中,才会存在彼此是否信任对方遵守行为规范的问题。犯罪人若想恢复规范效力当然也要通过交往来实现,自我封闭式地赎罪与悔过无法在市民社会中展现自己的法忠诚态度,难以得到公众的肯定。从某种程度上来说,新报应论中沟通主义路径的关系恢复论之所以特别重视犯罪人与被害人及社群的沟通,大抵也是基于这个道理。此外,交往互动使得参与交往的各方均成为主体,符合在行为规范规制下市民社会的运行逻辑。倘若没有行为规范,市民社会中的个体会毫无顾忌地将他人作为实现自己特殊目的的手段,每个人在将自己视为主体的同时又将他人视为客体,自然会引生纷争。行为规范为市民社会带来了交往准则,表面看来自由被添加了限制,但实质上每个人都在交往中获得了平等的、更有保障的自由,对一个人自由的尊重,逻辑地包含了对其他人与他一样的自由的尊重。①

在内容上,犯罪人与市民社会间的交往包含三个面向:一是与被害方的交往。被害方是

---

① 参见[英]以赛亚·伯林:《自由论》,胡传胜译,译林出版社2011年版,第218页。

具体案件中实际受损最严重的主体,也是犯罪发生后最不信任犯罪人的主体。对于犯罪人来说,修复与被害人间的规范关系是恢复规范效力的重要环节。二是与司法程序的交往。司法程序是行为规范在市民社会中的实际捍卫者,是规范立场的权威代表,司法程序的信任在一定程度上可以代表行为规范本身的信任。犯罪人可以通过对司法程序的配合与促进来体现其向规范立场靠拢的意愿,求得重获信任。三是与其他公众的交往。公众会因知晓犯罪人违反行为规范而对其产生不信任感,犯罪人可以通过增益社会向知情公众传达其回归规范忠诚立场的决心。三个面向并非彼此隔绝,而是可以相互影响的。

交往是相互的,犯罪人的法恢复行动能否换取恢复刑对确证刑的调减,取决于其是否能被市民社会肯认,对此要结合事实作价值判断:一方面,事实上得到肯认的,未必在价值上肯定法恢复。例如,甲明知乙为人不善,仍为了金钱利益将女儿卖给乙做其妻子,后女儿被乙虐待致死的,即使作为近亲属的甲对乙表示谅解,也要考虑甲为金钱利益将女儿出卖的行为显然违背父女之间相互照护义务的事实,进而认定谅解行为不符合规范内在价值,否定其法恢复效果。另一方面,事实上未被肯认的,也有可能肯定法恢复。例如,犯罪人协助司法机关抓捕其他犯罪嫌疑人,但因不可归责于犯罪人的事由未能将嫌疑人抓获的,即使在事实上犯罪人没有贡献,也应当在价值上肯定犯罪人向规范忠诚立场靠拢的努力。[①]

除了行动本身,犯罪人的个体特质与历史表现也会影响交往效果,影响其他公众的规范信赖感与认同感。就犯罪人的自然属性来说,刑事政策通常会要求对残疾人、孕妇等弱势群体从宽论处,其背后的道理就是法恢复说。与未成年人、精神病人和老年人不同,上述弱势群体的是非认知与行为辨控能力均达到一般人的水平。[②] 但基于人道主义等方面的考虑,公众会倾向于对上述弱势群体给予更多包容,在同等情况下会愿意多给他们一些机会,会认为他们的法恢复行动对行为规范效力的恢复程度更高。就犯罪人的历史表现而言,当犯罪人有前科时,说明其对行为规范的态度一向淡漠,法恢复行动的可信度也会因此折损,其若想获得公众的信赖就必须付出更多的努力。反之,假使犯罪人不仅没有前科,还曾经多次为社会做贡献,则表明该犯罪人对行为规范的违反态度很可能只是一时糊涂,其法恢复行动的可信度相对较高。

2.法恢复说与预防论的比较

与预防论相比,法恢复说的论证更具说服力,且给犯罪人复归社会提供了更多可能性。预防论中特别预防与一般预防所关注的各类情节均能在法恢复说中得到很好的解释,且法恢复说能够容纳更多有量刑价值的情节。具体来说:

其一,"预防"是政策性词语,强调制度在未来的实际效果,预防论对各项事实的评价都与并不可知的犯罪避免实效相关联,将未知事实作为评价的基础,显然并不可靠;"法恢复"是规范性术语,其目标在于让行为规范在未来持续有效,因而对各项事实的评价均着眼于事

[①] 在我国司法实务中,对于犯罪人协助抓捕失败的,即使不能认定为立功或重大立功,也会在量刑时酌情考虑。例如,浙江省瑞安市人民法院(2018)浙 0381 刑初 1876 号刑事判决书;广东省珠海市斗门区人民法院(2020)粤 0403 刑初 470 号刑事判决书。

[②] 当然,在部分过失犯罪中可能也有例外,需要具体问题具体分析。一般而言,就认识某一行为的不法性并自主选择不实施不法行为的能力来说,上述弱势群体能达到一般人的水平。

实本身的规范价值,只要相关事实顺应规范价值,就当然具有恢复规范效力的功能。

传统的预防论主张,"预防"不仅赋予了刑罚意义,而且给予犯罪学成果充分发挥作用的空间。① 然而,正是犯罪学实证研究表明,刑罚的特别预防②与一般预防效果均不明显。③ 预防论者不得不作一定程度的缓和,要么退一步解释道,"人们可以合理地推测,在没有刑罚的情况下,犯罪会增加很多"④。但如此解释会使刑罚的正当性根基很不稳固,继而导致刑罚实践中的说理总是在"人身危险性""再犯可能性""预防必要性"等冠冕堂皇的词汇中兜圈子,说服力较弱。要么直接指出不应对刑罚的预防效果过于苛求,毕竟预防犯罪并非刑法一家之事,需要各项社会制度相互配合。⑤ 但是,这并不妨碍刑罚制度理应多多少少有一些看得见的实证效果,刑罚仍然要自证其在预防犯罪的各项制度中为何不可或缺。对此,预防论难以给出令人满意的回答。况且,在有些犯罪中,被告人即使绝无再犯可能性,也仍然要受到刑罚处罚。例如,被告人因交通肇事受伤而不再有驾驶能力的,司法上仍要以交通肇事罪对其定罪论处。预防论对此难以释由。

相反,法恢复说并没有雄心满满地宣称刑罚可以预防犯罪,而是围绕"如何让行为规范有效"来构建理论。在法恢复说看来,关注刑罚在未来的"实际效果"不如关注行为规范在未来的"运行状态",刑罚只是通过维护规范效力让未来始终在强有力的行为规范的规制之中。法恢复说的未来面向既不是"犯罪人在未来不会犯罪",也不是"公众在未来不会犯罪",而是"行为规范在未来仍然有效"。因此,根据法恢复说,犯罪人犯罪后的法恢复行动表明的是犯罪人此时此刻的规范忠诚度以及公众此时此刻对行为规范的信赖感和认同感,刑罚实践的依据与说理都源于当前的符合规范价值的可视化事实,更能令人信服。至于在刑罚执行完毕之后,犯罪人及其他公众是不是能够永久地忠诚、信赖、认同行为规范,法恢复说不会给出预测。

尽管在政策意义上我们可以说国家期待被告人和一般公众都不实施犯罪行为,但是这种政策性期待无法确定地实现,因而也就不可能作为论理的依据,而是只能将实现政策性期待(预防犯罪)的确定的手段(行为规范)作为论理依据。

其二,与传统预防论相比,法恢复说将人作为目的而非手段,尊重人的自由。惩罚只能将人作为目的,不能将人作为实现其他目的的手段。⑥ 已经达成共识的是,消极的一般预防论通过用刑罚威吓人来预防犯罪,仿佛对狗举起权杖,没有将人作为目的来尊重。⑦ 根据福

---

① 参见[德]约翰内斯·卡斯帕:《正义刑还是目的刑?——思考犯罪学知识在刑罚论中的重要性》,邓卓行译,载赵秉志主编:《政法论丛》(第61卷),法律出版社2020年版,第602~627页。
② 参见劳佳琦:《我国累犯从严实效之实证研究》,载《中外法学》2014年第6期。
③ 参见吴雨豪:《刑罚威慑的理论重构与实证检验》,载《国家检察官学院学报》2020年第3期。
④ [日]松原芳博:《作为刑罚正当化根据的报应:刑法学的视角》,王兵兵译,载《国外社会科学前沿》2021年第7期。
⑤ 参见黄荣坚:《灵魂不归法律管》,商周出版2017年版,第51~52页。
⑥ 参见[德]康德:《法的形而上学原理》,沈叔平译,商务印书馆1991年版,第163页。
⑦ 参见[德]黑格尔:《法哲学原理》,范扬、张企泰译,商务印书馆1961年版,第102页;张明楷:《责任刑与预防刑》,北京大学出版社2015年版,第55页;[德]沃尔夫冈·弗里施:《变迁中的刑罚、犯罪与犯罪论体系》,陈璇译,载《法学评论》2016年第4期。

柯对刑罚制度的观察,特别预防和一般预防都将人视为手段;伴随着刑罚对预防功能的强调,刑罚不再借助血腥的仪式而是用谨慎而隐蔽的方式展示其权力,对于犯罪人来说,刑罚的作用对象不再是肉体而是转向精神;对于其他公众来说,要留出对刑罚场景的想象空间并令其相信惩罚犯罪的必然性。因此,刑罚是一种规训与教养方式,作为刑罚执行场所的监狱同军队、工厂、学校一样致力于制造出被规训的个人,刑罚的本质是规范性权力的运作方式。① 简而言之,在福柯看来,不论是作为刑罚对象的犯罪人,还是对刑罚作用表示肯定的其他公众,都不过是权力运作的手段,人的自由意志荡然无存。但得出前述结论,归根结底是因为福柯预设了刑罚以预防犯罪为正当根据这一前提,进而主张权力技术在刑罚制度中的施展旨在通过消灭潜在的犯罪来维护权力运作。换言之,实质上,是人的自由与社会本位的预防论之间产生了冲突。

将预防划分为特别预防和一般预防也进一步放大了上述弊端。特别预防面向犯罪人,而一般预防面向一般公众,将犯罪人与一般公众区分开来,犯罪人被排斥在一般公众所代表的共同体之外,加剧了人们对犯罪人的敌视,反之也强化了犯罪人作为社会防卫的工具性地位。

倘若采取以保护个体自由为基底的法恢复说便不会认同上述观点。行为规范以人为目的而非以预防犯罪为目的,恢复刑完全是对个体自由选择犯罪并在犯罪后自由选择恢复规范效力的尊重,且旨在恢复以保护个体自由为功能的行为规范的效力,是对人的目的的实现。而不论是犯罪人还是一般公众,都要敬畏行为规范,都居于目的的地位。在法恢复说的框架内,人的主体性与自由得以安放。

其三,法恢复说的理论包容度高于预防论,一切与规范价值呈正向关联的行动都属于法恢复行动,均能成为恢复刑的裁量依据;而预防论以人身危险性为锚,可容纳的内容很有限。我国台湾地区"刑法"第57条规定:"科刑时应以行为人之责任为基础,并审酌一切情状。""一切情状"充分表明了量刑活动的复杂性,彰显了对一个人之艰难处境的最细微关照,②毫无疑问,量刑越复杂,对刑罚理论的包容度要求就越高。预防论将犯罪人退赃退赔、取得被害方谅解等事实均解读为"人身危险性降低"或"预防必要性减小"是经不起深究的。例如,家境贫困、无其他生活技能、以盗窃为生的惯偷向被害人退赃退赔、取得其谅解后,往往会再次犯罪。对此,按照预防论的逻辑提出的实践主张无非以下两类:一是认为犯罪人的这些行动不足以说明其预防必要性降低,仍要按照责任刑划定的最高刑罚论处。但这样的量刑结果不仅因责任刑的上限制约而无法满足预防需求,而且不利于鼓励犯罪人退赃退赔、与被害人修复关系。因为先前的裁判已经告诉犯罪人,这些努力很可能是白费的。二是认为犯罪人的这些行动说明其预防必要性降低,可以调减刑罚。可这样的量刑结果更加不能满足预防需求,且量刑理由也十分形式化,只是在相关事实与预防必要性之间构建语言上的表面关联。依照法恢复说便不会遭遇这样的困境,犯罪人退赃退赔、取得被害方谅解都是符合规范价值的法恢复行动,有利于增强公众对行为规范的信赖与认同,不论未来行为规范是否会再

---

① 参见[法]米歇尔·福柯:《规训与惩罚》,刘北成、杨远婴译,生活·读书·新知三联书店2019年版,第99～101、106～107、251、335～340页。

② 参见黄荣坚:《灵魂不归法律管》,商周出版社2017年版,第51～52页。

次受到冒犯，至少当下被侵害的行为规范得到了充分修复，行为规范已经能够继续发挥效力。

对于前文提到的被告人家庭情况特殊这一情节，法恢复说的阐释也比预防论更为有力。按照法恢复说，被告人的特殊家庭情况作为一种背景信息，能够透过对刑罚效果的影响，间接地影响被告人法恢复行动的可信赖度。详言之，当被告人具有家中有重病、年迈或是年幼的亲人必须由被告人照料或抚养、被告人是家庭唯一收入来源等特殊情况时，一般公众会认为，在此对其施加太重的刑罚并不是最佳的规范效力恢复方式，不如给被告人一次机会。一方面，硬要把被告人和急需他照护的家庭分开或是长期分开，并不利于重建被告人的法忠诚态度，不利于培植被告人对行为规范的认同感，反而容易引起被告人内心对法律制裁的愤懑与仇视；另一方面，会使得需要照护的家庭成员得不到被告人的照护，进而成为新的"被害人"，旨在通过恢复规范效力、以行为规范的有效性来保护法益的刑罚当然不能容许新的被害人出现。由此可见，在被告人家庭情况极为特殊时，刑罚的法恢复效果会有所改变，通常的刑罚在此可能是"过量"的，对被告人尽可能地从轻处罚、宣告缓刑，让被告人尽早回归家庭、服务于家庭而非独自服刑反省或许是促进被告人回归法忠诚立场的更有效方法。在量刑上对家庭情况特殊的被告人网开一面不等于放纵容忍，而是寻求更适用于被告人个体的刑罚，更高效地恢复规范效力，令被告人与一般公众都能同时感受到法规范的威严与宽和，增进规范信赖感与认同感。

其四，预防论以"人身危险性"为预防刑的裁断根据，在实务上很容易受制于罪行的轻重程度。当被告人的罪行很重时，办案人员会产生被告人人身危险性很大的前见，继而在裁量预防刑时会相对克制，不当地缩小对被告人刑罚的调减幅度，在实质上有重复评价罪行的嫌疑。换言之，"人身危险性"并不是一个可靠的判断依据，罪行的严重性与被告人的人身危险性原本就难以分离，若想将罪行与被告人分开评价，有必要找到其他更为可靠的标准，而法恢复关注罪行之外的有关被告人恢复行为规范效力的各种情节，刚好有能力担当这一标准。

综上作一小结：法确证是指在国家层面确证规范的普遍效力，确证刑展示了规范效力被破坏的程度以及恢复规范效力的充分条件，通过普遍的严厉性实现对规范信赖感与认同感的维护。法恢复是指在市民社会层面根据犯罪人在刑罚之外同市民社会交往互动的具体状况确定规范效力的恢复情况，一旦犯罪人的法恢复行动显示出其向规范忠诚立场的回复，能够被规范地评价为获得其他公众的信赖与认同，便须调整确证刑以形成对完整恢复规范效力充分且必要的恢复刑。

法确证与法恢复说实质地统一于"行为规范效力"之下，使得刑罚论得以与犯罪论实现贯通。犯罪是违反行为规范的行为，定罪正是为了宣告行为人其犯罪行为的规范违反属性，而刑罚旨在确证行为规范效力被破坏的具体程度并恢复其效力，进而保障由刑法确立的行为规范能够始终保持有效。相较于并合论，法确证与法恢复之间在理论内涵上没有任何矛盾，均围绕维护行为规范效力展开，且与犯罪论的内在逻辑保持了一致；相较于新型报应论和预防论，法确证与法恢复说没有囿于报应与预防的固有理论框架，而是以行为规范效力为元点阐释原理，广泛地吸收并有序安放了各种新型理论所重视的规范效力、个体自由、社会秩序、理性情感、刑罚的表达与沟通功能等因素，并彰显出更为显著的实践导向。

四、法确证与法恢复说的实践面向

法确证与法恢复说具有显著的实践品格,能够将各项刑罚实践统一在同一理论框架之中,规范刑罚实践理念,为刑罚实践提供富有逻辑的步骤性指引和极具说服力的操作理据。出于篇幅考虑,在此以量刑步骤为例阐释。

(一)量刑步骤的设计要凸显刑罚制度的实体意义

纵观国内外的理论与实践,对量刑步骤的设计无外乎两种模式,分别体现出构建量刑步骤的两类不同方法:一是理论演绎型,即由刑罚正当根据直接派生出量刑步骤,以刑罚制度的实体意义作为量刑步骤的逻辑根基,源自并合论的由责任刑到预防刑的量刑步骤即为适例;二是实用技术型,即通过观察量刑活动,归纳总结办案人员在量刑时通常需要经过的阶段,从实践技术层面描述量刑活动所要经过的步骤,我国最高人民法院、最高人民检察院联合发布的《关于常见犯罪的量刑指导意见》(下文简称为《量刑指导意见》)中规定的"量刑起点—基准刑—宣告刑"量刑步骤以及英国量刑指南中规定的量刑步骤①均属此类。理论演绎型步骤更倾向于将量刑步骤设计成为一套引导量刑活动的分析体系,每一步骤的展开都在不断回应刑罚正当根据,办案人员在每一步骤完成时所得出的阶段性刑罚量都有其相应的理论内涵;实用技术型步骤则更多地将量刑步骤理解为一套指导量刑活动的计算程序,各步骤都是得出量刑结果所要经过的中间环节,至于步骤安排是否有理论支撑,在所不问。两种模式各有优劣,理论演绎型步骤有利于实现量刑理论与实践的贯通,强化刑罚正当根据的实践导向,但其可操作性方面有待提升,还需在理论步骤内挖掘更多的下位实践规则;实用技术型步骤的实践导向较强,办案人员几乎可以拿来就用,但是步骤设计相对生硬,并未融入刑罚正当根据的价值考量,办案人员在完成每个步骤时也并不知道相应的理论意义,无法检验量刑活动的合理性。

基于我国的量刑实践需求,应着重强调理论演绎型量刑步骤的重要性。理由在于,只有理论演绎型量刑步骤能够将刑罚正当根据原本地落实到量刑实践中,凸显刑罚制度的实体意义,确保量刑理论与实践的贯通。

实际上,不仅是量刑,一切刑罚实践规则的设计都应当首先考虑刑罚制度的实体意义,在确保能够实现刑罚制度实体意义的基础上,再设计相应的程序加以保障。我们通常会把刑罚制度划分为制刑、量刑和行刑三个阶段,这种划分显然是从程序视角出发,侧重于刑罚制度推进的事实性流程。然而,三个阶段虽然有着不同的实施主体与制度内容,但是在实体上均受制于刑罚正当根据。

以司法层面的量刑和行刑阶段为例,从实体上看,两者都是在刑罚正当根据指引下将可

---

① 参见[英]安德鲁·阿什沃斯:《量刑与刑事司法》,彭海青、吕泽华译,中国社会科学出版社2019年版,第25~28、506~516页。

罚性转化为刑罚量的过程,①两个阶段的界分在实体上未必是清晰的。依照并合论,量刑阶段中预防刑的裁量和行刑阶段减刑、假释的决断都以特别预防为根据,需要不断审视、评估被告人的人身危险性和再犯可能性。② 依照本文提出的法确证与法恢复说,恢复刑的裁量与行刑均要考察被告人的法恢复行动已经使得被破坏的行为规范的效力恢复到何种程度。由此可见,预防刑或是恢复刑的裁量与行刑在实体上是一个完全连贯的过程,之所以区分量刑与行刑阶段,只是出于在裁判文书中列明宣告刑的程序性需要。但实际上,宣告刑仅仅显示出被告人在裁判生效之时的人身危险性或是行为规范效力的恢复程度而已,其实体意义与后续行刑过程中历次减刑后所得出的刑罚量并无本质差别。这样看来,将量刑与行刑完全割裂开来,专为程序上的量刑阶段设计实用性步骤,并不利于量刑与行刑在实体上的贯通,无助于量刑与行刑在价值上保持一致。在实践中,无论是载明宣告刑的判决书,还是行刑阶段作出的减刑、假释裁定书,都必然会列明折抵前的刑罚。原因显然在于,折抵前的刑期是具有实体意义的,能够向公众表明被告人当时的人身危险性或是规范效力在当时被恢复的程度,而刑期折抵这种与实体无关的、纯粹技术性、程序性的问题不能干扰刑罚的实体意义。一言以蔽之,在量刑阶段要得出的宣告刑终归有其实体意义,且其实体意义与后续的行刑阶段是一以贯之的,因而量刑步骤的构筑必然要围绕实体意义展开,不宜与制刑、行刑阶段割裂看待,纯粹的技术性、程序性问题也没有必要纳入量刑步骤中。

(二)由确证刑(责任刑)到恢复刑(预防刑)的阶层式量刑步骤

一旦认为刑罚正当根据是法确证与法恢复,由此派生的量刑步骤便当然是由确证刑到恢复刑的阶层式量刑步骤。确证刑表明了行为规范效力被破坏的程度以及恢复规范效力的充分但不必要条件。在量刑时,裁判者应首先根据犯罪事实裁定确证刑,向公众宣告行为规范的实际效力。由于不能要求被告人"超额"恢复规范效力,故确证刑划定了刑罚的上限。恢复刑是恢复规范效力的实际所需刑罚,即恢复规范效力的充分且必要条件。裁判者须在评价除犯罪事实以外的、与法恢复相关的被告人事实后,于确证刑之下裁定恢复刑。这一量刑步骤的关键之处在于"阶层式",具体来说:

首先,要将量刑情节区分为犯罪事实和罪行以外的被告人事实。

法确证的意旨是通过刑罚向公民确证行为规范的普遍效力,而确证刑的刑罚量正是向公众表明行为规范效力被犯罪破坏的程度,自然只与犯罪事实挂钩;法恢复的要义则是利用刑罚恢复被破坏的行为规范的效力,因而在量刑以及行刑的过程中,办案人员需要考察被告人为恢复规范效力付出了哪些努力或是被告人的哪些特殊情况可以加速规范效力的恢复,进而根据规范效力的实际恢复情况,适时调整刑罚量,形成适用于被告人的最妥当的恢复刑,进而,恢复刑自然要与罪行以外的被告人事实挂钩。

其次,先评价犯罪事实,后评价罪行以外的被告人事实,次序不可颠倒。

责任刑与预防刑的关系存在位阶而非平面耦合。在由责任刑到预防刑的量刑步骤中,

---

① 参见毛乃纯:《日本量刑理论的发展动向》,载《海峡法学》2015年第2期。
② 参见张明楷:《责任刑与预防刑》,北京大学出版社2015年版,第92~93页。

必须先根据犯罪事实确定责任刑,以责任刑为基础裁定预防刑,两者的评价顺序不可置换。如果先考虑预防刑,将很可能导致对被告人人身危险性的考虑凌驾于罪责之上,倒向以人身危险性奠定刑罚基调的刑法主观主义,违背先有犯罪后有刑罚、刑罚以责任为基础的责任主义。① 由确证刑到恢复刑的量刑步骤与此有异曲同工之妙,确证刑与恢复刑的关系也是位阶关系,只有在先依据犯罪事实确定行为规范效力被破坏的程度,才能裁定恢复规范效力所需要的刑罚。

在此需要特别说明术语选择的问题。基于理论术语一贯性的考量,本文本应提倡采用确证刑和恢复刑的概念。然而,出于以下三点理由,本文仍然肯定使用责任刑和预防刑概念的合理性:其一,责任刑和预防刑已经为理论界所熟识,继续使用这一组概念更有利于本文观点与其他见解展开互动,过多使用新概念无助于读者在短时间内把握观点要义。其二,对于实务界人士来说,当务之急是快速建立起阶层式的量刑思维,在确保量刑步骤阶层化逻辑的前提下,概念术语越简明易懂,越容易被实务人员掌握好。刑法教义学要为疑难问题的处理提供具有说服力的说明和论证,自然要使用能被实务人员快速吸收的话语,在展示学者丰富而深邃的思想的同时,确保实务人员准确理解并将其运用至实践中去。② 确证刑、恢复刑的表述相对较为抽象,且属于全新概念,不容易被实务人员快速吸收。相较而言,责任刑、预防刑的概念已有一定的影响力,办案人员更容易接受,暂时地折损术语表述上的连贯性而换取更大的实践利益,并无不可。其三,由责任刑到预防刑的量刑步骤的主要问题并不在于其阶层化运作逻辑的实践价值,而是在于运用报应论、预防论难以圆满完成量刑说理。换言之,只要在量刑说理时转而应用法确证与法恢复说而不采用报应论、预防论即可,未必一定要把责任刑和预防刑的表述置换掉。诚然,新概念的创制能够帮助创制者获得相关领域的话语权,③可是如果概念的创制不能切中我国当下的实践需求,恐将难以获得认同,话语权则更是无从谈起。对于以实践为目标的刑法学来说,创新固然重要,但是不宜动辄重构理论或是作出颠覆性改变,要尽可能地照顾到实践的可参考性、可掌握性,以小改动博得大进展。需要实践作进一步努力的是,将阶层式量刑步骤与《量刑指导意见》规定的量刑起点、基准刑等概念对接起来,切实发挥法确证与法恢复说的实践价值。

(三)一体化实现同案同判与刑罚个别化

显而易见的是,分阶层量化评价犯罪事实与罪行之外的被告人事实能够贯彻责任主义的要求,但是合乎责任主义的刑罚也未必一定是最为妥当的刑罚,有些刑罚虽然并未逾越责任主义,但是对于预防犯罪或是恢复规范效力来说并不必要,这样的刑罚仍属失当。④ 应当认为,阶层式量刑步骤更为深刻的正当性在于其实现了同案同判与刑罚个别化的统一。

---

① 参见王志祥、李昊天:《责任刑与预防刑的区分与二者的关系——以张某某案改判为切入的思考》,载《贵州民族大学学报(哲学社会科学版)》2022年第2期。
② 参见周光权:《刑法教义学的实践导向》,载《中国法律评论》2022年第4期。
③ 参见张明楷:《刑法学中的概念使用与创制》,载《法商研究》2021年第1期。
④ 参见赵书鸿:《论作为功能性概念的量刑责任》,载《中外法学》2017年第4期。

在司法活动中,同案同判历来被奉为圭臬。我国《量刑指导意见》中明确规定,"对于同一地区同一时期案情相似的案件,所判处的刑罚应当基本均衡"。不断发布的指导性案例虽然不具有规范效力,但其在事实上的拘束力也暗含了对同案同判的要求。[1] 因此,同案同判通常被视为量刑均衡原则的内涵之一。[2] 不过,理论界对同案同判的含义与效力仍存在较大分歧,在量刑领域中特别反映在是否赞同刑罚个别化观念:赞同说认为,司法不能放弃个案公正,同案同判不能阻止个案考量,对于特定被告人的合适刑罚理应是个别化的。[3] 况且,相同的案件根本不会存在,哪怕两个盗窃案件的数额相同,也势必在其他方面存有差异,不能仅凭部分相同事实就要求同案同判,[4] 真正相同的只能是量刑标准而不可能是量刑结果。[5] 依据这一观点,将同案同判解释为同样案件同样裁判结果[6]本质上也属于赞同说,其实际上强调的是办案人员对待相同案件要采取相同的态度,不能"厚此薄彼"。反对说则指出,同案同判的含义是同类案件类似裁判,而非同样案件同样裁判。[7] 刑罚个别化不顾案件的类似性,完全着眼于被告人的特别预防,违背责任主义且不利于一般预防。[8] 还有学者通过设计用于测量法官量刑集体经验的定量分析模型,识别出那些时常偏离集体经验的法官个体并对其量刑活动予以纠正,来落实同案同判的量刑理念。[9]

其实,一旦采取阶层式的量刑步骤,将犯罪事实与被告人事实区分开来,就会发现,同案同判与刑罚个别化两种量刑观念都是必要的,且能够实现并存。

同案同判的量刑观念应指"确证刑或责任刑同案同判"。对于拥有相同社会属性并实施相同罪行的被告人来说,由于规范破坏程度完全一致,罪责自然完全一致,确证刑或责任刑也当然完全一致,确证刑或责任刑保障了量刑的一般正义。申言之,确证刑或责任刑是对行为规范效力的直接宣示,是行为规范在刑罚阶段发挥行动指引功能的直接体现,因而在判定确证刑或责任刑时理应接受同案同判观念的约束。相应地,裁判者在裁判中不能仅仅列出宣告刑,而是有必要明示确证刑或责任刑,唯有如此才能真正宣示规范效力,让被告人以及公众清楚地知道被告人做的坏事究竟有多恶劣,究竟值多少刑罚,彰显行为规范的安定性和可预期性。另外,明示确证刑或责任刑也能够避免公众因将宣告刑与被告人的罪行轻重直接挂钩而引起不必要的误解。因此,同案同判观念约束的并不是终局性的裁判结果而是过程性的裁判理由,在裁判过程中需要优先适用。[10]

刑罚个别化的量刑观念是指"恢复刑或预防刑个别化"。每个被告人的法恢复情况都不

---

[1] 参见泮伟江:《论指导性案例的效力》,载《清华法学》2016 年第 1 期。
[2] 参见张明楷:《责任刑与预防刑》,北京大学出版社 2015 年版,第 333~334 页。
[3] 参见周少华:《刑事案件的差异化判决及其合理性》,载《中国法学》2019 年第 4 期。
[4] 参见张明楷:《责任刑与预防刑》,北京大学出版社 2015 年版,第 335 页。
[5] 参见石经海:《从极端到理性:刑罚个别化的进化及其当代意义》,载《中外法学》2010 年第 6 期。
[6] 参见张志铭:《司法判例制度构建的法理基础》,载《清华法学》2013 年第 6 期。
[7] 参见孙海波:《"同案同判":并非虚构的法治神话》,载《法学家》2019 年第 5 期。
[8] 参见邱兴隆:《刑罚个别化否定论》,载《中国法学》2000 年第 5 期。
[9] 参见吴雨豪:《量刑自由裁量权的边界:集体经验、个体决策与偏差识别》,载《法学研究》2021 年第 6 期。
[10] 参见雷磊:《如何理解"同案同判"?——误解及其澄清》,载《政法论丛》2020 年第 5 期。

相同,故恢复刑或预防刑的裁量必须面向个体的被告人展开,尽可能地在具体案件中实现量刑的个别正义。因此,恢复刑或预防刑的裁量必然要坚守刑罚个别化的观念,裁判者也必须在裁判中列明被告人的法恢复行动、影响法恢复的被告人信息,避免使公众产生疑惑。

据此,同案同判与刑罚个别化不是择一关系,而是分别象征着量刑的一般正义与个别正义,两者对于利用刑罚实现正义来说缺一不可,一般正义是个别正义的前提,个别正义又是一般正义的延伸。[①] 阶层式的量刑步骤正是通过把犯罪事实与被告人事实分开评价,使得同案同判与刑罚个别化在不同阶层分别实现,全过程地向公众展示了量刑是如何落实一般正义与个别正义的。可以想象的是,如果办案人员在裁判文书中以阶层式的量刑步骤为说理框架,其量刑结果定能得到公众的广泛认同。

总而言之,不论是由确证刑到恢复刑的量刑步骤,还是由责任刑到预防刑的量刑步骤,都属于阶层式的量刑步骤,在各阶层考虑的事项也是相同的,都主张先评价犯罪事实,对既已发生、不会再改变的事实一视同仁地作回顾性静态评价;再评价罪行之外的被告人事实,对已经发生和正在发生的事实做个性化的展望性动态评价。两种量刑步骤在实践导向的方法论层面没有差别,都能实现同案同判与刑罚个别化的统一。

除了量刑步骤以外,法确证与法恢复说对责任刑、预防刑的具体裁量也有重要的指导意义,对此将另外撰文阐释。

[①] 参见石经海:《量刑的个别化原理》,法律出版社2021年版,第77~78页。

合伙之诉的规范基础及其展开[*]

叶玮昱[**]

摘要：合伙之诉是指合伙人为合伙利益以自己的名义起诉主张合伙债权。合伙之诉源自罗马法，英美法只规定了有限合伙人派生诉讼，该规则是股东派生诉讼外溢的结果，而欧陆法将合伙之诉视为适用于一切人合组织的原生现象。我国合伙立法受英美法影响较大，《合伙企业法》第68条第2款第7项规定了有限合伙人派生诉讼，但法律并未明确其他类型合伙的合伙人能否代为起诉主张合伙债权。一般认为合伙分为契约型合伙和组织型合伙，契约型合伙是合伙人之间单纯的债权债务关系，合伙债权是合伙人的连带债权，合伙人可以以连带债权人的身份起诉。组织型合伙属于非法人组织，享有权利能力、当事人能力以及独立的合伙财产。当组织型合伙的事务执行合伙人怠于起诉主张合伙债权时，其他合伙人享有诉讼实施权，该权利可以被视为其他合伙人紧急管理权在诉讼法上的映射。组织型合伙的合伙之诉也是一种派生诉讼，与股东派生诉讼分享相似的法理基础和规则。此外，一种能够涵盖合伙之诉和股东派生诉讼的成员派生诉讼制度不仅合理并且是可行的。

关键词：合伙之诉；合伙分类；连带债权；诉讼实施权；成员派生诉讼

The Foundation of Actio Pro Socio and Its Development
Ye Weiyu

Abstract：With actio pro socio is a partner able to sue in his own name for the partnership's interest. Actio pro socio comes from the Roman law, the common law accepted the opinion from classic Roman law and merely stipulated limited partner derivative

---

[*] 文章DOI：10.53106/615471682024120039003。

[**] 叶玮昱，法学博士，浙江财经大学讲师，研究方向：合同法、公司法与破产法。电子邮箱：ye.weiyu@163.com。

suits. Differs form common law has civil law formed a unique opinion, that actio pro socio is a universal rule in law of partnership. Article 68 Partnership Enterprise Law of the People's Republic of China established the limited partner derivative suits. However, it is unclear, whether if other kind partners could with this rule sue the debtor of partnership. Ordinarily divide all partnerships in two categories, form of contract and form of organization. The former is regarded purely as relationship of partners, they owned partnership's property directly and sue for the creditor's right in name of co-creditor. The latter is qualified as unincorporated organization, established with capacity for civil rights. When the executive partner is fails to exercise his responsibility, obtain other partners a right to bring action. This right could be regarded either as a reflection of a right to handle the emergency or as expansion of shareholder derivative suit. Actio pro socio in an organized partnership is also a derivative suit, sharing similar jurisprudential bases and rules as shareholder derivative suit.

Key Words: actio pro socio; classification of partnerships; joint credit; right to sue; derivative suit

一、问题的提出

我国《合伙企业法》第68条第2款第7项规定，有限合伙人可以在执行事务合伙人怠于行使权利时，为合伙企业的利益以自己名义提起诉讼，这被称为有限合伙人派生诉讼。然而，能够以自己名义参与民商事行为、负担义务并享有权利的非法人组织不仅包括有限合伙企业，也包括其他类型的合伙企业。在承认组织型民事合伙能够以"企业经营者"身份与他人交易的情况下，民事合伙同样可以成为一类组织。[1] 当组织利益受到损害或者有损害之虞时，提起诉讼的一般是组织自己或组织负责人（而不是组织成员），然而比较立法例却普遍允许组织成员提起派生诉讼，这种诉讼在合伙法中被称为合伙之诉（actio pro socio），而在公司法中被称为股东代表诉讼。[2]

既然我国法律允许有限合伙人为合伙企业利益起诉，那么其他类型合伙的合伙人是否也享有这类诉权？虽然现行法对此没有作出明确的规定，但似乎没有禁止的必要。合伙之诉对我国学界来说是一个相当陌生的概念，这主要是因为我国合伙立法受英美合伙法影响较大，后者将合伙视为合伙人之间的法律关系，而派生诉讼却是公司法的独特现象。然而我国合伙基础理论又与欧陆合伙法联系密切（尤其是民事合伙与商事合伙以及

---

[1] 参见朱虎：《〈民法典〉合伙合同规范的体系基点》，载《法学》2020年第8期；赵玉：《民法典背景下合伙企业财产制度构造》，载《中国法学》2020年第6期；李昊、邓辉：《我国〈民法总则〉组织类民事主体制度的释义》，载《法律适用》2017年第13期；朱庆育：《第三种体例：从〈民法通则〉到〈民法典〉总则编》，载《法制与社会发展》2020年第4期。

[2] 例如《德国股份法》第148条、《法国商法典》第225条规定了股东派生诉讼，同时《德国人合组织法现代化法》第715b条、《法国民法典》第1843-5条、《奥地利普通民法典》第1188条规定了合伙之诉。

契约型合伙与组织型合伙的分类方法),由此引起了本文对合伙之诉作为合伙法一般现象以及在二分法基础上区分合伙之诉的讨论。为此,本文首先对合伙之诉规范的原理进行分析,之后再阐述合伙之诉与派生诉讼之间的关系,最后讨论构建统一的成员派生诉讼的可能性。

二、合伙之诉规范的原理分析

合伙之诉的历史可谓源远流长。虽然历史悠长并不代表规范当然合理,但是人们在制度的发展演变中至少可以寻得各种规范的原理。而且,从现代诉讼法法理来看,原则上只有对诉讼标的有实体权利义务关系的主体(即实体当事人)才享有诉讼实施权,而合伙之诉中的合伙人是为了合伙利益提起诉讼,其诉讼请求是要求被告履行对合伙的债务。为什么合伙人可以起诉主张合伙债权?此外,合伙究竟是合伙人之间单纯的债权债务关系还是一种超越了合伙人个体的组织?对这两个问题的判断无疑会影响合伙之诉原理的理解。

(一)为合伙存续而生的合伙之诉

合伙之诉这一制度最早出现于罗马法时期。古典罗马法认为合伙创造了一种信任关系,合伙存续的前提是全体合伙人持续的合意,合伙人提起诉讼意味着合意消失,合伙随即不复存在。这一现象的根源是罗马社会的个人主义法律观,毕竟不存在一个对所有人来说永恒存在的合伙(nulla societatis in aeternum coitio est,D.17,2,70)。因此,早期的合伙之诉不是一种建立在合伙关系之上的诉讼而是一种结算之诉,但是合伙人起诉也不都会引起合伙解散,维持合伙存续的合伙之诉(actio pro socio manente societate)就是一个例外。[①]

合伙之诉在后古典罗马法时期逐渐成为一般规则,优士丁尼明确承认维持合伙的合伙之诉,允许合伙人提起有利于合伙财产的出资缴纳之诉(D.17,2,65,15)。这一规定刚开始只适用于为确保实现公共目的而承担国家经济事务的合伙(societas publicanorum),之后逐渐适用于所有类型的合伙并且能够涵盖所有基于合伙关系而产生的合伙人请求权。[②] 这一观点延续了十几个世纪,最后被19世纪的潘德克吞法学接受。[③]

[①] Vgl. Drosdowski, Das Verhältnis von actio pro socio und actio communi dividundo im klassischen römischen Recht, 1998, S. 36. Walther Hadding, actio pro socio: Die Einzelklagebefugnis des Gesellschafters bei Gesamthandansprüchen aus dem Gesellschaftsverhältnis, 1966, S. 18 f. 参见[德]马克斯·卡泽尔、罗尔夫·克努特尔:《罗马私法》,田士永译,法律出版社2018年版,第484页。

[②] Vgl. Drosdowski, Das Verhältnis von actio pro socio und actio communi dividundo im klassischen römischen Recht, 1998, S. 38 f.

[③] Vgl. Glück, Ausführliche Erläuterung der Pandecten, 1813, 17. Buch, 2. Titel, §969, S. 445 ff.

(二)因连带债权而生的合伙之诉

1.合伙债权构成合伙人连带债权

"合伙债权属于谁"这一问题与合伙本质息息相关。罗马法中的合伙只是合伙人之间单纯的债权债务关系,合伙所得财产属于合伙人共同财产,所以合伙债权是合伙人的共同债权。19世纪末期的德国立法者承袭了罗马法传统,认为"对于其他合伙人而言,每个合伙人都享有债权、负担债务",所以《德国民法典》没有规定合伙人可以为合伙利益起诉主张合伙债权。德国司法实践对合伙之诉的认识有别于《德国民法典》的制定者。合伙人在处分合伙财产时受到合手(Gesamthand)的约束,但合伙本身并不是一个超越合伙人个体的存在,所以德国法院在很长一段时间内通过对不可分给付进行目的论扩张解释使合伙人能够以自己的名义起诉主张合伙债权。[1] 但这一方法受到了"不可分债权并非不可分给付"的质疑,为了解决这个问题,德国法院决定类推适用遗产债权规则:合伙与继承人共同体(Erbengemeinschaft)和夫妻共同财产(Gütergemeinschaft)一起被视为合手共同体(Gesamthandgemeinschaft),受到合手原则(Gesamthandprinzip,《德国民法典》第719条、第2033条第2款和第2040条、第1419条)的约束,所以《德国民法典》第2039条关于继承人个别诉权的规定可以类推适用于合伙债权,即合伙人可以以自己的名义请求第三人(向全体合伙人)清偿合伙债权。[2] 由于合伙无论如何都不能成为合伙财产的所有权人,合伙人提起诉讼只是为了主张自己的请求权,所以合伙之诉意味着实体法上的当事人适格(Sachlegitimation)。

我国《民法典》第937条规定了合伙人对合伙债务承担连带责任,《合伙企业法》第39条也规定合伙人对合伙企业不能清偿的债务承担连带责任。但现行法没有明确合伙债权是否构成连带债权,因此必须另寻合伙债权构成连带债权的理由。根据《民法典》第307条的规定,因共有不动产或动产产生的债权债务,共有人在对外关系上享有连带债权,并且这一规则不区分地适用于按份共有和共同共有。如果能够确认合伙财产由合伙人共有,那么无论合伙财产属于哪一种形式的共有都不妨碍合伙债权构成全体合伙人连带债权,进而适用《民法典》第518条以下关于连带债权的规定。

一般认为,对于契约型合伙来说,合伙只是合伙人之间单纯的债权债务关系,合伙人共有合伙财产,合伙债权构成合伙人连带债权。《民法典》第518条规定连带债权中的部分债权人可以请求债务人履行全部债务。虽然法条没有明确指出债务人应向全体债权人履行,但由于"一次之全部给付,而其债之全部关系归于消灭"[3],因此向全体债权人履行给付乃应有之义(否则,如何能通过一次给付而消灭债之关系?)。此外,第518条中的连带债权规则

---

[1] RGZ 70, 32, 33 f.; RGZ 76, 276, 289; RGZ 86, 66, 68; BGHZ 12, 308, 311; BGHZ 17, 340, 346; BGHZ 39, 14, 15.

[2] RGZ 100, 165 ff; RGZ 112, 362 ff.

[3] 史尚宽:《债法总论》,中国政法大学出版社2000年版,第641页。我国立法机关和最高人民法院也支持这一观点,参见最高人民法院民法典贯彻实施工作领导小组主编:《中华人民共和国民法典合同编理解与适用(一)》,人民法院出版社2020年版,第388页;黄薇主编:《中华人民共和国民法典合同编解读(上册)》,中国法制出版社2020年版,第185~186页。

与给付是否可分无关,连带债权人甚至可以要求债务人向全部债权人为部分给付,此处的不可分是债权人受领权限不可分而非给付不可分。由此可见,契约型合伙的合伙人可以以连带债权人的身份要求债务人清偿其对合伙(全体连带债权人)的债务。

2.合伙人以适格原告参与诉讼

实体法上权利义务之归属主体就该权利或义务之诉讼具有当事人适格。如果合伙人是合伙债权的权利人,那么他自然可以以适格原告身份提起诉讼。然而有疑问的是,个别合伙人起诉主张合伙债权时法院是否应当追加其他合伙人为共同原告?

我国司法实践对连带债权之诉究竟成立固有必要共同诉讼还是普通共同诉讼这一问题存在争议。[1] 固有必要共同诉讼和普通共同诉讼之间存在区别,一是前者遵循"协商一致原则"而后者贯彻"独立原则",二是前者必须追加共同诉讼人而后者无须追加。从"一次之全部给付,而其债之全部关系归于消灭"出发,固有必要共同诉讼事实上更有利于债务人。另外根据《最高人民法院关于适用〈中华人民共和国民事诉讼法〉的解释》第72条的规定,共有财产权受到他人侵害,部分共有人起诉的,其他共有权人为共同诉讼人,据此应当将合伙之诉归入固有必要共同诉讼。[2] 至于有学者提出的关于"固有必要共同诉讼使连带之债旨在保护债权人利益的功能落空"[3]的担忧,本文认为不适用于合伙债权,因为合伙以合伙人的共同目的为前提并且合伙之诉是为了合伙(即全体合伙人)利益,此时当然成立固有必要共同诉讼。

(三)以紧急管理权为依托的合伙之诉

1.紧急管理权是事务执行权的必要补充

事实上,要求合伙债务人清偿合伙债权也属于合伙事务的范围,所以应该由事务执行合伙人参与相关诉讼。然而,凡事皆有例外,《合伙企业法》第68条第2款第7项即为一例。

紧急管理权指共有人为保存或维持共有物,可以未经其他共有人同意而对共有物实施必要措施。[4] 一旦认定合伙财产构成合伙人共有财产(无论是按份共有还是共同共有),合伙人可以依共有规则主张对合伙财产的紧急管理权。但与一般的共有人紧急管理权不同,合伙人紧急管理权往往通过合伙共同意思与事务执行权发生联系。

一般而言,合伙人要么依据事务执行权直接影响合伙意思之形成,要么通过行使管理权参与合伙意思之形成,由此可以将合伙共同意思的形成分为通常方式(包括通过多数决、事务执行权)和例外方式(包括行使管理权或监督权)。通常方式优先于例外方式,即只有当合伙内部无法就合伙事务形成共同意思时,被剥夺或限制了事务执行权的合伙人才可能通过行使管理权来影响合伙事务。由于有限合伙企业中的有限合伙人不享有事务执行权,所以

---

[1] 参见余亮亮、王硕:《连带之债的共同诉讼类型之辨》,载《江西社会科学》2020年第5期。
[2] 参见张永泉:《必要共同诉讼类型化及其理论基础》,载《中国法学》2014年第1期。
[3] 参见余亮亮、王硕:《连带之债的共同诉讼类型之辨》,载《江西社会科学》2020年第5期。
[4] 例如《德国民法典》第744条第2款规定,每一个共同关系人有权不经其他共同关系人同意,采取对于保持共同标的为必要的措施;该共同关系人可以请求其他共同关系人预先对此种措施给予允许。

也就无权代为主张合伙债权,但若是事务执行合伙人怠于执行合伙事务,有限合伙人就可以根据《合伙企业法》第 68 条第 2 款第 7 项起诉主张合伙债权。对此,我国法院在司法实践中形成了"第 68 条第 2 款第 7 项事实上赋予了有限合伙人一项紧急管理权"的观点。[①] 就合伙共同意思之形成方式而言,如果事务执行合伙人不及时要求债务人清偿合伙债权将有损合伙财产,那么他怠于主张债权无疑违背了通常的合伙意思,此时就应该允许通过例外方式形成合伙共同意思,即由其他合伙人代为主张合伙债权。

虽然《民法典》以及《合伙企业法》并没有规定承担无限责任的普通合伙人也享有紧急管理权,但这类合伙人也可能依约不再执行合伙事务(《民法典》第 970 条第 2 款、《合伙企业法》第 27 条),此时就存在赋予紧急管理权的理由。此外,即使是享有事务执行权的合伙人,也可能因为多数决而被排除出合伙共同意思之形成。试举一例,某合伙有甲乙丙丁四名合伙人,并且合伙协议约定事务执行采多数决,合伙人丁因违反合伙协议而对合伙负有损害赔偿责任,合伙人甲和乙反对主张损害赔偿请求权而合伙人丙支持主张,合伙人甲认为合伙内部和谐比实现合伙债权更重要,合伙人乙则因为自己与合伙人丁之间有亲属关系而反对主张合伙债权。虽然合伙此时根据多数决已形成关于不主张合伙债权的共同意思,但该共同意思只满足形式条件却违背了实质要求。

从功能论角度来看,紧急管理权为依法或者依约不享有事务执行权的合伙人提供了影响合伙事务的正当机会,同时可以纠正内容不当的合伙共同意思并起到维持合伙稳定存续的作用。因此,本文认为紧急管理权不仅仅是有限合伙企业的特殊规则而是合伙法的一般规则。

2. 合伙人以诉讼担当人身份参与诉讼

紧急管理权是事务执行权的必要补充,而不享有事务执行权的合伙人的诉权可以被视为紧急管理权在程序法上的映射。如果合伙人对合伙债权没有实体法上的权利,那么他就不能以适格原告的身份起诉。然而,实质当事人之外的其他人可以基于法律规定而以自己的名义提起诉讼,此时成立法定诉讼担当。例如,《法国民法典》(1988 年)第 1843—5 条规定了一种适用于民事合伙(société civile)和无限商事合伙(Société en nom collectif)的合伙人诉讼实施权,合伙人依法可以向违反了义务的事务执行人主张本由合伙享有的损害赔偿请求权。再如,德国法院认为合伙人在合伙出于某些原因不愿意或不能提起诉讼时可以以法定诉讼担当人的身份起诉。[②]

法定诉讼担当的正当性在于,在实体权利义务归属主体缺乏诉讼动力或对诉讼结果不关心并进而严重影响第三人权益时,法律应该赋予对诉讼标的享有部分实体权利或不享有实体权利的人以诉讼实施权。[③] 诉讼实施权以对诉讼请求具备诉的利益为前提,而诉的利

[①] 参见广东省高级人民法院(2015)粤高法民二初字第 11 号民事判决书;湖南省高级人民法院(2018)湘民初 50 号民事判决书;北京市高级人民法院(2019)京民终 629 号民事判决书。

[②] BGHZ 10, 91, 101; BGH NJW 1992, 1890; BGH NZG 2010, 783; BGH NJW 2001, 1210, 1211; Staudinger/Habermeier, 2003, BGB § 705 Rn. 40 f; MüKoBGB/Schäfer, 8. Aufl. 2020, BGB § 705 Rn. 210 ff.

[③] 参见黄忠顺:《法定诉讼担当的基本范畴研究》,载《法治研究》2012 年第 2 期。

益指的是对具体的诉讼请求进行本案判决的必要性和实效性。[1] 合伙之诉中的诉讼请求是要求被告履行对合伙的债务,例如清偿已到期债权、履行出资缴纳义务等。由于合伙人有权依约或依法请求分配利润或合伙财产,而合伙债权实现与否将决定合伙人能够分得利润或财产的多寡,因此合伙人对清偿合伙债权具备诉的利益。此外,其他合伙人只有在事务执行合伙人怠于主张债权时才能提起诉讼。虽然其他合伙人对诉讼请求内容不直接享有实体权利,但因为事务执行合伙人不起诉将影响合伙人的利益,所以当然存在作出本案判决的必要性和实效性。

除了法定诉讼担当之外,也可以考虑合伙人能否基于意定诉讼担当起诉主张合伙债权。虽然诉讼法不适用契约自由原则,但为了实质性地解决纠纷,允许对诉讼实施权的安排适用实体法关于无权利人处分规则(即无权利人经权利人允许而就标的所为的处分有效),此时第三人基于该诉讼标的法律关系归属主体的意思而被授予诉讼实施权。[2] 成立任意诉讼担当的前提是法律允许实体当事人授权,例如我国台湾地区"有限合伙法"第24条规定,有限合伙代表人为有利益冲突之行为时,可经过其他普通合伙人或无其他普通合伙人时的有限合伙人过半数同意选出新的代表人。由于大陆现行法并没有规定类似授权,所以本文认为合伙之诉不成立意定诉讼担当。

(四)小结

历史上的合伙之诉不一定是合伙结算之诉,尤其是合伙人为合伙存续而起诉主张本属于合伙的权利,此时合伙人起诉不会引起合伙解散。合伙之诉指向的内容是合伙债权的清偿,因此合伙债权的归属事实上决定了合伙之诉规范的原理。对于契约型合伙来说,合伙不过是合伙人之间的法律关系,合伙债权构成合伙人连带债权,所以合伙人可以以适格原告的身份要求债务人向全体合伙人履行。当然,这一原理仅适用于不具有组织性的合伙形态。合伙之诉的另一种原理是由合伙人紧急管理权引起的合伙事务执行之例外,即那些不享有事务执行权的合伙人在特殊情况下可以依据紧急管理权向第三人主张合伙债权(这同样适用于诉讼程序)。如果合伙此时已经超越单纯的内部合伙并进而具有一定程度的组织性,那么合伙之诉就意味着合伙人基于法定诉讼担当而享有诉讼实施权。由于紧急管理权只是事务管理权的必要补充,同时也是合伙共同意思形成的例外方式,这决定了后一种原理与派生诉讼息息相关。

三、合伙之诉与派生诉讼的关系论证

对契约型合伙来说,合伙债权构成全体合伙人连带债权,合伙人以适格原告身份主张合

---

[1] 参见张卫平:《诉的利益:内涵、功用与制度设计》,载《法学评论》2017年第4期;黄忠顺:《再论诉讼实施权的基本界定》,载《法学家》2018年第1期。

[2] Vgl. Jacoby, Zivilprozessrecht, 2020, S. 80. 转引自姜世明:《民事诉讼法〈上册〉》,台湾新学林出版股份有限公司2018年版,第180页。

伙债权,自然没有"派生"之必要,但对于组织型合伙而言,当事人往往以"商号"或"字号"名义参与诉讼,此时就有可能出现"派生"现象。

(一)合伙之诉作为派生诉讼的理论分析

1.股东派生诉讼外溢进入合伙法

股东派生诉讼指公司利益受到直接侵害时由股东代表公司提起诉讼。从法律史角度来看,派生诉讼是源自英美法的公司法规则。英美法长期否认合伙的法律人格,认为合伙只是合伙人之间的法律关系,合伙人提起诉讼意味着解散合伙,但对于有法律人格的公司来说,人们看到的却是另一番景象。1843 年的 Foss v. Harbottle 案中明确提到了限制股东派生诉讼的理由,之后又出现了一系列突破该案裁判主旨的判决,并且法院逐渐将股东派生诉讼变成一种使少数股东免于多数人暴政以及他人滥用控制地位的工具。[1] 之后股东派生诉讼进入成文法,例如《英国公司法》第 260 条至第 269 条、《美国联邦民事诉讼规则》第 23.1 条、《特拉华州普通公司法》第 327 条、《德国股份法》第 148 条。

20 世纪 70 年代起派生诉讼逐渐进入合伙法,例如《美国统一合伙修订法》第 1001 条规定了有限合伙人派生诉讼,当普通合伙人拒绝起诉或者敦促其起诉的努力落空时,有限合伙人可以为有限合伙的利益提起诉讼。虽然英国法没有明确规定有限合伙人可以提起派生诉讼,但法院例外地允许他以普通合伙人欺压少数合伙人为由起诉。[2] 由此可见,英美法原本遵循古典罗马法传统,否认合伙人可以为合伙利益提起诉讼,但由于有限合伙人与公司股东具有相似的法律地位,股东派生诉讼发生外溢进入有限合伙法。需要进一步讨论的是,股东派生诉讼外溢进入合伙法究竟属于个别情况还是可以被视为一般现象。

2.派生诉讼的功能与原理

针对股东派生诉讼的原理,我国公司法学者已花费不少笔墨并就以下问题达成了共识:(1)公司具有独立的法律人格,当公司利益受到侵害时有权寻求救济的是公司而不是股东;(2)公司是否寻求救济关系到公司意志的形成,一般需要遵循股东多数决。[3] 在公司利益受到侵害的情况下,公司自己诉讼是原则,股东派生诉讼是例外,例外存在的理由是股东需要通过派生诉讼保护公司和自身的利益,所以股东派生诉讼是一种替代(第二位)救济方式。英美法中的有限合伙人派生诉讼自然也是一种替代救济方式,否则法律也不会为有限合伙人的诉权施加各种限制。一个有意义却被人们长期忽视的现象是,将合伙之诉视为合伙法

---

[1] K. W. Wedderbun, Shareholders' Rights and the Rule in Foss v. Harbottle, *Cambridge Law Journal*, 1957, Vol.15, No.2, pp.194-215; John C. Coffee Jr. & Donald E. Schwartz, The Survival of the Derivative Suit: An Evaluation and a Proposal for Legislative Reform, *Columbia Law Review*, 1981, Vol.81, No.2, pp.261-336.

[2] Watson v Imperial Financial Services Ltd (1994) 111 DLR (4th) 643; Certain Limited Partners in Henderson PFI Secondary Full II LLP v Henderson PFI Secondary Fund II LLP [2013] Q.B. 934, 943.

[3] 参见许德风:《组织规则的本质与界限——以成员合同与商事组织的关系为重点》,载《法学研究》2011 年第 3 期;钱玉林:《论股东代表诉讼中公司的地位——法制史的观察与当代的实践》,载《清华法学》2011 年第 2 期。

原生现象的德国法也曾为合伙之诉设定过与英美法股东派生诉讼相似的限制条件,尤其是事务执行合伙人违反了忠实义务或滥用权利的行为侵害了少数合伙人的利益。① 由此可见,(至少对于某一类型的合伙来说)合伙人为合伙利益而以自己的名义起诉属于替代救济方式。

另一个具有较强参考价值的实例是德国人合组织法改革。《德国人合组织现代化法》(2024年1月1日生效)第715b条明确规定,合伙人依法有权以自己的名义起诉主张合伙对其他合伙人或者第三人的请求权,前提是事务执行合伙人违反义务的不作为或者第三人参与或者知道事务执行合伙人违反义务。德国人合组织法改革的一个出发点是赋予外部民事合伙以权利能力,使其成为一种介于自然人与法人之间的第三类民事主体。② 外部民事合伙以及商事合伙中的合伙之诉具有明显的替代救济特征,因此与股东派生诉讼分享几乎一致的功能和原理。③

3.派生诉讼中的利益状况

在法律未言明合伙之诉是一种派生诉讼的情况下,本文尝试通过类推在合伙之诉与股东派生诉讼之间建立联系。类推基于公平原则,即同类事物相同处理,引拉伦茨言,"法律未明白规整之案件事实,切合该原则,而例外不适用该原则之理由并不存在"④。从规范目的及利益状况来看,股东派生诉讼旨在保护少数股东,而合伙中也经常出现需要保护少数合伙人的情形;尤其是在事务执行合伙人同时是合伙债务人或者债务人关联人的情况下,其出于保护己方利益往往不会提起诉讼,不作为的结果无疑是损害合伙利益进而损害少数合伙人利益。⑤

除了将保护少数合伙人以及避免因利益冲突损害合伙利益视为与法评价有关的重要观点外,类推股东派生诉讼的另一个理由是相关主体违反忠实义务。事务执行合伙人与公司董事、高管及控制股东的法律地位相似,他们享有经营权并且有能力控制合伙或公司事务。此外,"无义务则无责任"乃私法基本原则。虽然《德国有限责任公司法》没有规定股东派生诉讼,但德国联邦普通法院认为多数股东借助自身影响侵吞公司财产的行为,不仅违反了其对有限责任公司负有的忠实义务,也违反了他对其他股东的忠实义务(Treuepflicht)。⑥ 而对于合伙来说,合伙人享有成员资格意味着合伙人与合伙以及合伙人之间存在以权利义务为内容的法律关系。⑦ 合伙人利用多数地位侵吞合伙财产或者剥夺合伙机会,这种行为即

---

① RGZ 171,51 ff;BGHZ 25,50.

② Vgl. Schmidt, Ein neues Zuhause für das Recht der Personengesellschaften, ZHR 2021, 16, 23 f.

③ Vgl. Könen in: Koch, Personengesellschaftsrecht Kommentar, 1. Auflage 2024, 4. Anwendungsbereich.

④ [德]拉伦茨:《法学方法论》,陈爱娥译,商务印书馆2003年版,第258页。

⑤ 《德国人合组织现代化法》第715b条(第2款)的规范目的就是保护少数合伙人,避免多数合伙人滥用权利进而损害少数合伙人利益。Vgl. Könen in: Koch, Personengesellschaftsrecht Kommentar, 1. Auflage 2024, 1. Überblick.

⑥ BGHZ 65,15,18 ff.

⑦ Vgl. Flume, Die Personengesellschaft, 1977, § 9, S. 126 f.

使没有直接给合伙人造成损失,也仍旧违反了关于促进合伙目的实现的义务,构成违反忠实义务。基于上述利益状态,少数合伙人可以如公司股东那般以自己的名义代为主张合伙债权。

4.合伙人以诉讼担当人身份参与诉讼

通说认为股东代表诉讼属于法定诉讼担当,① 所以在类推股东派生诉讼得出合伙之诉的情况下,起诉主张合伙债权的合伙人当然是法定诉讼担当人。

(二)合伙之诉作为派生诉讼的规则分析

1.合伙之诉中的原被告

派生诉讼发生的前提是个别合伙人不能通过或者不能充分通过事务执行权影响合伙事务并进而主张合伙债权,所以依法或依约不享有事务执行权的合伙人可以成为原告。《公司法》(2023年修订)第189条为股东派生诉讼中的原告设定了持股比例要求,但这一要求不适用于合伙之诉。无论合伙有无法律人格,合伙的人合特征突出且合伙人之间具有紧密的人身关系,因此合伙内部关系比公司内部结构更为稳定;这意味着从满足合伙之诉的实质条件到最终提起合伙之诉这一过程中合伙人身份一般不会发生变化,所以合伙之诉中的原告只需要在起诉时具有合伙人身份即可。

合伙的债务人可以是合伙人也可以是第三人,所以合伙人或第三人都可以成为合伙之诉的被告。② 然而,本文认为第三人作为被告应有所限制。合伙人起诉主张的一般是合伙享有的共同请求权(Sozialanspruch),例如合伙人出资缴纳义务、事务执行义务和忠实义务等,这些都形成于合伙内部关系并且是合伙针对个别合伙人的请求权。③ 第三人对合伙负有的债务则属于合伙外部关系,旨在处理内部关系的合伙之诉一般不能用来实现合伙对第三人的请求权。此外,第三人与合伙进行交易并负担债务,他认为合伙才是自己的债权人,如果不享有事务执行权的其他合伙人突然主张合伙债权,第三人通常会"一头雾水"。但由于赋予其他合伙人以诉讼实施权的目的主要是避免事务执行合伙人操控合伙共同意思从而危及少数合伙人或者合伙的利益,因此被告也可以是明知或者应知合伙人滥用权利或违反忠实义务的第三人。

2.合伙之诉中的程序与内容限制

派生诉讼是一种替代救济方式,因此派生诉讼之提起必然会受到程序上的限制,股东派生诉讼中就有前置程序。虽然《合伙企业法》第68条第2款第7项没有规定有限合伙人起

---

① 参见江伟主编:《民事诉讼法》,复旦大学出版社2016年版,第91页;肖建华:《民事诉讼法学》,厦门大学出版社2011年版,第150~153页。

② 参见最高人民法院(2016)民终756号民事判决书;最高人民法院(2016)民终19号民事判决书。

③ Vgl. Peter Kindler, Grundkurs Handels-und Gesellschaftsrecht, 9. Auflage, 2020, S. 266 f; Ingo Saenger, Gesellschaftsrecht, 4. Auflage, 2018, § 3 1, S. 47; Holger Fleischer, Lars Harzmeier, Die actio pro socio im Personengesellschaftsrecht—Traditionslinien, Entwicklungsverläufe, Zukunftsperspektiven, ZGR 2017, 239, 252 ff; Könen in: Koch, Personengesellschaftsrecht Kommentar, 1. Auflage 2024, 1. Überblick.

诉的前置程序,但审判实践中会以"合伙人请求合伙主张权利未果"为由支持合伙人的诉讼请求。① 合伙之诉的派生性决定了合伙人在起诉之前应穷尽其他所有可能。施加如此限制一是为了尊重合伙的共同意思,二是为了防止合伙人滥诉。当然,凡事皆有例外,紧急情况下可以豁免前置程序。② 如果合伙人不立即提起诉讼,合伙就会受到难以弥补的损失,例如合伙债权已近完成时效或者合伙根本无法形成有关主张合伙债权的共同意思,那么就无须适用前置程序而可以径行提起诉讼。

派生诉讼中的诉讼请求是要求债务人清偿其对第三人(公司或合伙)而非对原告(股东或合伙人)的债权。如果第三人已经进入清算状态,那么当事人或者诉讼请求的内容就可能改变。我国司法实践中曾出现过合伙之诉是否受制于合伙存续的案件。③ 合伙解散并进入清算程序,在清理完毕债权债务并分配剩余合伙财产之前,合伙仍旧存续并且合伙财产性质也未发生改变,只是合伙协议约定的共同目的已不复存在而代之以清算合伙财产。本文认为,既然清算阶段的合伙债权仍旧是合伙财产而非合伙人财产,那么合伙人就可以以自己的名义主张合伙债权,只是此时违反义务的人是清算人而非事务执行人。此外,清算阶段的合伙目的是清算合伙财产,所以那些与实现清算无关的诉讼就是不必要的。以出资缴纳请求权为例,如果合伙现有财产足以清偿全部债权,是否缴纳出资只影响合伙人之间的财产分配,那么即使清算人没有主张该债权,其他合伙人也不能提起诉讼。但这一限制不适用于损害赔偿请求权,这是因为这两类请求权的法律性质不同。损害赔偿责任是违反法定或约定义务引起的责任,而出资缴纳义务仅仅是约定义务。合伙现有财产足以满足合伙债权人的事实并不会改变赔偿责任人应向合伙承担民事责任的情况,所以其他合伙人为主张合伙享有的损害赔偿请求权而提起诉讼不受清算目的的限制。

(三) 小结

派生诉讼原是公司法规则,旨在为他人侵害公司利益时提供替代救济方式,具有保护少数股东的功能。由于组织型合伙与它的合伙人在法律地位、财产和责任方面相互独立,因此组织型合伙的合伙人为合伙利益起诉主张合伙债权同样是一种替代救济方式。从合伙之诉的功能和利益状况来看,合伙之诉与股东派生诉讼之间并没有本质的区别,这为将(组织型合伙)合伙之诉归入派生诉讼提供了充分的理由。此外,就具体规则而言,组织型合伙的合伙之诉的派生性也表现得相当明显,尤其是其他合伙人起诉前应先请求事务执行合伙人代为主张合伙债权以及清算阶段的诉讼请求应限于清算目的。

---

① 参见最高人民法院(2016)民终 19 号民事判决书;最高人民法院(2016)民终 756 号民事判决书;广东省高级人民法院(2015)粤高法民二初字 11 号民事判决书;北京市高级人民法院(2019)京民终 629 号民事判决书。
② 参见李建伟:《股东派生诉讼前置程序的公司参与》,载《中国法律评论》2022 年第 3 期。
③ 合伙人决定解散合伙、清算合伙财产,事务执行合伙人怠于继续对外清收欠款,而合伙对第三人的金钱债权接近经过诉讼时效,其他合伙人此时能否以自己的名义起诉主张合伙债权。参见甘肃省高级人民法院(2020)甘民申 210 号再审审查与审判监督民事裁定书。

四、从合伙之诉扩展至成员派生诉讼

上文提及,无论是(组织型合伙)合伙之诉还是股东派生诉讼,都是成员以自己的名义代组织提起诉讼。组织才是实体法上的权利人,即适格原告,成员派生诉讼只是当事人适格的例外。私法上的组织形态可谓多种多样。由人联合而成的组织可能有权利能力也可能没有权利能力,而没有权利能力的组织无论如何都有别于组成组织的个人,故此,弗卢梅教授才反复强调在自然人与法人之间存在第三类主体(包括外部合伙和商事合伙)。① 既然自然人在法人与第三类主体中的身份皆为成员,那么能否从合伙之诉出发设计一种统一的成员派生诉讼制度?

(一)独立意志是成员派生诉讼的前提

公司意志独立于股东意志,所以公司和股东是不同的主体,公司利益受侵害时公司自己就是适格原告,例外时股东再起诉主张公司债权,这一点无疑适用于任何种类的社团法人。对于不具有法人资格的组织而言,意志相互独立同样是产生成员派生诉讼的前提,否则诉讼何来"派生性"。

组织型合伙的合伙人之所以可以提起派生诉讼,是因为合伙通过实践——合伙人变更不影响合伙存续或者合伙对外以自己名义参与交易——形成了一个超越合伙人个体的独立意志。但与法人的意志组合式独立不同,合伙的独立意志表现为全体合伙人意志排列式独立,这一点也适用于其他的非法人组织。② 事实上,通过观察组织内部结构以及对外关系可以判断组织意志是否独立,多数决规则、成员变更不直接影响组织存续以及仅允许个别成员执行组织事务等都可以表明组织具有(相对)独立的意志。此时无论组织是否从事经营活动或者以营利为目的,都可能出现成员派生诉讼。

(二)成员资格是成员派生诉讼的权利基础

统一的成员派生诉讼制度能否成功取决于不同形态组织的法律地位是否一致,如果将团体视角切换至个体视角,那么这个问题就变成了"不同组织的成员的法律地位是否一致"。产生派生诉讼的前提是,原告并不是诉讼请求指向内容的直接归属者,即原告与直接归属者在法律人格、财产以及责任方面是(相对)独立的,但是原告与直接归属者之间又并非毫无关系,前者是组成后者的成员。既然派生诉讼的原告必须是组织成员而不是随便其他什么人,因此成员资格是提起派生诉讼的前提。

---

① Vgl. Flume, Gesellschaft und Gesamthand, ZGR 1972, 177 f.
② 参见唐勇:《论非法人组织的泛主体化及其教义学回正——兼论合手原理的引入与限度》,载《中外法学》2021年第4期。

德国通说认为,成员资格(Mitgliedschaft)意味着成员在社团中的法律地位,包括因社团成员身份产生的所有权利和义务;围绕成员资格而形成的法律关系不仅包括成员与组织之间的关系也包括成员相互之间的关系,这一点无差别地适用于公司和人合组织。[①] 然而,汉语世界里并没有关于成员资格的法定概念或统一的学理概念,但存在关于"社员权"的讨论。谢怀栻教授认为社员权是以社员资格(地位)的发生为基础并与这种资格相始终,是一个包括多种权利的复合权利并具有一定的专属性。[②] 本文进一步认为,可以从股东资格、合伙人资格和合作社社员资格等中总结出成员资格的若干共性:一是成员资格对应成员享有的权利和负担的义务;二是成员资格意味着成员与组织之间以及成员与成员之间的法律关系;三是成员资格以成员权利为核心,它是权利束、具有财产权和人身权的双重特征、由各种不同的财产权利和管理权利构成。上述特点是传统权利所不具备的。此外,上文提及合伙之诉可以被视为合伙人紧急管理权在程序法上的映射,而行使管理权正是成员参与组织意识形成的重要方式,这一点也为所有形态的组织(无论公司还是组织型合伙)所共享。因此,即使学界对成员资格概念及其法律性质仍存在争议,也并不影响成员资格的独特性以及成员派生诉讼以此为据形成独立法律制度的可能性。

(三)成员派生诉讼的功能论限制

从功能论角度来看,成员派生诉讼旨在实现相对一致的目的。无论民事合伙、有限还是无限公司、有限责任公司、股份公司还是合作社,成员签订成员合同并进而成立组织是为了实现共同目的或事业,至于究竟是经济、社会还是文化目的,抑或营利或非营利目的则在所不问。组织自身不主张权利将有损共同目的之实现,成员为组织利益提起诉讼无疑是在为共同目的扫清障碍,并且提起派生诉讼总优于成员退出组织或者决议解散。

然而,共同目的也在一定程度上约束着成员派生诉讼的程序和内容,一是有违共同目的的滥诉应不被允许,二是清算阶段的成员派生诉讼应受到清算目的的限制。此外,由两名以上成员组成的组织都会面临保护少数成员的问题,多数成员自我交易以及操纵组织等行为不仅损害组织利益也损害少数成员利益,此时才会出现派生诉讼。成员派生诉讼的替代救济属性以及保护少数成员的功能决定了,它对于任何组织而言只能是一种例外而被置于直接诉讼之后。

结　论

合伙之诉指合伙人为了合伙利益而以自己的名义提起诉讼,合伙人通过合伙之诉主张合伙债权。罗马法时期的合伙之诉从"合伙人提起诉讼即解散合伙"转变为"合伙人可以为维持合伙目的而提起诉讼",欧陆法将合伙之诉视为合伙法原生现象,英美法则是股东派生

[①] Vgl. Lutter, Theorie der Mitgliedschaft, AcP 180 (1980), 84.

[②] 参见谢怀栻:《论民事权利体系》,载《法学研究》1996年第2期。

诉讼外溢进入有限合伙法。从我国《合伙企业法》的相关规定来看，我国合伙法受英美合伙法的影响更大。然而，契约型合伙与组织型合伙之间的区分以及组织型合伙不止有限合伙企业等事实，引起了关于"合伙人为合伙利益而以自己名义起诉是否以及如何成为合伙法一般规则"的思考。对于契约型合伙来说，合伙只是合伙人之间的债权债务关系，其本身没有独立法律地位和独立财产，合伙人是合伙债权的连带债权人，个别合伙人起诉主张合伙债权时法院依职权追加其他合伙人为共同原告。而对于那些能够以自己的名义从事民商事行为以及具有（相对）独立财产的合伙来说，不享有事务执行权的合伙人对合伙债权的诉讼实施权可以被视为紧急管理权在程序法上的映射，这也决定了此时的合伙之诉是一种派生诉讼。此时的合伙之诉是自己诉讼的例外情形并具有救济功能，所以其他合伙人起诉主张合伙债权时会受到程序和内容上的某些限制。

  从功能论和解释论的角度来看，统一的成员派生诉讼制度是可行的。虽然成员派生诉讼服务于相似的目的，但仍旧不应忽视具体的成员派生诉讼之间存在的差异（若非如此，《德国股份公司法》也不会最近才引入股东派生诉讼，英美法也不会至今未将股东派生诉讼规则扩展至一般合伙）。私法中的自然人、非法人组织（包括外部民事合伙、无限商事合伙和有限商事合伙）和法人是三种不同的主体，从前至后，个人主义减弱而团体主义加强，合同性减弱而组织性加强。非法人组织的成员之间存在直接的法律关系，而法人内部关系主要指成员与组织之间的法律关系而不是成员之间的法律关系，这一区别决定了不同形态组织的成员派生诉讼在规则层面可能存在细节差异。

行政决定者的思维过程不受探索吗？*

——以美国行政裁决为中心的考察

阳 李**

摘要：司法机构与行政机构在功能和性质上存在显著差异。与法院相比，行政机构在所处领域具有专业性和权威性，能够作出正确和高效的决定。在绝大多数情况下，法院对行政机构之决定应当保持较大程度的尊让，不应探索行政决定者的思维过程，这是摩根原则的内在逻辑。然而，法院对行政机构的恭敬态度并不意味着放弃司法审查职责。原因在于，行政机构掌握的知识和信息可能仅仅具有局部正确性，在某些领域，行政机构甚至无力获取到绝对正确的知识和信息，在论证行政决定的合理性时，行政机构可能难以寻找到终极的正确答案。概言之，行政机构的专业性和权威性并不一定能够支撑行政决定的终极正确性。因此，在适当的时候，法院可以要求行政决定者说明所作决定的合法性和合理性，尤其是阐明涉及复杂问题时的具体的逻辑推理过程。从司法实践来看，如果行政决定者明显没有考量听证意见，存在强烈恶意或不当行为，或者没有遵守正当程序原则，那么法院就可以探索行政决定者的思维过程。

关键词：行政决定者；思维过程；行政裁决；摩根原则

Are the Mental Processes of Administrative Decision-Makers not Subject to Exploration?
—A Study Centered on Administrative Adjudication in the United States
Yang Li

Abstract：There are significant differences in functions and nature between judicial

---

* 文章DOI：10.53106/615471682024120039004。

** 阳李，法律经济学博士，成都中医药大学马克思主义学院讲师，研究方向：行政法学。电子邮箱：505130299@qq.com。

agencies and administrative agencies. Compared with courts, administrative agencies are professional and authoritative in their fields and can make correct and efficient decisions. In the vast majority of cases, courts should maintain a greater degree of respect for the decisions of administrative agencies and should not explore the mental process of administrative decision-makers. This is the internal logic of the Morgan principle. However, the courts' deferential approach to administrative agencies does not mean an abdication of judicial review responsibilities. The reason is that the knowledge and information held by administrative agencies may only be partially correct. In some areas, administrative agencies are even unable to obtain absolutely correct knowledge and information. When demonstrating the rationality of administrative decisions, administrative agencies may struggle to find the ultimate right answer. In short, the professionalism and authority of administrative agencies do not necessarily support the ultimate correctness of administrative decisions. Therefore, when appropriate, the court can require the administrative decision-makers to explain the legality and rationality of the decision, especially to clarify the specific logical reasoning process when involving complex issues. From the perspective of judicial practice, if the administrative decision-maker obviously failed to consider the hearing opinions, showed strong malice or improper behavior, or failed to comply with the principle of due process, then the court may explore the administrative decision-maker's mental process.

Key Words: administrative decision-maker; mental process; administrative adjudication; Morgan principle

导 论

美国行政法领域有一项重要原则：不探索行政决定者的思维过程。① 该原则由摩根案件引发，其基本意蕴为，对行政决定负有法律责任的人必须在事实上作出行政决定，但是他们作出决定的路径——他们的思维过程以及他们对职工和下属的依赖——在很大程度上不受司法审查。② 不探索行政决定者的思维过程，在很大程度上体现出司法对于行政的高度尊重，亦表明二者在功能和性质上的显著差异。王名扬先生在其经典著作《美国行政法》中，对这个诞生于20世纪三四十年代的行政法原则进行过详细的梳理和分析。

需要强调的是，思维过程（mental process）系行政决定者的思维过程，而非行政机构的思维过程，因为思维过程属于生物性的个人，而非作为法人的行政机构。换言之，在某些情形下，行政决定者作出行政决定时，可能没有参与行政决定的每个过程，甚至没有全面阅读

---

① 参见王名扬：《美国行政法》（上），北京大学出版社2016年版，第377～380页。
② See KFC National Management Corp. v. N.L.R.B., 497 F.2d 298 (2d Cir. 1974).

相关的材料,那么行政决定者作出决定的依据和理由是什么？法院对行政机构的尊让是否意味着放弃探索行政决定者的思维过程？

　　司法审查是法院的基本职能,行政机构的决定在形式上和内容上是否符合法律规定,由法院进行最终判断。可以做一个相对而言比较极端的思想实验：如果法院绝对不能探索行政决定者的思维过程,那么法院能否有效履行自身的司法审查职责？显然,一个合理的推测结果是,即便法院可以通过调查案卷等方式来判断行政决定的合法性和合理性,但如果绝对禁止法院探索行政决定者的思维过程,法院的司法审查职责将被套上沉重的枷锁,甚至在特定情况下无法有效履行。事实上,王名扬先生也曾明确指出,法院不能探索行政决定者的思维过程,是指对正常状况下行政决定者公正诚实行使权力而言；如果能够初步证明作出决定的人,有不诚实的表现或者滥用权力的情况,法院当然可以审查行使权力的意图,以及公共利益或私人利益由此受到的损害。① 不过,对于该行政法原则的后来发展走向,王名扬先生虽然有所提及,但并未充分展开。因此,中国学者对该原则多有误读。②

　　作为美国行政法纠结的百年难题,从 1903 年 DeCambra v. Rogers③ 一案开始,在回答法院是否能够探索行政决定者思维过程这一关键问题上,最高法院已经多次在判决中展开分析,但最高法院的态度并未保持高度和完全的一致性。根据美国著名行政法学者理查德·J.皮尔斯(Richard J. Pierce, Jr.)的统计分析,从 1903 年至 2009 年,最高法院已经 10 次对该关键问题作出回答,分别是在 1903 年、1907 年、1936 年、1938 年、1941 年、1971 年、1973 年、1977 年、1985 年和 1990 年,对应的答案分别是否定(法院不能探索行政决定者的思维过程)、否定、肯定(法院可以探索行政决定者的思维过程)、否定、否定、肯定、肯定、否定、否定和否定。理查德·J.皮尔斯教授进一步归纳后认为,最高法院的答案总体上是"否定,除非是少数的情形"④。

　　如果细究最高法院的态度,不难发现其中的端倪,尤其是 1971 年 Citizens to Preserve Overton Park v. Volpe⑤ 案后,即使对探索行政决定者的思维过程大体持否定态度,在详细阐述观点时,最高法院亦添加诸多限制性或修饰性的定语。例如,在 Village of Arlington Heights v. Metropolitan Housing Development Corp.案⑥中,最高法院承认,虽然传唤行政决定者出庭作证常常会因为特权(privilege)的原因而被禁止,但在某些特殊情况下(in some extraordinary instances),行政决定者仍然可能会被传唤出庭,就行政决定的目的作证。在 Florida Power Light Co. v. Lorion 案⑦中,最高法院认为,如果行政机构提供的案卷不能支持行政决定,或者行政机构没有考虑所有相关因素,或者法院无法根据行政机构提供的案卷

---

　　① 参见王名扬：《美国行政法》(上),北京大学出版社 2016 年版,第 379 页。
　　② 参见刘东亮：《过程性审查：行政行为司法审查方法研究》,载《中国法学》2018 年第 5 期。
　　③ See De Cambra v. Rogers, 189 U.S. 119 (1903).
　　④ [美]理查德·J.皮尔斯：《行政法》(第 1 卷)(第 5 版),苏苗罕译,中国人民大学出版社 2016 年版,第 564 页。
　　⑤ See Citizens to Preserve Overton Park v. Volpe, 401 U.S. 402 (1971).
　　⑥ See Village of Arlington Heights v. Metropolitan Housing Development Corp, 429 U.S. 252 (1977).
　　⑦ See Florida Power Light Co. v. Lorion, 470 U.S. 729, 105 S. Ct. 1598 (1985).

来评估被质疑的行政决定,那么除了少数情形(except in rare circumstances),正确的做法是发回给行政机构进行进一步的调查或解释。不难发现,对于法院在行政决定者思维过程中的审查地位,最高法院并未持"一刀切"的纯粹否定性态度,而是呈现出一定程度的纠结和反复。类似的,部分地方法院虽然采纳摩根原则,但在具体裁判中并没有一以贯之地予以坚持,行政决定者受到审讯的案例并不少见。[①] 那么,应当如何认识行政决定者的思维过程?法院能够探索行政决定者的思维过程的少数情形是何种情形?进一步分析其中的机理,对于认识美国行政法中的此项重要原则,显得尤为必要。

一、不探索行政决定者的思维过程
——摩根案件引发的行政原则

(一)摩根案件回顾

摩根案件前后共有四个,[②]通常按其时间先后次序称呼,均为农业部长一个限制收费费率的命令所引发。就本文关注的视点而言,较为重要的判决是第一摩根案件、第二摩根案件和第四摩根案件。

1933年6月14日,农业部长发布一个行政命令,对堪萨斯市市场机构买卖牲畜的最高费率作出限制。该行政命令的法律依据系1921年《包装工和畜牧场法》(Packers and Stockyards Act),根据该法规定,农业部长在发布限制市场机构买卖牲畜的费率之前,应当举行全面听证(full hearing),以确定此种情形下所设费率的公正性、合理性和非歧视性。[③]从具体程序来看,在发布行政命令之前,农业部长曾举行两次听证,第一次是1932年5月,在听证后确定收费费率,后来鉴于经济形势的变化,在1932年7月启动第二次听证,并于1932年11月结束听证。行政命令于1933年6月正式发布后,原告要求再次举行听证,该要求被拒绝,原告随后对该行政命令提起诉讼,认为该命令对收费费率的限制是非法和任意的,并且未经正当法律程序就剥夺了原告的财产,违反宪法第五修正案。这个案件最后由最高法院判决,称为第一摩根案件。

原告除了质疑行政命令的具体内容外,还提出行政命令的程序不符合正式的程序要求。

---

① See Young Chevrolet, Inc. v. Tex. Motor Veh. Bd., 974 S.W.2d 906, 913 (Tex. App.-Austin 1998, pet. denied); City of Stephenville v. Tex. Parks & Wildlife Dep't, 940 S.W.2d 667, 673 (Tex.App.-Austin 1996, writ denied); Lone Star Greyhound Park, Inc. v. Tex. Racing Comm'n, 863 S.W.2d 742, 749-50 (Tex. App.-Austin 1993, writ denied); Continental Cars v. Tex. Motor Vehicle Comm'n, 697 S.W.2d 438, 441 n.l (Tex. App.-Austin 1985, writ ref d n.r.c.); State Banking Bd. v. First State Bank, 618 S.W.2d 905, 909 (Tex. Civ. App.Austin-1981, no writ).

② See Morgan v. United States 298 U.S. 468 (1936); Morgan v. United States 304 U.S. 1 (1938); United States v. Morgan 307 U.S. 183 (1939); United States v. Morgan 313 U.S. 409 (1941).

③ See 42 Stat. 159, 166, 310; 7 U.S.C. 211, 7 U.S.C.A. 211.

原告的主要理由在于,听证结束后,有多达上万页的海量的各类听证记录,原告要求听证审查员(examiner)准备一份符合听证记录的初步报告,以便在部长面前举行进一步的听证时不会给他带来因资料繁冗而产生的不便,但该要求被拒绝。在签署行政命令时,部长没有参与听证,没有亲自听取或阅读听证会上提出的任何证据,也没有听取或考虑与之有关的口头辩论或原告提交的案情摘要,部长获得的与该行政命令唯一相关的信息源是与农业部雇员之间进行的咨询和协商,而这是在原告或其代表不在场的情况下进行的。

最高法院认为,虽然由听证审查员提炼一份符合听证记录的初步报告并将其提交给部长和相关方,并允许以之为焦点展开针对性的交流和辩论是一种良好的和有价值的做法,但法律并未要求必须这样做,法律要求的是听证的实质而非形式。在进一步的分析中,最高法院指出,农业部长发布的行政命令对此后的费率作出限制,该命令与普通行政行为大不相同,其性质类似于司法程序,有较高的程序要求,法律规定必须进行听证程序,其作用在于提供保障,即农业部长作出的决定仅以听证所获取的事实和证据为信息来源,不受听证程序之外其他无关因素的影响。最高法院得出结论认为,决定者必须听证(The one who decides must hear)。[①] 当然,必须听证并不意味着行政决定者必须事无巨细地主持或参加每一个听证,也不意味着行政决定者必须独立地阅读和分析所有证据材料,这对于繁忙的行政首长而言往往并不太现实,甚至不具备理论上的可能性。最高法院在进一步阐述听证规则时指出,必须听证并不排除行政决定者可以采取切实可行的辅助措施,例如,助理可以展开调查,证据可以由听证审查员取证,此类证据可以由称职的下属进行筛选和分析。也就是说,行政决定者不一定需要事事亲力亲为,只要认真考虑行政机构职员对于听证证据或辩论的筛选和分析,满足听证程序的实质性要求,就能够符合法院的司法审查要求。以上述分析为依据,最高法院裁定认为,地区法院并未正确回应原告是否得到适当听证的问题,并将该案发回地区法院重审。

第一摩根案件发回地区法院重审后,附带产生了一个无法回避的重要问题:为了确定农业部长发布的行政命令是否符合法定要求,法院能够在多大程度以内对农业部长作出决定的思维过程进行审查,以确定农业部长是否履行听证程序并认真考虑听证记录。原告据此要求农业部长说明他作出决定的过程。农业部长称,他浏览了放置于他办公桌上的庞大的听证记录,认为证据的本质可能包含在原告的陈述之中,他将听证的资料包括口头辩论的笔录带回家阅读,并与农业部的律师和内部职员进行过多次讨论,以此为基础确定行政决定的草案。农业部长进一步作证时认为,他在发布行政命令之前充分考虑了原告提出的证据,发布的行政命令能够代表农业部长以农业部职员所做调查结果为基础的独立判断。地区法院多数法官认为农业部长发布行政命令的程序符合最高法院关于决定者必须听证的原则,原告不服地区法院的判决,此案第二次上诉到最高法院(即第二摩根案件)。

最高法院在第二摩根案件中对政府的论点表示赞同,即如果农业部长按照法律要求进行听证,法院就不应该调查他得出结论的思维过程(mental processes)。也就是说,在一般情况下,法院不能探索行政决定者的思维过程。然而,对于第二摩根案件中农业部长发布行政命令的程序是否符合决定者必须听证的原则,最高法院认为,听证不仅包括提供证据的权利,也包括了解原告的诉求以及与他们会面的合理机会,原告提交论据的权利意味着某种机

---

① See Morgan v. United States 298 U.S. 468 (1936).

会,否则听证权利可能只是一种贫瘠的权利。尤其是对于那些可能受到政府行政命令影响的群体,政府应当在发布最终行政命令之前,将相关信息公平地告知他们,同时听取他们的合理建议。对于第二摩根案件而言,农业部长在与农业部的律师和内部职员进行单方面讨论后,没有给原告任何合理的机会来了解他们内部讨论的内容,原告自然缺乏对其具体内容提出异议的可能性。最高法院认为,这并非实务中的轻微违规行为,而是听证程序中至关重要的缺陷。① 基于该项理由,最高法院推翻了地区法院的判决,并判决农业部长的行政命令无效。

虽然肯定法院不能探索行政决定者思维过程的原则,但最高法院并未在第二摩根案件中对此展开系统论述或说明理由。在第四摩根案件中,最高法院通过对行政命令程序与司法程序进行对比,简要阐述了该原则的理由。第四摩根案件的争议焦点与第一摩根案高度类似,系农业部长针对第一摩根案的争议事项发布了一个新的补充行政命令(用以确定1933年至1937年间应追溯设定的合理费率),地区法院在审查该行政命令时,详细询问农业部长得出相应结论的过程。最高法院认为此种询问不恰当,其理由在于,农业部长发布行政命令的程序类似于法院的司法程序,如果对法官进行此种类似的询问,将会摧毁法官的司法责任,正如法官不能接受这样的审查一样,行政程序的完整性也必须得到同等程度的尊重。最高法院还强调,尽管行政程序随着时代的发展而有着不同的发展,其具体的运作方式与法院的程序亦并不相同,但它们应被视为司法运作的协作工具,行政和司法彼此应当适当地独立,且这种独立性应当得到对方的尊重。② 最终,最高法院认定农业部长发布的行政命令合法有效,撤销了地区法院的判决。

1974年,在 KFC National Management Corp.v. N.L.R.B.一案③中,第二巡回上诉法院综合四个摩根案件判决的结果,系统总结了行政决定的司法审查原则:对行政决定负有法律责任的人必须在事实上作出行政决定,但是他们作出决定的路径——他们的思维过程以及他们对职工和下属的依赖——在很大程度上不受司法审查(Their thought processes, their reliance on their staffs—is largely beyond judicial scrutiny)。

(二)不探索行政决定者思维过程的理由

司法机构与行政机构在功能和性质上存在显著差异,这使得法院可能无法全面介入行政决定者的思维过程。我们以司法判决和行政决定的形成机制为例展开分析。司法判决呈现出强烈的法官个人色彩,自案件立案时起,从原告提出诉讼请求、法庭调查、法庭辩论直至判决作出前,法官几乎全程参与诉讼的每个程序,并结合自身对案件的全面理解作出判决。当然,法官在各个程序中也可能接受法官助理或者法院工作人员的帮助,尤其是在案件具有较强复杂性或存在较大工作量时,仅靠法官的个人力量可能难以推动案件的审判。不过,法官助理或者法院工作人员仅仅扮演辅助性的角色,即使他们的观点可能更有道理和逻辑,最

---

① See Morgan v. United States 304 U.S. 1 (1938).
② See United States v. Morgan 313 U.S. 409 (1941).
③ See KFC National Management Corp.v. N.L.R.B., 497 F.2d 298 (2d Cir. 1974).

终的判决亦总是由法官作出。与司法判决相比，行政机构工作人员在行政决定的形成过程中扮演着更为重要的角色。从形式上看，行政决定名义上系由行政机构负责人（也就是本文的行政决定者）作出，但实际上，行政机构负责人通常并不参与行政决定的各个程序。由于职责众多，行政机构负责人很少阅读和梳理证据，也很少参加听证，此类前置性工作通常是由行政机构工作人员（包括听证审查员、行政法官以及行政机构专业技术人员等）负责。在绝大多数情况下，工作人员会向行政机构负责人提交对于案件的具体和综合分析，以及应当采取的建议性决定，行政机构负责人也可以进一步询问工作人员的意见，并作出最终的行政决定。行政机构负责人对于各类专业性技术知识的掌握程度，几乎不可避免地比行政机构工作人员少，前者对后者的尊重程度亦更高。一言以蔽之，行政决定往往是行政机构负责人和工作人员观点的交叉和结合的产物。

可以通过个体全科医生和大型医疗诊所的医疗服务水平来类比个人决定和行政决定能够达到的水平。如果说行政决定者的个人决定（没有其他集体智慧帮助的情形下）可类比于个体全科医生的医疗服务水平，那么行政决定则可类比于大型医疗诊所能够达到的医疗服务水平。行政决定赖以建立的是大型医疗诊所采用的诊断原则，它整合各个类型的专科医生，并将其进行合理规划以便更有效地发挥每个医生的专业技术能力。各个医生作出自身的判断并通力合作，每个医生都贡献自己特有的知识和技能，集群体之智慧于一身的决定比个人的判断往往更为深刻，因而能够提供比个体全科医生更为全面和准确的医疗服务。从这个角度上说，行政决定能够达到的水平，往往要高于最有能力的行政负责人在没有工作人员协助和建议的情况下所能达到的水平。[①]

如果功能和性质上存在的显著差异是法院不探索行政决定者思维过程的间接原因，那么还存在诸多直接原因，也可能导致思维过程的探索变得尤为困难。首先，探索行政决定者的思维过程将大幅消耗行政资源——行政决定者的时间和精力。在摩根案所处的时代，有多达42项法规与农业部长的职责相关，此外，农业部长需要制定和管理一系列非监管性的法规（non-regulatory statutes）。不应忽视的是，农业部长还具有重要的政治职责，作为内阁成员，他需要参与制定与农业相关的各项国家政策。如果他必须事无巨细地亲自考量摩根案中提及的各类听证意见和证据，他将不得不投入海量的时间和精力。在摩根案的审判过程中，农业部长曾被详细询问阅读相关记录的时间以及心理态度。当案件发回下级法院审理时，原告提交上百份质询书，用以询问农业部长，他花了多少时间来考量每一位证人的证词和每一件展品，他对这些证词和展品给予何种程度的重视，他阅读了多少页的案情简报，考虑并舍弃了哪些费率调整理论等等。实际上，对行政决定者最终决定的因素进行审查是极为困难的，甚至在某种情形下是不可能的，因为最终决定的作出是一个复杂的权衡的过程，并不容易通过盘问而获取到纯粹的终极答案。即便农业部长试图阅读所有的材料，也可能会因为对某项证据的考量不足而遭到攻击或质疑。[②] 可以设想，如果要通过此种方式探

---

① 参见［美］理查德·J.皮尔斯：《行政法》（第1卷）（第5版），苏苗罕译，中国人民大学出版社2016年版，第562页。

② See A. H. Feller, Prospectus for the Further Study of Federal Administrative Law, *The Yale Law Journal*, 1938, Vol. 47, No. 4, pp.647-674.

索行政决定者的思维过程,那么行政裁决将成为一场低效的、无止境的闹剧。

其次,探索行政决定者的思维过程将降低优秀人才担任公职的兴趣。如果允许探索行政决定者的思维过程,以获取相应行政决定的额外证据,那么可能会产生一种现实的危险,谁还愿意成为为社会公众服务的行政决定者?对于行政决定者而言,在法庭上被询问显然不是一个令人愉快的过程,原告在询问的过程中,很可能会试图引出对行政决定者不利的证词。尤其对于自身利益严重受损的原告而言,他很可能会把对行政决定者的询问过程视为一种报复,当这种询问是旷日持久的、足以令人精疲力竭时更是如此。比实际询问更重要的是司法调查可能产生的宣传效果,即使原告的诉讼请求被驳回,一些不利的言论也可能永远停留在公众的脑海中,产生不利的社会影响。最高法院在摩根案中的推理不仅适用于联邦行政机构,对于各州政府及其他地方行政机构亦存在不容忽视的指导作用。如果探索行政决定者的思维过程获得司法的认可,可能会对各州政府及其他地方行政机构的正常运转产生不利影响。例如,在得克萨斯州,领导着大多数行政机构的行政官员都是无偿工作的,并不领取报酬,或者领取象征性的微薄薪水。不难想象,如果行政决定者的思维过程会受到严格的和繁复的询问或司法审查,愿意接受此类职位的人将会减少。① 毕竟,要寻找到愿意冒着被无理取闹的诉讼的风险却得不到任何报酬的优秀人才并非易事。

最后,对行政决定者思维过程的探索可能会置司法判决于危险之中。摩根案的判决系以行政决定者发布行政命令的程序类似于司法程序为前提,那么,从逻辑推演的角度来看,如果行政决定者的思维过程能够被探索,与之相类似的法官的思维过程也能够被探索。由此可能产生的危害结果是,司法作为最后一道防线可能将处于危险之中。正如新泽西高等法院所言,探索行政决定者思维过程之规则可能带来的真正危害是,打开了攻击司法判决的大门。在新泽西高等法院看来,司法机构和准司法机构的会议室是法官、行政决定者以及其他参与者对相关事项发表意见的地方,他们发表意见的方式是自由的和不受限制的,而无须担心如果在会议室中建议的规则最终得到采纳,所可能产生的任何不利后果。②

二、检视行政决定者的思维过程

(一)反思行政机构的专业性与权威性

摩根案件后不久,美国国会通过《行政程序法》(Administrative Procedure Act),对行政裁决的司法审查规则予以明确,具体为:对正式行政裁决而言,适用实质性证据标准(sub-

---

① See Judge Christopher Maska, Discovery and Administrative Decisionmakers: The Morgan Doctrine Under Federal and Texas Law, *Texas Tech Administrative Law Journal*, 2002, Vol. 61, No. 3, pp.61-79.

② See Judge Christopher Maska, Discovery and Administrative Decisionmakers: The Morgan Doctrine Under Federal and Texas Law, *Texas Tech Administrative Law Journal*, 2002, Vol. 61, No. 3, pp.61-79.

stantial evidence);①对非正式行政裁决而言,适用武断和恣意标准(arbitrary, capricious, an abuse of discretion, or otherwise not in accordance with law)。② 虽然两种司法审查标准的具体广度和深度并不相同,但本质上皆以行政裁决是否具备合理性作为基本的判断标准。也就是说,法院使用的是一种较为恭敬的司法审查规则,即审查行政机构的裁决决定是否与该机构的法定使命具备某种假设的合理关系(hypothetical rational relationship)。只要案卷中的事实能够得到有根据的支持,那么法院就不能撤销行政机构的裁决决定。《行政程序法》对行政裁决的司法审查规则得到最高法院的遵从和认同。与之相关的经典判例系 Baltimore Gas & Electric Co. v. Natural Resources Defense Council, Inc.案③。该案中,美国核管理委员会(Nuclear Regulatory Commission)颁布一项规则,该规则假定,在核电站获得许可证的有效经营期间,核废料的永久储存不会对环境产生影响。在判断该规则的合法性时,最高法院认为,核管理委员会是在相关领域的科学前沿范畴作出认知和预测,在该领域中,核管理委员会具有相应的专门知识。因而,在审查此种科学的决定时,法院必须秉持最恭敬(most deferential)的态度。自《行政程序法》通过后的20年间,法院对行政裁决的司法审查实际是较为宽松的,只要行政机构的裁决决定具备最低限度的合理性,不是看起来明显荒唐或者违法,法院通常都会支持行政机构的裁决决定。

需要进一步思考的是,法院对行政机构的恭敬态度是否意味着,法院可以在某种程度上放弃司法审查职责,以本文所关注的视点而言,法院是否可以放弃探索行政决定者的思维过程?《行政程序法》之所以要求法院对行政机构秉持恭敬态度,其中的重要原因在于,行政机构在所处领域具有专业性,能够作出正确和高效的决定,此种专业性是法院不具备的。换言之,如果行政机构在所涉争议事项上有能力捕获到关联信息,并作出无偏倚的、唯一的、正确的决定,那么法院可以充分相信并尊重行政机构的决定。

自20世纪中叶以来,随着科技的飞速发展,科学活动呈现出诸多新形式,如以"大科学"和"产业化科学"为代表的后常规科学。④ 与其发展相同步的涉及科学复杂性和不确定性的行政行为亦大量涌现,此时,在论证行政决定的合理性时,行政机构可能难以寻找到终极的正确答案。在实践和理论视域下,线性关系是归纳变量之间关系的常用模型,在线性回归模型中的表述为,在控制其他变量不变的条件下,自变量 x 每增加一个单位,因变量 y 的平均变化量。比如,在拟定与人体接触的有毒物质的安全量时,行政机构通常假设二者之间的关系是线性的,因为医学知识告诉我们,与有毒物质接触会对人的健康造成损害,过度的有毒物质甚至会危及人的生命。也就是说,在一般意义上而言,有毒物质的接触量与人的健康或生命之间的线性关系体现为,接触有毒物质的量越多,人的健康或生命遭受的危害越大。但是,医学实验亦表明,部分低剂量的有毒物质可能对人体无害,甚至在某种程度上对人体有利,还可能成为治疗疾病的药物,例如吗啡、砒霜等。药理学家就认为,小剂量的有害物质实际上会有利于机体健康,起到药物的治疗作用。一点点的危害,只要不是很多,只会造福于

---

① 5 U.S. Code § 706(2)(E).
② 5 U.S. Code § 706(2)(A).
③ See Baltimore Gas & Electric Co. v. Natural Resources Defense Council, Inc., 462 U.S. 87 (1983).
④ 参见于爽:《库恩与"后常规科学"》,载《哲学研究》2012年第12期。

机体,使其成为更好的整体,因为它会触发一些过度补偿反应。药理学家将其称为"毒物兴奋效应"①。实际上,除了有毒物质与人的健康或生命之间的关系并非简单的线性关系之外,在真实世界中,变量之间的关系大多呈现出复杂的非线性关系,很难用简单的函数实现精准的表述。从科学的视角来看,即使行政机构搜集海量数据并构建出具有高拟合度的模型,所获取的结论往往也只是局部真理。

1970年《职业安全与健康法》(The Occupational Safety and Health Act)授权劳工部长制定行业标准,以确保工人享有安全和健康的工作条件。根据该法规定,部长制定的行业标准必须是"合理、必要或适当"(reasonably necessary or appropriate)的。具体而言,在可行(feasible)的范围内,根据现有的最佳证据(best available evidence),部长制定的行业标准能够最充分(most adequately assure)地确保员工不会遭受健康或器官功能能力的严重损害。显然,《职业安全与健康法》提出的要求只是一个指导性的原则,与该原则所关涉的事实或信息可能连行政机构也无法确切地获得。例如,行政机构应当如何确定苯等有害物质对于人体的安全阈值?从科学的角度来说,虽然当时行政机构能够确定高浓度苯与某些血液疾病之间存在相关关系,但对于工业场所中常见的低浓度苯对于人身健康的影响程度却缺乏精确的判断证据,彼时尚没有唯一可靠的数据和信息能够确定这个安全阈值。

在Industrial Union Department v. American Petroleum Institute案②中,被诉的争议焦点即劳工部长所设标准的合法性。根据《职业安全与健康法》之要求,劳工部长结合专家意见及调查数据,将空气中苯浓度的允许接触极值从10ppm降至1ppm,并禁止皮肤接触含苯溶液。在判断该标准的合法性时,最高法院呈现了司法审查的逻辑理路。首先,最高法院承认科技发展所致的不确定性客观存在,即受管制物质会对人体产生有害影响,但可能无法准确预测影响的覆盖面和严重程度,甚至在受管制物质与要避免的危害之间建立明确的因果关系亦是困难重重。尽管如此,法院应当支持行政机构及时采取行动,因为不作出反应往往会导致巨大的代价。其次,最高法院对行政机构采取行动的逻辑进行梳理,认为行政机构可能采取两种行动,一种是针对可能存在的重大风险立即采取监管行动,另一种是等到获得更明确的信息后才采取行动。无论行政机构采取哪种行动,其论据都不能仅仅基于事实的判断(cannot be based solely on determinations of fact),而应当在现有条件下尽可能全面考量相关的因素。最后,最高法院得出结论,国会将制定标准的权力授予劳工部长,即表明法院可以开展司法审查,以确保劳工部长的决定有实质性证据的支持,并且其决定不超过国会规定的限度。针对劳工部长制定的行业标准,最高法院认为部长应当首先确定因苯所致的健康风险存在特定阈值,继而以此为基准方可确定拟制定标准的具体考量——最具保护性的标准,还是权衡成本和收益的标准。关于苯的数据信息表明,空气中苯浓度的不安全性仅仅为10ppm,部长并不能确定工人以1ppm的浓度接触苯时,会存在健康风险,而将空气中苯浓度的允许接触极值从10ppm降低至1ppm,可能会显著削弱受监管行业的生存能力。因此,部长制定的标准是不适当的。

---

① [美]纳西姆·尼古拉斯·塔勒布:《反脆弱:从不确定性中获益》,雨珂译,中信出版社2014年版,第9页。

② See Industrial Union Department v. American Petroleum Institute, 448 U.S. 607 (1980).

概言之，行政机构在自身所处领域的专业性和权威性往往甚于法院，法院对于行政机构的决定，通常应当给予较高程度的尊重。不过，行政机构的专业性和权威性并不一定能够支撑行政决定的终极正确性，因为行政机构掌握的知识可能只是局部知识，在某些领域，行政机构甚至没法获取到绝对正确的信息。所以，在适当的时候，法院可以要求行政机构阐明所作决定的合法性和合理性，尤其是阐明涉及复杂问题时的具体的逻辑推理过程。此时，法院即取得探索行政决定者思维过程的正当性理由。

（二）探索行政决定者思维过程的可行性

探索行政决定者的思维过程是否可行？借用我国古人惠子与庄子的对话，庄子曰："鲦鱼出游从容，是鱼之乐也。"惠子曰："子非鱼，安知鱼之乐？"[1]欲探索行政决定者的思维过程，当然存在一定的困难，即便在科技发展水平已经达到高度发达的今天，要在生物信息层面上直接地、清晰地揭示人脑的思维过程，仍然是可望而不可及的。但是，人脑的思维过程虽然无法直接触及，却并不意味着行政决定者的思维过程不可探索，因为人的思维指挥着人的外在行动，通过外在行动即可以间接感知或测度人的具体的思维过程。

行政决定者作出决定时，应当说明理由，尤其是涉及科学复杂性和不确定性的问题时，详细的说理过程能够彰显行政决定者的考量思路和利益选择。法院可以通过梳理行政决定者的说理过程，以判断相应的行政行为是否具备合法性和合理性基础。1973年，在Brooks v. Atomic Energy Commission案[2]中，原子能委员会（Atomic Energy Commission）没有考虑施工中存在的重大危险因素，也没有履行通知和听证程序，就延长施工许可证的期限，哥伦比亚特区巡回上诉法院在判决意见中提出，行政机构作出行政决定时应当说明理由，这是行政法的一项基本原则。在同年的另一个判决中，哥伦比亚特区巡回上诉法院指出，说明理由的要求不应当仅限于正式程序，而是适用于所有的行政决定（all determinations），除非要求行政机构说明理由会带来诸多不便，此种不便所致的弊端甚至超过可能的收益。[3] 几乎在同一时期，哥伦比亚特区巡回上诉法院在多个判决中深刻阐述了对行政决定的审查理路，主张司法审查应当介入行政决定的形成过程。

1970年，在Greater Boston Television Corp. v. F.C.C案[4]中，法官Leventhal在判决书中展开深入的分析，提出"严格检视"（hard look）的审查规则：法院对行政机构具有监督职责，这就要求法院应当介入行政决定的形成过程，尤其是其中存在程序缺陷或超越法律授权的情形时；在更一般的情况下，如果法院从危险信号中发现行政机构没有严格检视决定中存在的重要问题，也没有以理性的态度作出决策，那么法院就应当进行更为深入的审查。当然，如果行政机构没有逃避自己的基本任务，即使法院会作出不同的调查结果或采用不同的

---

[1] 《庄子·秋水》。
[2] See Brooks v. Atomic Energy Commission, 476 F.2d 924 (D.C. Cir. 1973).
[3] See Citizens Ass'n of Georgetown v. Zoning Com'n, 477 F.2d 402, 155 U.S. App. D.C. 233 (D.C. Cir. 1973).
[4] See Greater Boston Television Corp. v. F.C.C, 444 F.2d 841 (D.C. Cir. 1970).

行为标准,法院在司法审查过程中也将保持克制,并尊重行政机构的决定。基于无害错误之准则,法院不会因为行政决定过程中的一些非实质性的错误而推翻行政决定。如果法院确信行政机构使用合理的理由和标准对所涉问题进行了严格检视,法院将尊重行政机构的决定,即使行政机构决定的清晰度还达不到极为理想的程度,法院亦不会对其调查结果或理由进行猜测。该案宣判后仅仅五年,"严格检视"之审查规则即得到最高法院的采纳,在Kleppe v. Sierra Club 案[①]中,最高法院强调,在判断行政机构之决定的合法性时,法院的唯一职责是确保行政机构严格检视了相关因素的影响,法院不能介入行政机构在自由裁量权限范围内作出的选择。也就是说,在司法审查中,法院的核心任务是分析、辨别行政机构提供的理由及其所包含的论证中,哪些是有效论证/无效论证、可靠论证/不可靠论证、强论证/弱论证、可信论证/不可信论证,然后根据其论证的总体有效性作出行政决定成立或者不成立的判断,其本质就是探索行政决定者的思维过程。[②]

三、探索行政决定者思维过程的条件

(一)行政决定者明显没有考量听证意见

如果行政决定者明显没有考量听证意见就作出决定,那么,基于行政决定与听证意见之间的逻辑断裂性,探索行政决定者的思维过程即显得尤为必要。此处所谓的"明显没有考量听证意见",系指在普通人的正常认知水平下,能够清晰而直观地判断行政决定者忽视了听证意见,并未将听证意见纳入最终决定的考量范畴。我们可以通过与摩根案件进行对比以厘清其意义。在摩根案件中,原告对农业部长是否认真考虑听证记录表示怀疑,但原告亦承认,农业部长在一定程度上考虑了听证记录,只是质疑农业部长考虑的"度"是否能够达到法定要求。行政决定者明显没有考量听证意见,则意味着行政决定者考量听证意见的"度"明显不足,与最终决定之间的逻辑关系极其薄弱,无法达到法定要求。当然,此种情形只在较为稀少的情况下才有可能。[③]

在 Matter of Weekes v. O'Connell 案[④]中,纽约州酒类管理局吊销原告的酒类许可证,其决定基于以下调查结果:被许可人在营业场所允许贩运毒品,在许可证的续期申请材料中做虚假陈述,以及没有将许可证颁发后发生的一些事实变化通知酒类管理局。纽约州酒类管理局所作决定的法律依据系《酒精饮料管理法》(Alcoholic Beverage Control Law),该法授予纽约州酒类管理局"吊销、取消或暂停颁发许可证"的权力,但应当在听证会上听取被许可人发表的意见后方可作出此类决定。该法还规定,听证会可由听证专员(包括酒类管理局

---

① See Kleppe v. Sierra Club, 427 U.S. 390 (1976).
② 参见刘东亮:《过程性审查:行政行为司法审查方法研究》,载《中国法学》2018 年第 5 期。
③ 参见王名扬:《美国行政法》(上),北京大学出版社 2016 年版,第 378 页。
④ See Matter of Weekes v. O'Connell, 304 N.Y. 259, 107 N.E.2d 290 (N.Y. 1952).

的职员或其指定雇员)主持,听证专员"应专注于听证的程序和证据的引入,并酌情决定最有利于实现公正和便捷之目标的听证方式,并记录听证中出现的所有证据";大体而言,听证专员的职责在于"将听证会的记录连同调查结果和建议提交给酒类管理局,供其在正式召开的会议上适当考虑和评估"。

吊销酒类许可证的权力属于纽约州酒类管理局,该行政决定只能由纽约州酒类管理局作出,且不得委托给任何其他机构、团体或个人。然而,细究该行政决定的形成过程,不难发现其中的端倪。该案件的听证会由听证专员(并非纽约州酒类管理局局长)主持,共历经三天时间,在听证会结束后不到一小时,纽约州酒类管理局即根据听证专员建议的调查结果和结论发布行政决定,吊销了原告的酒类许可证。显然,纽约州酒类管理局局长的决定并不是完全以听证记录作为依据的,因为局长并未参加听证会,而速记员在听证结束几天后才将听证记录整理完毕,局长在做决定时并没有看到完整的听证记录材料,明显没有全面考量听证意见。局长的决定实际是听证专员的决定,局长仅仅扮演了橡皮图章的角色。

(二)行政决定者存在强烈恶意或不当行为

摩根原则之适用以行政决定者合法、合理履行自身职责为前提,如果行政决定者存在强烈恶意或不当行为,则应当允许探索其作出决定的思维过程。① 在第四巡回法院看来,思维过程只是行政机构的决定所依附的"一般规律性推定的一个方面"(one facet of the general presumption of regularity),在有初步证据(a prima facie case)表明行政决定者存在不当行为时,追求正义的需要就使得摩根原则不再具备适用空间。② 类似的看法在 Bank of Dearborn v. Saxon 一案中亦有体现。③ 我们通过一个具有里程碑意义的案例 Citizens to Preserve Overton Park v. Volpe 来展开深入分析,该案例涉及交通部长建设州际公路路线之选择的法定职权。最高法院在该案中宣布,虽然司法审查的标准是狭隘的,法院无权以其判决代替行政机构的决定,但对行政行为的司法审查仍应当是"严密的和仔细的"(searching and careful),行政行为不能逃离"彻底的、仔细的、深入的"(thorough, probing, in-depth)司法审查。

交通部长授权使用联邦资金建设一条六车道州际高速公路,这条公路是 I-40 州际公路的一部分,将为孟菲斯市提供一条主要的东西向高速公路,这将使得城市东部边缘的居民更容易到达孟菲斯市中心。然而,这条州际公路穿越了位于孟菲斯市市中心的奥弗顿公园,州际高速公路的建设形成了对奥弗顿公园的伤害。原告认为,交通部长在履职过程中存在不当行为。原告的依据在于,根据 1966 年《交通部法》(Department of Transportation Act)第 4 条第(f)款以及 1968 年《联邦公路援助法》(Federal-Aid Highway Act)第 138 条之规定,

---

① See Robert O'Callahan, Recent Developments, Administrative Law—Judicial Review—"Mental Process" Privilege Prevents Discovery of Existence of Agency Head's Statutorily-Required Personal Decision—National Nutritional Foods Association v. Food & Drug Administration, 491 F. 2d 1141 (2d Cir. 1974), *Washington Law Review*, 1975, Vol.50, p.739.
② See Singer Sewing Machine Company v. N.L.R.B, 329 F.2d 200 (4th Cir. 1964).
③ See Bank of Dearborn v. Saxon, 244 F. Supp.394 (E.D. Mich. 1965).

如果存在"可行且谨慎"(feasible and prudent)的替代公路路线,那么交通部长不得授权使用联邦资金资助穿越公共公园的公路建设;如果没有这样的替代路线,交通部长应当考量所有可能的计划,从中选择对公园伤害最小的路线方案(all possible planning to minimize harm to the park),方能批准公路建设。在原告看来,将 I-40 州际公路绕过奥弗顿公园向北或向南走,或者在公园下面建设隧道,都不会对公园造成伤害,属于"可行且谨慎"的方案。然而,从州际高速公路的批准建设过程来看,无论是 I-40 州际公路的批准公告和设计公告,都没有附上事实调查的结果声明,交通部长没有说明为什么他认为没有可行且谨慎的替代路线,也没有说明为什么不能进行设计更改以减少对公园的危害。

交通部长认为,自己没有必要就公路路线的方案做正式调查,所作的决定亦是以事实为依据的独立判断,并提供专门为诉讼而准备的宣誓书,以表明部长作出该决定,并且该决定具有充分的决策依据。地区法院和上诉法院认为,交通部长不需要提供关于 I-40 州际公路的正式调查结果,并拒绝下令调查前联邦公路管理局局长的证词,因为地区法院和上诉法院都认为该案适用摩根原则,不应当探索行政决定者的思维过程。两级法院还认为,在批准公路路线时,部长享有广泛的权力,而审查法院的权力范围很窄,认定部长的行政决定并无不当。

在交通部长是否有必要就公路路线的方案做正式调查的问题上,最高法院同意下级法院的意见,但最高法院认为,下级法院的司法审查是不够的。因此,最高法院面临的第一个门槛性的问题是,法院是否有权对交通部长的决定展开司法审查。根据《行政程序法》(Administrative Procedure Act)的规定,法院有权审查美国政府各行政机构(包括交通部)的行政行为,除非法律明确禁止司法审查,或者行政机构的行政行为属于法律规定的自由裁量权。[①] 而且,探究立法者原意可知,没有迹象或证据表明国会试图禁止类似的司法审查。那么,部长的决定是否属于法律规定的自由裁量权呢?从《交通部法》第 4 条第(f)款以及《联邦公路援助法》第 138 条的具体条文来看,"可行且谨慎""所有可能的计划""伤害最小"等语词表明,法律的指令是明确而具体的:禁止使用联邦资金建设穿越公园的高速公路——只有在极为特殊的情况下才会被豁免。考量到法律对公园保护赋予的较高权重,要应用这项豁免,交通部长必须考量多个公路路线方案,只有在其他方案建造高速公路都是不可行的前提下,例如替代路线产生的成本过高以至于无法承受,或者替代路线对社区的破坏达到非常高的程度,才有可能采纳穿越公园的建设方案。所以,部长的决定不属于法律规定的自由裁量权。

既然法院有权对交通部长的决定展开进一步的司法审查,第二个需要面对的问题是,司法审查的标准是什么?《行政程序法》一共提供六条审查标准,[②]最高法院在陆续排除不适用的其他审查标准后,认定交通部长的决定应当适用"武断和恣意"标准。[③] 在具体的审查思路上,最高法院首先需要判断交通部长是否在法定职权范围内行事,根据《交通部法》第 4 条第(f)款以及《联邦公路援助法》第 138 条的规定,交通部长可以授权使用联邦资金资助公

---

① 5 U.S. Code § 701(a).
② 5 U.S. Code § 706(2).
③ 5 U.S. Code § 706(2)(A).

路建设，并在具体方式上拥有一定的自由裁量权，也就是说，交通部长的履职决定属于法定权限范围内的行为。然而，这并不表明交通部长的决定是适当的，或者说，并非"武断和恣意"的。虽然法院无权以其判决代替行政机构的决定，但行政机构必须考量所作决定是否基于对相关因素的考虑，以及是否存在明显的判断错误。在全面考量案件现有证据之基础上，最高法院认为，交通部长提供的证据不能有力支持所作决定，于是将此案发回地区法院重审，以便对交通部长的决定进行全面的司法审查。① 值得注意的是，最高法院对地区法院的重审方式做了细致的指引，虽然认同一般情况下不应探索行政决定者的思维过程，但该案中交通部长对高速公路的路线选择并未提供正式的调查结果，可能只有通过审查交通部长本人，才能进行有效的司法审查。因此，最高法院认为，地区法院可要求参与决定的行政官员提供证词，为其行动提供充分的解释。

（三）行政决定者没有遵守正当程序原则

正当程序原则在具体的行政案件中极少得到适用。从每年超过百万件的行政案件来看，行政机构作出决定时采用的程序主要有两类：第一类是行政机构结合自身职责所制定的程序，此类程序是行政决定主要的适用程序；第二类是法律在调整行政行为时所明确的程序，此类程序的指向通常较为原则和宽泛，其具体的适用频率或范围往往不及第一类程序。理查德·J.皮尔斯的统计分析指出，虽然只有 36 份左右的最高法院判决意见，对各种不同的行政决定适用了正当程序，但这些判决显然对海量行政案件中采用的程序产生了巨大的影响。② 大体而言，最高法院的判决通过对下列三类因素的讨论和分析，进而对具体的行政决定程序产生影响：(1)立法机构起草法律中的程序性条款；(2)法院对法律中模糊的程序性条款进行的解释；(3)行政机构制定调整不同类型案件的程序性规则。与本文关注视点紧密相关的是法院对法律中模糊的程序性条款进行的解释，具体的分析则通过 United States ex rel. Accardi v. Shaughnessy 一案予以切入。

原告 1909 年出生于意大利，父母是意大利人，原告于 1932 年从加拿大坐火车进入美国时，没有经过移民检查，也没有移民签证。按照 1924 年《移民法》(The Immigration Act)第 14 条的规定，③原告无权进入美国，应当驱逐出境。针对原告的驱逐出境程序始于 1947 年。1948 年，原告申请暂停驱逐。根据《移民法》第 19 条第(c)项之规定，如果拟被驱逐出境的外国人在过去 5 年中证明其道德品行良好，或者此类驱逐将对外国人的配偶、父母或未成年子女或合法居留的外国人造成严重经济损害，或者该拟被驱逐出境的外国人已在美国连续居住 7 年或以上，并于 1948 年 7 月 1 日居住在美国，那么可以暂停驱逐出境或免于驱逐出境。随后，从 1948 年到 1952 年，移民和归化局听证官员在不同时间分别举行关于驱逐出境指控和暂停驱逐出境申请的听证会，并最终认定原告应当被驱逐出境。1952 年 7 月 7

---

① See Citizens to Preserve Overton Park v. Volpe, 401 U.S. 402 (1971).
② 参见[美]理查德·J.皮尔斯：《行政法》(第 2 卷)(第 5 版)，苏苗罕译，中国人民大学出版社 2016 年版，第 571 页。
③ 43 Stat. 162, 8 U.S.C. § 214 (1946).

日,代理移民专员采纳听证官员的调查结果和建议,1953 年 4 月 3 日,移民上诉委员会(Board of Immigration Appeals)确认听证官的决定,于同一天签发驱逐令,并安排在 1953 年 4 月 24 日进行实际驱逐。在驱逐出境前一天,原告向地区法院提出人身保护令,被驳回后定于 5 月 19 日驱逐出境。

然而,1953 年 5 月 15 日,原告的妻子提交第二份人身保护令,进一步质疑行政机构拒绝暂缓驱逐出境的决定,其中提出的新证据为:在代理专员对该案作出决定之后,移民上诉委员会作出决定之前,总检察长在新闻发布会上宣布计划驱逐某些"令人讨厌的人",准备了一份包括原告在内的希望驱逐出境的 100 人机密名单,并向移民局和移民上诉委员会的所有雇员分发该名单。原告的理由在于,机密名单和相关宣传等同于总检察长的公开预先判断,在上级已经提出明确意见的前提下,作为司法部的内设机构,移民上诉委员会可能无法对原告的案件进行公正审理。地区法院和第二巡回上诉法院均驳回原告的指控。在第二巡回上诉法院大多数法官看来,就现有的行政记录来看,行政机构具有充分的法定理由将原告驱逐出境;同时,没有证据可以表明,在作出驱逐出境决定时,行政官员考虑了行政记录之外的其他因素;对于无关事项的单纯的怀疑不能构成动摇行政决定合法性的理由。①

最高法院进一步抽象了案件的争议焦点,即总检察长分发机密名单的行为是否剥夺或影响了原告受法律保障的权利。《移民法》规定了处理外国人申请暂停驱逐出境时应遵循的程序,该程序要求总检察长之下的三级行政官员(听证官、专员和移民上诉委员会)分别作出行政决定。其中,除总检察长亲自审查的案件外,移民上诉委员会(成员由总检察长任命)的决定是最终决定,其在考量和决定相对人的上诉时,按照法律赋予的权力和自由裁量权对案件进行适当和必要的处理。② 显然,移民上诉委员会作出决定时,必须以自身的独立判断作为行事逻辑,如果移民上诉委员会不能根据自身的理解作出决定,那么法律的规定就没有意义。换言之,移民上诉委员会必须根据自己的理解和良心行使权力,总检察长虽然作为上级,但并没有干预移民上诉委员会合法作出决定的权力。③ 那么,总检察长分发机密名单的行为是否不当干预或者支配了移民上诉委员会的决定?总检察长的公告清楚地表明,原告被列入他想要驱逐出境的机密名单,也就是说,这份名单并不是即将展开调查和驱逐出境的初步准备,而是"计划驱逐出境"(planned to deport),总检察长的意图清晰而明显。最高法院认为,移民上诉委员会作为总检察长的下级,需要接受总检察长的领导,当总检察长已经提出明确意见时,原告的指控就具备了充分的理由。因此,移民上诉委员会必须排除对于机密名单的任何考虑,且应当在公平听证后独立行使自身的权力,这是法律赋予原告的权利。虽然原告可能无法证明自身主张,但至少他将在此类诉讼中获得法律所要求的正当程序。2008 年,在 Rotinsulu v. Mukasey 案④中,第一巡回上诉法院进一步阐述了程序在行政决定中的重要性,认为如果行政机构未能遵守正当程序原则,相应的行政决定有可能会被法院撤销。

---

① See United States v. Shaughnessy, 206 F.2d 897 (2d Cir. 1953).
② 8 CFR § 90.3(c) (1949).
③ See United States ex rel. Accardi v. Shaughnessy, 347 U.S. 260 (1954).
④ See Rotinsulu v. Mukasey, 515 F.3d 68,72 (1st Cir. 2008).

结　语

  与法院相比,行政机构在所处领域具有专业性,能够作出正确和高效的决定。故,在绝大多数情况下,法院可以充分相信并尊重行政机构的决定,不必探索行政决定者的思维过程,这是摩根原则的内在逻辑。不过,凡有原则,必有例外,原则系大经大法之道,例外则是因时制宜之变,如果摩根原则在司法裁判中属一成不变的原则,那么司法审查就会陷入僵化的陷阱,最终在行政领域成为一纸空文。

  对行政机构的恭敬态度并不意味着法院在某种程度上放弃了司法审查职责,原因在于,行政机构的专业性与绝对真理并不能直接画等号。也就是说,行政机构的专业性并不一定能够支撑所作决定的终极正确性,因为行政机构掌握的知识可能只是局部知识,在某些领域,行政机构甚至无力获取到绝对正确的信息。此外,每个行政机构往往只注意职务本身所惯常使用的法律,可能忽视其他领域的、但并非不重要的法律。对于整个国家而言,法律之间并非独立运行,彼此必须有机配合,而对于法律适用的专业性判断,法院通常强于行政机构。所以,在适当的时候,法院可以要求行政机构阐明所作决定的合法性和合理性,也就是介入行政决定者的思维过程。

法律援助对象范围的生成机制与优化进路[*]

罗 恒[**]

摘要：《法律援助法》第 2 条将法律援助对象规定为"经济困难公民和符合法定条件的其他当事人"。何谓"符合法定条件的其他当事人",《法律援助法》本身未能明确,相关立法说明亦语焉不详。考察我国法律援助对象范围的流变过程,可发现农民工、军人军属、退役军人、警察等特殊群体被地方性法规、规范性文件等明确为法律援助对象,乃至重点法律援助对象。整个流变过程,在整体呈扩展趋势的同时,又展现出鲜明的发展特征及潜在问题。这些特征与问题背后,是我国法律援助制度在扶危济困和社会治理两个方面上的多重价值目标,以及作为扶助贫弱的法律制度与维护社会稳定、促进社会发展的治理工具之双重属性。在既有法律援助对象范围生成机制中,社会治理需求的影响较大,虽有助于提高治理效能、维护社会稳定、促进社会发展,但亦存在公平性欠缺、稳定性不足、忽视少数群体等有待完善之处。故应均衡考虑法律援助制度扶危济困的制度底色与现实的社会治理需求,对既有法律援助对象范围生成机制予以优化。

关键词：法律援助法；法律援助对象；社会治理需求；个人利益

The Generation Mechanism and Optimization Approach of the Scope of Legal Aid Recipients
Luo Heng

Abstract：Article 2 of the Legal Aid Law stipulates that the recipients of legal aid are "economically disadvantaged citizens and other parties who meet the statutory condi-

---

[*] 文章 DOI：10.53106/615471682024120039005。

[**] 罗恒,中山大学粤港澳发展研究院博士研究生,研究方向：港澳基本法、司法制度。电子邮箱：luoh77@mail2.sysu.edu.cn。

tions". The meaning of "other parties who meet the statutory conditions" is not clearly defined in the Legal Aid Law itself, and the relevant legislative explanations are also vague. Examining the changes in the scope of legal aid recipients in China, it can be observed that special groups such as migrant workers, military personnel and their dependents, retired military personnel, and police officers have been explicitly designated as recipients of legal aid by local regulations and normative documents, and even as key recipients of legal aid. Throughout this process of change, while there is an overall expansion trend, there are also distinct development characteristics and potential issues. Behind these characteristics and issues lies the dual nature of China's legal aid system, which serves as both a legal system to assist the poor and vulnerable and a governance tool to maintain social stability and promote social development, reflecting multiple value goals. In the mechanism for determining the scope of legal aid recipients, the influence of social governance needs is significant. While this may help improve governance efficiency, maintain social stability, and promote social development, there are also shortcomings in terms of fairness, stability, and the neglect of minority groups that need to be addressed. It is necessary to balance the institutional foundation of the legal aid system to assist the poor and vulnerable with the practical needs of social governance, and optimize the mechanism for determining the scope of legal aid recipients.

Key Words: Legal Aid Law; legal aid recipients; the demands of social governance; personal interests

一、问题的缘起

《法律援助法》第2条规定:"本法所称法律援助,是国家建立的为经济困难公民和符合法定条件的其他当事人无偿提供法律咨询、代理、刑事辩护等法律服务的制度。"2003年颁行的《法律援助条例》相比,《法律援助法》在法律援助的受援对象方面新增加了"符合法定条件的其他当事人",但何谓"符合法定条件的其他当事人"其却未给出明确回答。相关负责人在说明时指出:"(第2条)明确了法律援助对象除经济困难公民外,还包括诉讼中符合法定条件的当事人。考虑到我国法律援助发展现状及保障水平,对福利机构、提起公益诉讼的社会组织等非自然人,各地可组织律师提供减免费用等法律服务,根据实际情况在实践中继续探索,法律暂不作明确规定。"[①]立法者似乎本就未打算明确"符合法定条件的其他当事人"之意涵,以期为实践探索留下空间。

当前,有限的法律援助经费与与日俱增的法律援助需求间的张力不断增大。法律援助对象范围的确定,不仅事关援助程序的启动,更关乎援助资源的公平合理分配。《法律援助

[①] 张苏军:《关于〈中华人民共和国法律援助法(草案)〉的说明》,载《中华人民共和国全国人民代表大会常务委员会公报》2021年第6期。

法》第 2 条将"符合法定条件的其他当事人"新增为援助对象,一方面,有助于扩大法律援助对象范围,从而将更多贫弱的群体纳入其中;另一方面,亦可能被不当滥用而导致"援不应援"现象的发生。法律援助本为国家向贫弱主体提供的一项制度,只有科学合理地确定援助对象的范围,该制度促进公义、维护平等、保障人权等积极意义方能充分实现。与此同时,我国法律援助资源紧张问题较为突出,经费保障主要依靠财政拨款,存在援助经费在财政预算支出中占比偏低、人均援助经费标准偏低、办案经费占比偏低、援助经费地区差异悬殊等诸多困难。[1] 面对我国法律援助资源相对有限的客观现实,亟须对法律援助对象的范围提供相对明晰合理的界定,使真正贫弱而有急迫法律服务需求的主体获得必要的法律援助。有鉴于此,本文将在梳理中国法律援助对象范围的流变过程的基础上,总结其发展特征,探求其背后逻辑,进而立足制度逻辑及我国现实情况对法律援助对象范围的生成机制提出优化建议。

二、中国法律援助对象范围的流变历程及其特征

在新中国成立初期,就已有《人民法院组织法》(1954 年)、《律师收费暂行办法》(1956 年)等法律、文件对指定辩护、律师免费给予法律帮助等事宜进行了规定,[2]但现代意义上法律援助制度的建立却是在 20 世纪 90 年代。1995 年,首家政府批准设立的法援中心于广州成立,制度化的法律援助在中国得见雏形。[3] 此后,政府创建的法律援助机构如雨后春笋般涌现,从业人员人数也大幅增长。[4] 法律援助制度在中国的建立时间虽然较短,但发展却呈星火燎原之势。法律援助的对象范围亦随之不断扩展,并呈现鲜明的发展特征。

(一)有法可依:刑事法律援助对象范围的依法扩展

我国刑事法律援助对象范围主要由《刑事诉讼法》加以规定。随着该法的多次修改,刑事法律援助对象范围也随之逐步扩展。早在体系化法律援助制度在我国建立前,1979 年制定的《刑事诉讼法》就已规定了对被告人的指定辩护。依该法第 27 条之规定,人民法院可以为未委托辩护人的公诉案件被告人指定辩护人,并且应当为未委托辩护人的聋、哑或未成年被告人指定辩护人。1996 年修改后的《刑事诉讼法》第 34 条对援助对象的范围进行了微扩,在应当指定辩护的被告人中增加了未委托辩护人的盲人被告人、可被判死刑的被告人。1997 年司法部发布《关于开展法律援助工作的通知》,确认了未委托辩护人的外籍被告人获

---

[1] 参见赵天红:《法律援助经费保障制度研究——以我国〈法律援助法〉为导向》,载《法学杂志》2022 年第 2 期。
[2] 参见《人民法院组织法》(1954 年)第 7 条第 2 款、《律师收费暂行办法》(1956 年)第 6 条。
[3] 参见樊崇义:《中国法律援助制度的建构与展望》,载《中国法律评论》2017 年第 6 期。
[4] 参见张耕等主编:《中国法律援助制度诞生的前前后后》,中国方正出版社 1998 年版,第 138~152 页。

法律援助的可行性,①使刑事法律援助对象范围又有所扩大。2003年颁行的《法律援助条例》则对刑事法律援助对象范围作了较大扩展,将经济困难犯罪嫌疑人、被害人、自诉人认定为可予援助对象,从而使援助对象范围囊括了审前阶段的被追诉人以及刑事受害人。2012年《刑事诉讼法》再行修改,在法律援助对象范围上,一方面吸收了《法律援助条例》的内容,将审前阶段的犯罪嫌疑人纳入其中;另一方面,又增加了未丧失行为能力的精神病人和可能被判无期的犯罪嫌疑人、被告人。② 2017年,最高人民法院、司法部发布了《关于开展刑事案件律师辩护全覆盖试点工作的办法》,该办法使北京、上海、广东等试点地区的几乎所有刑事被告人均有权获得法律援助。③ 2022年的《法律援助法》充分吸收了前述立法经验及学界建议,在刑事法律援助对象范围中进一步增加了申请法律援助的死刑复核案件被告人、缺席审判案件被告人、强制医疗案件的被申请人或被告人等。④

(二)有"例"可循:民事法律援助对象范围的依"例"扩展

与刑事法律援助对象范围的扩展多依法律规定而行不同,我国民事法律援助对象范围的扩展则主要依据地方性法规、规范性文件等效力层级较低的法律文件。法律、行政法规多仅列举民事法律援助的事项范围,而未明确法律援助对象范围。例如1996年、2001年的《律师法》均设专章规定法律援助,但内容较为简略,涉民事法律援助的方面只规定了"公民在赡养、工伤等方面需要获得律师帮助,但是无力支付律师费用的,可以按照国家规定获得法律援助",未就民事法律援助对象作具体规定。⑤ 2003年的《法律援助条例》只对民事法律援助案件范围作了规定,而未具体化民事法律援助对象范围。2021年出台的《法律援助法》只对法律援助对象作了概括式规定。⑥

相对而言,地方性法规、部门规范性文件等效力层级较低的法律文件,却对民事法律援助对象作了相对具体的规定。在地方性法规方面,《广东省法律援助条例》(2016年)将福利院、孤儿院、精神病院等社会福利机构以及提起民事公益诉讼的社会组织列为了法律援助对象;⑦《重庆市法律援助条例》(2014年)将未成年人、老年人、妇女、农民、农民工、家暴受害者等明确为民事法律援助对象;⑧《南京市法律援助条例》(2017年)把军人、因公致残警察、

---

① 参见《关于开展法律援助工作的通知》第2条第3款。
② 参见《刑事诉讼法》(2012年)第34条。
③ 依据《关于开展刑事案件律师辩护全覆盖试点工作的办法》第2条,对于试点城市适用普通程序审理的一审、二审及按照审判监督程序审理的案件之未委托辩护人的被告人,应当指派律师为其辩护。对于适用简易程序、速裁程序审理的案件之未委托辩护人的被告人,应当由值班律师为其提供法律帮助。
④ 参见《法律援助法》第25条、第28条。
⑤ 参见《律师法》(1996年)第41条、《律师法》(2001年)第41条。
⑥ 参见《法律援助法》第2条。
⑦ 参见《广东省法律援助条例》(2016年)第12条。
⑧ 参见《重庆市法律援助条例》(2014年)第11条、第12条。

牺牲警察近亲属、烈士近亲属等人员认定为可免于经济困难审查的民事法律援助对象。[①]与此同时，一些规范性文件就特定对象的民事法律援助工作进行了规定，并对特定群体的法律援助工作影响较大。典型如国务院发布的《关于解决农民工问题的若干意见》提出"把农民工列为法律援助的重点对象"后，各地明显加强了对农民工法律援助工作的重视。又如，司法部、中国残联曾联合发布《关于做好残疾人法律援助工作的通知》，指出要"把残疾人列为重点援助对象""设立残疾人法律援助专项基金"。再如，司法部发布的《关于加强法律援助和法律服务工作切实维护国家军事利益和军人军属合法权益有关问题的通知》、国务院与中央军委共同发布的《关于进一步加强军人军属法律援助工作的意见》《关于加强退役军人法律援助工作的意见》均规定将军人军属、退役军人作为重点援助对象，不仅放宽了经济困难条件，还对义务兵等部分主体免于经济困难审查。

（三）中国法律援助对象范围流变的典型特征及潜在问题

考察中国法律援助对象范围的扩展，不难发现刑事与民事领域差异明显。就刑事法律援助对象范围的扩展而言，总体上是循序渐进、严谨有序的，援助对象范围的扩展过程整体遵循了法治化，发展过程相对能够与社会经济发展情况、有限的法律援助资源相协调。民事法律援助对象范围的扩展却显得相对无序。由于缺乏法律法规对民事法律援助对象作明确统一的规定，诸多地方性法规、规范性文件等对民事法律援助对象作了极具特色的规定。诸如老年人、未成年人、残疾人、军人军属、农民工、农民、警察等等，这些有着不同特点、遵循不同划分标准的概念纷纷进入了民事法律援助对象的范畴。法律援助对象范围的流变过程，尤其是民事法律援助对象范围的扩展史，呈现鲜明发展特征的同时，也暴露出相应的隐忧。具体而言，体现为如下几点：

其一，扩展迅猛，但民事法律援助对象范围存在无序扩张的情况可能引发援助资源分配难题。中国法律援助对象范围的扩展历程，是法律援助制度在中国发展过程的一个缩影，因而总体与法律援助制度在中国的迅速发展步调一致。刑事法律援助对象方面，从1979年《刑事诉讼法》主要以聋、哑及未成年被告人为援助对象，发展到2017年刑事辩护全覆盖试点以几乎全部被告人为援助对象，其扩展幅度和速度可见一斑。在民事法律援助对象方面，尽管缺乏统一规定，但地方性法规、规范性文件等对残疾人、老年人、农民工、军人军属、退役军人、警察等多类型援助对象的明确，亦使得民事法律援助对象范围得以迅速丰富。然而，随着越来越多的特殊群体被纳入援助对象范围，乃至被视作重点援助对象，或将进一步加剧有限援助资源的分配难题。

其二，制度发展先于理论认知，可能影响法律援助对象的公平合理确定。诚然，我国法律援助对象范围的扩展速度令人欣喜，但是对法律援助的理论认识却相对滞后于制度发展。

[①] 参见《南京市法律援助条例》（2017年）第14条。2021年公布的《法律援助法》第32条规定，"英雄烈士近亲属为维护英雄烈士的人格权益"申请法律援助可不受经济困难条件限制。而2017年颁行的《南京市法律援助条例》第14条规定，只要是烈士近亲属，其申请法律援助即不受经济困难标准限制，标准相对更宽松。

域外法律援助对象范围的扩展,多伴随着对法律援助本质认识的深入。随着对法律援助的本质认识由个人慈善到公民权利再到国家责任的发展,法律援助对象范围也会逐步扩大。然而,我国虽有法律援助对象范围的扩展过程,却缺乏对法律援助本质认识的深化过程,理论认识相对滞后于制度发展。在法律援助制度构建之初,司法行政部门就曾视法律援助为律师义务。① 与此同时,将法律援助视为一种针对有贡献者的福利政策而非对贫弱者的救济措施,亦在我国相关规范性文件、地方性法规中有所体现。② 当然,经过多年的研究和宣传,法律援助乃国家责任的认识目前逐步获得认同。2022年《法律援助法》就明确将国家规定为法律援助制度的建立者和责任人,③改变了此前将法律援助作为政府责任的提法。④ 尽管如此,"律师义务论""福利政策论"等错误认识仍可能存在一定的市场,或将不利于相关公务人员形成"法律援助乃国家责任"的正确认知,进而影响其在参与规范、政策制定过程中对法律援助对象范围的宏观界定,以及在个案中对具体援助对象的判定。

其三,政策导向明显,可能影响制度稳定性以及一般援助对象的权益保护。我国法律援助对象范围的扩展过程中,出现了许多相对具体的社会群体,如农民工、军人军属、退役军人等。特定社会群体被特别列举为法律援助对象,背后有着较强的政策因素影响。农民工被认定为法律援助重点对象,背景是21世纪初的城镇化、工业化催生大量农民进城务工,农民工引发的社会问题成为政府工作重点。军人军属成为法律援助重点对象,则与我国历来强调的促进军队与国防建设、"地方拥军优属,军队拥政爱民"双拥工作政策等不无关系。因政策因素而将特殊群体确定为重点法律援助对象,通常有着公共利益考量,但可能不利于制度稳定性、不利于保障一般援助对象的信赖利益和公平的受援机会。

其四,物质投入增长幅度与援助对象扩展速度不成比例,可能造成援助对象范围扩展的实效不佳。通常而言,法律援助对象范围的扩展,会引发法律援助人数的增长,进而导致法律援助资金的攀升。这在域外的法律援助实践中得到了证明。有学者统计在法律援助制度发展较为成熟的国家,法律援助经费已在国家财政支出中占比达0.1%~1%左右。⑤ 多年来我国法律援助经费虽有稳步增长,但较之法律援助对象范围的持续扩大,其增长幅度相对不足。财政拨付的法律援助经费在全国财政一般公共预算支出中占比偏低,甚至只有万分之一。⑥ 以2022年为例,该年我国法律援助经费总投入为36亿元,⑦而全国一般公共预算支出为260609亿元,⑧法律援助经费投入仅占全国一般公共预算支出的0.014%。财政拨

---

① 参见《广州市司法局法律援助试行办法》(1995年)第1条。
② 参见《国务院、中央军委关于进一步加强军人军属法律援助工作的意见》《关于加强退役军人法律援助工作的意见》等规范性文件。
③ 参见《法律援助法》第2条。
④ 参见《法律援助条例》第3条。
⑤ 参见陈永生:《刑事法律援助的中国问题与域外经验》,载《比较法研究》2014年第1期。
⑥ 参见李雪莲、夏慧、吴宏耀:《法律援助经费保障制度研究报告》,载《中国司法》2019年第10期。
⑦ 参见《司法部举行法律援助惠及更多群众暨〈办理法律援助案件程序规定〉发布新闻发布会》,http://www.scio.gov.cn/xwfb/bwxwfb/gbwfbh/sfb/202308/t20230829_766901_m.html,最后访问日期:2024年5月28日。
⑧ 参见《2022年财政收支情况》,https://gks.mof.gov.cn/tongjishuju/202301/t20230130_3864368.htm,最后访问日期:2024年5月28日。

款是我国法律援助经费的最主要来源,财政投入的相对不足,使得我国法律援助机构不同程度地面临经费短缺问题。[1] 我国对法律援助的物质投入增长幅度滞后于援助对象范围的扩展速度,这可能导致新纳入法律援助对象的主体实际获得的有效法律援助不足。法律援助对象范围的快速扩展,看似有利于更多人群获得援助,却可能因援助经费的相对不足而实效欠佳。

其五,经济困难条件被一定程度虚化,可能不利于援助对象的平等保护。在我国刑事法律援助对象方面,经济困难要求限于法院酌定给与法律援助的主体,而诸如盲聋哑被告人、可能判处无期或死刑的被告人等必须给与法律援助的主体则无经济条件限制。有的地市对未成年被害人提供无条件援助,不再对未成年被害人及其法定代理人进行经济状况审查。[2] 在司法公正、人权保障殊属重要的刑事诉讼程序中,对经济困难要件的放宽有其正当性。民事案件则主要关涉私主体间私益,法律援助的价值更多体现在扶危济困、促进实质平等方面,因而对援助对象的经济情况理应进行审慎考察。鉴于相对有限的援助经费与数量众多的援助需求间的紧张关系,对民事法律援助对象的经济困难审查本应从严。然而,相关规范性文件、地方性法规等却将农民工、军人军属、退役军人、烈士近亲属、警察等诸多特定群体作为法律援助重点对象并免于经济困难审查。上述概念可囊括的人群数目众多,非经具体研判似难皆以贫弱主体视之。在法律援助资源相对不足的情况下,虚置经济困难要求而将类型众多的特定群体视作重点援助对象,或将影响对一般援助对象的平等保护。

三、中国法律援助对象范围流变的背后逻辑

我国法律援助对象范围的流变历程,整体呈扩张趋势,也展现出相对鲜明的特征及潜在问题,具体包括较快的扩展速度、不协调的制度实践与理论认知、权重颇大的政策因素、比例失衡的物质投入及被部分虚置的经济困难要求等几个方面。上述特征与问题的背后缘由何在,下文将尝试对此予以探讨。

(一)法律援助制度在中国的多重目标与双重属性

域外法律援助制度通常着眼于对贫弱者的帮扶,其价值目标在于扶危济困、保障人权、维护司法公正、推动实质平等方面。[3] 这种法律援助制度的理论基础在于国家责任论,即国家对于贫弱群体具有法律救助责任,因而更为关注援助对象本身亦倾向于围绕着援助对象展开建构。中国法律援助制度的设立发展,则有不尽相同的多样价值目标,兼具扶助贫弱的

---

[1] 参见赵天红:《法律援助经费保障制度研究——以我国〈法律援助法〉为导向》,载《法学杂志》2022年第2期。

[2] 参见宋志军:《未成年人刑事法律援助有效性实证分析》,载《国家检察官学院学报》2019年第4期。

[3] 参见程滔:《法律援助的责任主体》,载《国家检察官学院学报》2018年第4期。

法律制度与社会治理工具的双重属性。

在中国法律援助制度创设之初,时任司法部部长肖扬在《人民日报》发文,提出要建立中国特色法律援助制度,并将法律援助制度的意义概括为保障贫弱公民权利、实现司法公正、完善社会保障、维护社会稳定、护航经济体制改革、社会关系法治化等几个方面。[①] 作为最早提议建立法律援助制度的司法部领导,肖扬对法律援助制度意义的上述归纳,既代表制度构建之初的价值目标,亦在一定程度上引导着该制度的发展。事实上,文中关于法律援助对象、法律援助范围、法律援助资金等事项的部分构想确实在之后的相关法律法规中有所体现。从以上归纳也可看出,我国法律援助制度的价值目标相当广泛,其中有对贫弱群体的法律救助、社会保障的目标,亦有化解社会矛盾、促进社会和谐、推动社会事务法治化处理等多样化追求。这些价值目标中,针对贫弱群体的法律救助、社会保障,显然关涉援助对象个人利益,而其他诸如化解矛盾、促进和谐等则与社会治理需求有关。我国法律援助制度初创于20世纪90年代,适时我国正处于经济体制改革时期,社会贫富差距拉大、各类矛盾丛生,政府治理难度倍增。[②] 法律援助在实践中被嵌入治理体系,成为社会治理过程中被调动的资源。[③]

基于对实现多重目标的期待,我国法律援助制度的设立发展,事实上关涉援助对象的个人利益与全局性的社会治理需求两方面因素。在扶危济困和社会治理上的双面意义,亦使得我国法律援助在实践中兼具扶助贫弱的法律制度与维护社会稳定、促进社会发展的治理工具之双重属性。

首先,创设法律援助制度的研讨中已显露制度构建者们的"立法原意",可窥见我国法律援助制度的多重目标与双重属性。考察当时组织领导法律援助制度创设的司法部领导的相关批示、发言,可发现他们多次强调法律援助制度在化解社会矛盾、维护社会稳定、护航经济发展等社会治理层面的作用。[④] 恰如肖扬在司法部法律援助中心揭牌大会上所指出的"法律援助作为适应现阶段社会发展的需要应运而生的一项重要内容,作为实现法律调整各个领域、各个方面的社会关系的一项重要制度,必须与经济的发展相互协调、相互适应,才能使经济社会保持良性运行的态势,避免社会与经济发展的失衡而导致社会动荡和冲突。法律援助制度的建立和实施,必将对经济的健康、稳定发展发挥重要的促进和保障作用"[⑤],制度构建者从未仅仅将法律援助视作对弱者的法律救助机制而是历来重视其在社会稳定、经济发展中的作用。在地方层面,部分地方政府负责人以及与法律援助有关的工作人员亦在相

---

① 参见张耕等主编:《中国法律援助制度诞生的前前后后》,中国方正出版社1998年版,第9~13页。

② 参见徐卉:《中国法律援助制度的建立与发展:从合法性危机到社会安全阀》,载《环球法律评论》2005年第6期。

③ 参见储卉娟:《嵌入式制度移植困境:对中国法律援助制度的法社会学研究》,载《学习与探索》2017年第12期。

④ 参见张耕主编:《法律援助制度比较研究》,法律出版社1997年版,第10~11页;张耕等主编:《中国法律援助制度诞生的前前后后》,中国方正出版社1998年版,第108、197页。

⑤ 张耕等主编:《中国法律援助制度诞生的前前后后》,中国方正出版社1998年版,第205页。

关研讨中表达了类似看法。① 时任广东省人大常委会主任的朱森林的发言较具代表性,其在评价法律援助制度的意义时指出"法律援助制度的建立和完善,将对进一步发挥社会主义的优越性,弘扬社会主义道德风尚,消除社会不安定因素,维护社会稳定发挥积极的作用"②,这主要还是立足于法律援助的社会治理价值。

其次,在相关规范性文件中,法律援助制度的多重目标与双重属性亦有所体现。国务院发布的《关于解决农民工问题的若干意见》《关于进一步做好为农民工服务工作的意见》两部文件,本用于应对与工业化、城镇化相伴而生的农民工问题,却不约而同地将法律援助作为重要的治理工具。③ 根据两部文件的内容,可知其出台目的除维护农民工群体权益外,还包括统筹城乡发展、引导劳动力合理转移、维护社会稳定、推动社会经济发展等社会治理目标。在以上文件的制定、实施中,法律援助不仅发挥维护农民工权益的作用,而且同时扮演着治理工具的角色。此外,《司法部关于加强法律援助和法律服务工作切实维护国家军事利益和军人军属合法权益有关问题的通知》《国务院、中央军委关于进一步加强军人军属法律援助工作的意见》等针对军人军属的法律援助文件,均明确指出了法律援助在维护国家军事利益、推动国防和军队建设、保持军队和谐稳定、增强军队战斗力、促进军政军民团结等方面的作用。显而易见,军人军属一般情况下难以被定性为贫弱群体,因而在上述政府文件中,法律援助作为扶危济困法律制度的属性有所淡化,而更多被视作维护稳定、促进发展的治理措施。

最后,中国法律援助制度的多重目标与双重属性,在法律援助实践数据和相关现实举措中可获印证。例如,针对日益突出的农民工问题,国务院 2006 年出台了《关于解决农民工问题的若干意见》,其中将农民工群体指定为法律援助的重点对象,并要求对农民工工伤、追索劳动报酬案件免于经济审查。这直接导致了 2006 年农民工受援人数爆炸式增长和地方政府专门增拨农民工法律援助专项经费。④ 根据《中国法律年鉴》的数据统计,农民工受援人数从 2005 年的 75917 人增长至 2009 年的 259213 人,增量达 183296 人,尤其是 2006 年、2008 年两个年度,农民工受援人数较前一年度增幅分别达 65%、56.93%。⑤ 又如,随着近年来平台经济高速发展,网约车司机、外卖员等新就业形态劳动者愈发成为社情舆论的焦点和社会治理的难点,因而此类人群也开始被特别强调为法律援助重点群体。⑥

---

① 参见张耕等主编:《中国法律援助制度诞生的前前后后》,中国方正出版社 1998 年版,第 179~181 页。
② 张耕等主编:《中国法律援助制度诞生的前前后后》,中国方正出版社 1998 年版,第 176 页。
③ 参见《国务院关于解决农民工问题的若干意见》第 29 项、《国务院关于进一步做好为农民工服务工作的意见》第 12 项。
④ 参见高贞:《论刑事被害人法律援助权及其实现》,载《法学》2008 年第 11 期。
⑤ 数据源于中国法律年鉴编辑部编著的 2005 年至 2009 年的《中国法律年鉴》。
⑥ 参见《关于维护新就业形态劳动者劳动保障权益的指导意见》;《司法部举行"法律援助惠及更多群众暨〈办理法律援助案件程序规定〉发布"新闻发布会》,https://www.moj.gov.cn/pub/sfbgw/gwxw/xwyw/202308/t20230823_484864.html,最后访问日期:2024 年 5 月 28 日。

（二）法律援助制度的多重目标与双重属性对援助对象范围的形塑

基于特殊时代背景与现实国情的需要，中国法律援助制度的构建发展，既围绕着多样价值目标的实现，又注重扶助贫弱的法律制度与社会治理工具双重属性的兼顾。法律援助工作既要保障贫弱援助对象的利益，又要考虑社会稳定、经济发展等社会治理层面的需求，协助实现相关社会治理目标。

然而，个体性的援助对象个人利益和全局性的社会治理需求是未尽一致的。立足于援助对象个人利益，法律援助的制度设计应以有利于援助对象高效便捷地获取高质量法律援助为目标。而立足于社会治理需求，法律援助制度设计的理想效果则应是在控制成本的前提下，推动社会问题解决、提升治理效能。援助对象个人利益与社会治理需求之间，在不同情境下，既可能是存在相交点而被同时实现的，还可能是未尽一致而各自按不同权重被部分实现的。援助对象个人利益与社会治理需求间的复杂关系，塑造着我国法律援助对象的范围，使其发展过程呈现出较快的扩展速度、不协调的制度实践与理论认知、权重颇大的政策因素、比例失衡的物质投入、被部分虚置的经济困难要求等特征。

1.个人利益与社会治理需求相交对相关特征的形塑

在对某些群体展开法律援助有利于达成某种社会治理目标时，法律援助对象个人利益和社会治理需求此时趋于统一，法律援助工作的开展会相对迅速，援助对象的权益也会得到较好保障。最典型的是对农民工群体的法律援助。随着我国的工业化、城镇化进程不断推进，农民工问题成为亟待解决的社会治理难题。在上述社会背景下，对农民工群体的法律援助，既可以维护农民工个人的合法权益，又有助于解决各类与农民工相关的社会问题，援助对象个人利益与社会治理需求此时能够同时实现。农民工作为援助对象，自然备受政府政策和法律援助机构青睐。与此同时，我国法律援助对象范围在发展过程中所呈现的较快扩展速度、不协调的制度实践与理论认知等特征，亦可在法律援助对象个人利益和社会治理需求存在相交点时获得相对合理的解释。法律援助对象范围的高速扩展，集中于制度构建之初，即20世纪90年代末至21世纪初。适时国务院、司法部等颁行了诸多法规、规范性文件，[1]极大扩展了法律援助对象范围。与之对应的社会背景是经济体制改革深入推进、城镇化快速发展，并导致了收入差距拉大、社会矛盾丛生等问题。[2] 大变革、大发展的时代浪潮下催生的下岗职工、农民工等贫弱群体及其引发的社会问题，倒逼政府处理发展过程中的社会治理难题。法律援助制度则相当契合时代背景，既有益于维护贫弱群体的合法权益，将诸多社会矛盾纳入法治轨道处理，又有助于实现维护社会稳定、保障经济发展等社会治理需要。故而，这一时期，国务院、相关部委发布了诸多法规、文件，将农民工、军人军属、残疾人

---

[1] 如1996年发布的《司法部、中国残疾人联合会关于做好残疾人法律援助工作的通知》《司法部、民政部关于保障老年人合法权益做好老年人法律援助工作的通知》、2001年发布的《关于进一步加强军人军属法律援助工作的意见》、2003年颁行的《法律援助条例》、2006年发布的《国务院关于解决农民工问题的若干意见》。

[2] 参见刘秉镰、朱俊丰：《新中国70年城镇化发展：历程、问题与展望》，载《经济与管理研究》2019年第11期。

等多元社会群体明确为法律援助对象。许多地方政府也积极行动,根据本地实际制定了地方性法规,增加了社会福利机构供养人员、孤儿、农村集体经济组织供养的成员等相对特别的法律援助对象。① 在特殊社会背景下,社会治理需求与援助对象个人利益诉求的一致,可能是我国法律援助对象范围高速扩展的重要原因。亦不难理解,尽管法律援助是国家责任的认识尚未获充分理解,但理论认知的滞后却未妨碍法律援助对象范围的迅速扩展,因为政府如此行事不仅出于对贫弱社会群体的扶助责任,还有社会治理方面的需要。

2.个人利益与社会治理需求不完全一致对相关特征的形塑

许多情境下,援助对象个人利益与社会治理需求并非总能找到相交点。当两种利益存在偏差时,政府基于利益权衡可能会对不同法律援助对象差别化对待。法律援助资源的有限性以及不同援助对象对社会治理的影响权重差异,决定了援助政策对部分群体的侧重。当某类群体及其相关社会问题,对于社会治理影响颇大或与其他公共利益需求有关,政府便更有动力将法律援助资源向其倾斜。当工业化、城镇化导致的农民工问题成为亟须解决的社会治理难题,政府自然更愿意将法律援助资源投向农民工群体。在农民工问题较突出的时期,从受援人数统计上来看,农民工所占比例远高于其他法律援助对象,部分年份甚至达到了受援总人数的 1/3 以上。②

政府为实现社会治理目标,还可能会较多地基于社会治理需求行事,此时援助对象个人利益对相关举措的制定实施影响有限。将军人军属作为特殊的法律援助对象予以重点照顾,并要求免除部分军人军属的经济困难条件审查,即属于政府侧重社会治理需求所作的制度构建。法律援助本是为扶助贫弱群体而生的法律制度,而军人军属整体而言难被定性为"贫弱群体"。将法律援助资源向军人军属倾斜,主要出于维护国家军事利益、推动国防和军队建设、保持军队和谐稳定、增强军队战斗力等目的。③ 这些目的,绝大多数与公共利益、国家利益直接相关。由是,将军人军属作为法律援助重点对象,本质上是基于全局性的社会治理需求考量。

我国法律援助对象范围在扩展过程中展现的权重颇大的政策因素、比例失衡的物质投入、被部分虚置的经济困难要求等特征,也在相当程度上同社会治理需求与援助对象个人利益的不完全一致有关。

首先,法律援助对象范围深受政策影响,原因在于政府有社会治理上的考量,而社会治理的具体需求又是动态发展的,是故通过出台政策文件影响援助对象范围就成了理想的选择。农民工、军人军属等被政策文件列为重点援助对象,当然有维护贫弱群体个人利益的考虑,但社会治理、公共利益的需求也是重要影响因素。由于社会环境复杂多变,社会治理或公共利益需求是因时而变的,通过灵活便宜、效力层级较低的规范性文件来调整法律援助对象范围,更符合政府治理需要。

---

① 参见《山西省法律援助条例》(2004年)第7条、《安徽省法律援助条例》(2002年)第8条。
② 依《中国法律年鉴》所载数据,自2005年农民工首次作为特殊对象被单独统计以来,2005至2011年,农民工在受援人中占比分别为17.49%、23.19%、29.6%、36.32%、35.19%、32.89%、33.1%。
③ 参见《司法部关于加强法律援助和法律服务工作切实维护国家军事利益和军人军属合法权益有关问题的通知》《国务院、中央军委关于进一步加强军人军属法律援助工作的意见》。

其次，物质投入增速与法律援助对象扩展速度间的失衡、不同法律援助对象间的资源分配失衡，很大程度上亦是社会治理需求同一般援助对象个人利益未尽一致的结果。对所有贫弱群体展开均等的法律援助，并不能促进热点社会问题的解决及社会治理效能的显著提升。一方面，法律援助经费大部分来源于财政支持，而法律援助的积极效应显现是间接而逐步的，较之基础设施建设等其他支出项目，对其投入不能直接推动经济社会发展，政府缺乏动力对法律援助大量投入，这可能是法律援助对象范围高速扩展而经费增速却相对迟缓的一个原因。另一方面，不同的法律援助对象对于社会治理的影响不同，只有部分援助对象与社会治理的紧迫需要、公共利益密切相关，向此类援助对象倾注法律援助资源，更符合社会治理需求。本着"好钢要用在刀刃上"的逻辑，政府在对法律援助资源进行分配时，难免会对与社会治理需求更加相关的特殊群体予以倾斜。

最后，经济困难要求被部分虚置，也是充分考量社会治理需求之结果。部分规范性文件、地方性法规规定对农民工、军人军属、警察等重点援助对象在申请援助时免于经济困难审查，这实质上赋予上述对象更便捷的申请程序、更大的受援概率，而相对减少了其他一般援助对象获得法律援助的机会。政府政策文件、地方性法规如此为之，并非因为上述重点援助对象一概贫弱，更多是因为对其展开援助更有助于社会问题的解决、更符合社会治理的需求、更能促进治理效能的提升。经济困难条件被部分虚置的背后，是政府在权衡全局性的社会治理需求与个体性的一般援助对象个人利益后，对部分特殊援助对象的倾斜性保护。

四、法律援助对象范围生成机制的优化进路

(一)社会治理需求影响下的法律援助对象范围生成机制

我国现有法律援助对象范围的形成，乃协调整合个体性的援助对象个人利益与全局性的社会治理需求的结果。一般法律援助对象，主要基于保障个人利益而设，不仅限定为贫弱群体，除刑事法律援助外，尚有严格的经济困难条件要求。重点法律援助对象，通常为规范性文件、地方性法规等所规定，其产生过程受社会治理需求因素影响，在经济困难条件审查、受理程序方面享有优待，具体如农民工、军人军属、退役军人等。社会治理需求在法律援助对象范围的扩展过程中扮演着举足轻重的角色，这是我国法律援助对象范围发展的鲜明特点。

一般援助对象个人利益与社会治理需求的未尽一致，使得"扶危济困"与"社会治理"两方面价值目标间的协调与平衡，成为我国法律援助对象范围得以生成的逻辑主线。在这种逻辑下，我国法律援助对象范围的扩展，尤其是重点法律援助对象的确定，往往要考虑现时社会问题和社会治理需要。新的社会群体被明确为法律援助对象或被确定为重点援助对象，不仅因为自身的贫弱处境，还与其牵涉的社会问题、社会治理重心等相关。由于社会现实情况复杂多变，亟须应对的社会问题、治理重心等亦因时、因地而变。相对稳定的法律、行政法规难以满足政府灵活因应确定法律援助对象的需要，因而更为灵活便宜、制定成本更低

的地方性法规、规范性文件等就成了理想的选择。国务院、相关部委不断出台规范性文件对法律援助对象,尤其是重点法律援助对象进行明确;地方政府通过制定地方性法规规定有地方特色的法律援助对象,都是政府灵活应对法律援助对象事宜的体现。

我国法律援助对象范围的生成机制,实质上是政府在坚守法律援助"扶危济困"的制度底色基础上,充分考量"社会治理"需求,从而在追求两方面价值目标的兼顾中,借助低效力层级、低制定成本的法律文件将新的社会群体纳入援助对象乃至重点援助对象的过程。在社会治理需求的影响下,我国法律援助对象范围的生成机制是灵活因应的。新援助对象的明确、重点援助对象的确定、法律援助资源的分配等,与社会问题、社会治理重心紧密相关。这种因地制宜、灵活实用的法律援助对象范围生成机制,其优势和短板都是明显的。就优势而言,在确定法律援助对象范围时,这种生成机制将社会问题、治理需要等加以考虑,不仅灵活、因应时事,还有助于解决社会问题、维护社会稳定、促进社会发展。从短板来说,首先,由于该种生成机制中,社会治理需求的影响较大,可能减少一般贫弱群体获得法律援助的机会;其次,动辄给予对社会治理有较高价值的特殊群体以程序、资源上的倾斜可能面临公平性上的质疑;再次,这种灵活的机制,一定程度上牺牲了制度的稳定性;最后,该机制对热点社会问题、社会治理效能的关注,可能使得日常多发但案情简单的案件当事人更易获得援助,而复杂疑难案件的当事人却可能成为被遗忘的少数。

(二)法律援助对象范围生成机制的优化建议

在当前的法律援助对象范围生成机制下,社会治理需求因素对法律援助对象的确定,尤其是重点法律援助对象的确定影响较大。这既是法律援助制度设立之初,大变革、大发展的社会环境使然,又是政府立足于全局性的社会公共利益考量的结果。在经济体制改革如火如荼、工业化和城镇化快速发展、社会急速转型的时代,法律援助制度的构建者赋予其在维护社会稳定、护航经济发展等社会治理方面的功用,当然有其正当性。但随着经济社会的发展,公众对于法治、平等、公正等价值的追求愈加强烈。当前在确定法律援助对象或重点法律援助对象时,更应注重一般援助对象的个人利益与全局性的社会治理需求间的平衡。既有的法律援助对象范围生成机制,固然在提高治理效能、维护社会稳定、促进社会发展等方面成效显著,但亦存在有损一般法律援助对象个人利益、公平性欠缺、稳定性不足、忽视少数群体等亟待完善之处。具体改进建议,陈列如下:

1. 破除思维路径依赖、深化法援责任意识

《法律援助条例》第 3 条规定"法律援助是政府的责任",而新出台的《法律援助法》第 2 条则规定国家为法律援助制度的建立者、负责人。由政府责任到国家责任的转变,既是法律援助立法的亮点,也说明立法者对于法律援助认识的深化。[①] 然而,徒法不足以自行,即便有法律的确认,亦不意味着该认识会自动为人所接受。我国法律援助制度构建过程中,先后出现过法律援助是律师责任、是慈善事业、是福利待遇等不同认识。这些认识在公务人员、法律援助从业人员、社会公众之中,还保留着或多或少的影响。这可能导致在相关政策法规

---

① 参见顾永忠:《我国法律援助制度的创新与发展》,载《中国司法》2021 年第 12 期。

的制定、执行过程中,相关参与人员倾向从社会治理需要出发,而对贫弱群体个人利益的关注不足,乃至忽视法律援助制度的"扶危济困"制度底色。由是,应当通过宣传引导、理论教育等举措,深化公务人员、法律援助工作者、社会公众对法律援助乃国家责任的认识,使之在参与制定、实施相关政策法规时能够审慎考量一般法律援助对象的个人利益,而非仅着眼于热点社会问题的解决、整体社会治理效能的提升。

2.提升文件效力层级、规范政府决策行为

在既有的法律援助对象范围生成机制下,规范性文件、设区市地方性法规等法律文件可增加新型法律援助对象、明确新的法律援助重点对象。规范性文件、设区市地方性法规的效力层级、制定成本相对较低,能够满足政府灵活处理法律援助对象相关事宜的需求。明确新型法律援助对象、确认重点法律援助对象等事项,事关法律援助资源的分配,影响其他一般法律援助对象的切身利益。政府在法律援助对象范围的确定方面,存在社会治理、公共利益考虑本属正当。然而,在制定成本相对较低的情况下,存在为满足社会治理需求而轻率调整法律援助对象范围的可能。从《法律援助法》第 2 条的规定来看,"符合法定条件的其他当事人"为法律援助对象范围留下了较大调整空间。从目前实践来看,部门规范性文件、设区市地方性法规等法律文件都可对法律援助对象事宜进行规定。这就为政府立足现时的社会治理需求轻易调整法律援助对象范围提供了空间。因而,只有提高政府出台相应法律文件的成本,才能使政府审慎决策,增强其行为的科学性、合理性。新出台的《法律援助法》,允许其他法律、法规、规章就法律援助形式、案件类型等事项作额外规定。[①] 参考上述规定,应将《法律援助法》第 2 条中"符合法定条件的其他当事人"中的"法定"限缩理解为"由法律、行政法规、省级地方性法规所规定",避免动辄通过设区市地方性法规、政府规章、部门规范性文件等随意调整援助对象范围。

3.引入司法利益标准、关注少数群体利益

既有的法律援助对象范围生成机制,侧重于关注与热点社会问题、社会治理重点相关的人群。此类热点人群往往因为数量较多、所涉社会问题较突出,而为社会公众所关注。政府相对有动力围绕此类人群展开作为,从而应对其所涉的社会问题、回应社会关切、维护社会稳定。然而,一方面,对于热点人群的偏重,可能使得本就被忽视的少数群体更加难以被注意;另一方面,热点人群虽然数量众多,但本身所涉法律问题可能相对简单,对其过分关注可能导致大量简单案件转化为法援案件,挤占本属有限的法律援助资源。

事实上,域外存在一种"司法利益标准",即只有在案件相对复杂且所涉利益较大,而当事人必须借由法律援助才能获得有效司法救济时,国家方才承担提供法律援助之义务。[②]《公民权利和政治权利公约》《欧洲人权公约》等国际公约在对刑事被告人的法律援助上,都明确规定了"司法利益"(the interests of justice)需要作为前提。[③] 欧洲人权法院在 Boner

---

[①] 参见《法律援助法》第 22 条、第 31 条。

[②] 参见[印]约书亚·卡斯特里诺、雷·墨菲:《法律援助问题:体制比较》,刘家安译,载《环球法律评论》2003 年第 4 期;彭锡华:《法律援助的国家责任——从国际人权法的视角考察》,载《法学评论》2006 年第 3 期。

[③] 参见《公民权利和政治权利国际公约》第 14 条第 3 款(d)项、《欧洲人权公约》第 6 条第 3 款(c)项。

诉苏格兰的案件中,阐释了评估"司法利益有此需要"的几个参考因素,包括案件复杂性、被告陈述案件的能力,罪行的严重性以及可能受到的惩罚。① 欧洲人权法院还通过判例确定了民事法律援助的"司法利益标准"。在 Airey 诉爱尔兰一案中,欧洲人权法院就《欧洲人权公约》第 6 条第 1 款进行了解释,②要求成员国为贫困的民事当事人指定免费的援助律师,同时又强调该款不要求成员国在所有案件中都必须向穷人提供免费法律服务,如案件简单、当事人无须律师帮助即可获得公正审判时,成员国不负提供援助律师的义务。③ 由是,欧洲人权法院在确认了成员国的法律援助义务的同时,又强调了只有在那些案情复杂、有无法律援助将产生重大影响的案件中法律援助才是必须的。

参考域外的"司法利益标准",与热点人群相关的部分案件可能并不具有法律援助之必要,还有部分案件则应在援助形式上有所限制。以农民工群体的劳动案件为例,其中大部分案情简单、标的不大,本可通过法律咨询、代拟文书等援助形式解决,而无须由代理这一成本高昂的援助形式处理。故而,应当调整现有机制下对热点群体的侧重,在明确新的法律援助对象、确定重点法律援助对象时,引入司法利益标准以权衡其必要性、针对性调整援助方式,从而使那些数量较少、易受忽视的复杂疑难案件当事人得以分享法律援助资源。

4.坚守经济困难要件、审慎给予程序优待

法律援助本是国家向贫弱群体无偿提供法律服务的一项制度,"扶危济困"是其根本属性。随着制度实践和理论认识的发展,除去经济困难原因外,生理上的残障群体、文化上的弱势群体、少数特殊案件的当事人等被纳入了法律援助对象的范围。④ 生理上的残障群体、文化上的弱势群体等被纳入,其原因在于因生理、文化等方面的欠缺而无法独自寻求司法救济。然而,总的来看,经济困难仍然应是绝大部分援助对象获得法律援助的必备要件。在法国,尽管可申请法律援助的主体包括本国公民、欧盟公民、长期合法居住的外籍人士、总部位于法国的非营利法人等,但财产状况仍是决定申请人能否获援的主因。⑤ 在我国香港特区,只有涉及违反《香港人权法案条例》《公民权利和政治权利国际公约》的案件,才可突破经济困难条件限制给予当事人以法律援助。⑥ 在我国现行的法律援助对象范围生成机制下,相关规范性文件、地方性法规等动辄免除农民工、军人军属等重点援助对象经济困难审查,可能有损其他一般法律援助对象的权益,存在公平性上的欠缺。不论是新型法律援助对象的

---

① 参见彭锡华:《法律援助的国家责任——从国际人权法的视角考察》,载《法学评论》2006 年第 3 期。

② 《欧洲人权公约》第 6 条第 1 款规定:"在决定某人的公民权利和义务或者在决定对某人确定任何刑事罪名时,任何人有理由在合理的时间内受到依法设立的独立而公正的法院的公平且公开的审讯。判决应当公开宣布。但是,基于对民主社会中的道德、公共秩序或者国家安全的利益,以及对民主社会中的少年的利益或者是保护当事人的私生活权利的考虑,或者是法院认为,在特殊情况下,如果公开审讯将损害公平利益(the interests of justice)的话,可以拒绝记者和公众参与旁听全部或者部分审讯。"

③ See Airey v. Ireland, Judgment of 9 October 1979, Application No. 6289/73, ECHR, Series A: Judgments and Decisions, No. 32, para. 26.

④ 参见黄东东、魏兰:《经验与启示:比较法视野下的民事法律援助范围》,载《重庆社会科学》2018 年第 9 期。

⑤ 参见刘帅克:《法国、荷兰法律援助制度改革情况及启示》,载《中国司法》2014 年第 11 期。

⑥ 参见香港特区《法律援助条例》第 5AA 条。

明确,还是重点法律援助对象的确认,经济困难条件审查都应审慎,毕竟法律援助制度本质上应围绕那些无力购买法律服务的贫弱主体展开。与此同时,政府基于社会治理需要而对特殊对象的照顾,则可通过赋予受理、审查、指派等方面的程序优先权来实现。[①]

结 论

《法律援助法》第 2 条将"经济困难公民"和"符合法定条件的其他当事人"列为法律援助对象,为法律援助对象范围的扩展留有较大空间,无疑具有积极意义。然而,在援助资源相对有限、援助需求持续攀升的情况下,援助对象范围的扩张未必有益于法律援助事业的有序发展,也可能导致援助资源的不当分配。考察我国法律援助对象范围的流变历程,可知农民工、军人军属、退役军人、警察等有着不同特性、遵循不同划分标准的概念,纷纷被规范性文件、设区市地方性法规等低效力层级的法律文件纳入民事法律援助对象范畴。整个流变过程,在整体呈扩展趋势的同时,又展现出无序扩展、理论认知滞后实践发展、政策导向明显等鲜明发展特征及潜在问题。这些特征、问题的背后成因,是我国法律援助制度在"扶危济困""社会治理"两方面上的多重价值目标,以及其作为扶助贫弱的法律制度与社会治理工具的双重属性。在"社会治理"需求的影响下,既有法律援助对象范围的生成机制,一方面要坚守法律援助"扶危济困"的制度底色,另一方面又须充分考量"社会治理"需求,因而只能在多重价值目标的动态平衡中逐步扩展法律援助对象的范围。在既有法律援助对象范围生成机制下,"社会治理"需求对于新类型援助对象的纳入、重点法律援助对象的确定影响颇大,这虽有助于提高治理效能、维护社会稳定、促进社会发展,但也存在公平性欠缺、稳定性不足、忽视少数群体等有待完善之处。当前,公众对于法治、平等、公正等价值的追求愈加强烈,更应注重法律援助"扶危济困"的制度底色与现实的"社会治理"需求间的综合平衡,因而宜对既有法律援助对象范围生成机制予以优化。具体优化措施可从深化有关人员对法律援助本质的认识、提升可调整法律援助对象事宜的法律文件效力层级、引入司法利益标准调控法律援助对象范围变动、坚守经济困难作为法律援助要件等几方展开。

[①] 《关于加强退役军人法律援助工作的意见》明确将退役军人作为重点援助对象,但并未免除经济困难条件审查,只是规定对于退役军人的申请,优先受理、优先审查、优先指派。此种安排可资借鉴。

论我国短线交易归入制度的完善[*]

蒋悟真[**] 蒋文琪[***]

摘要：短线交易归入制度起源于美国《1934年证券交易法》，该制度旨在通过对公司内部人的短线交易行为予以事先规制，来预防内幕交易行为的发生。我国《证券法》第44条引自美国短线交易归入制度，在实际适用上，仍存在着主体认定标准不清晰、交易行为认定方法狭隘、权益归属与计算方法不明、未发挥配套股东代位诉讼制度相应功能等缺陷。针对我国短线交易条款在立法设计与实施标准上存在的争议，应从法理与实践视角展开对短线交易归入制度的功能再定位，认清短线交易归入制度在整个现代公司治理层面上的具体设计思路架构，了解该条款的实际价值在于规范公司内部人对公司事务的控制权，有针对性地对我国短线交易条款进行理论完善与规则重塑，以期填补该制度在适用层面存在的漏洞，使该制度真正融入我国证券法体系当中。

关键词：证券法；短线交易条款；公司治理内部人；归入权

On the Improvement of the Short Term Transaction System in China
Jiang Wuzhen Jiang Wenqi

Abstract：The system of short swing trading is originated from the Securities Exchange Act of the United States in 1934, which aimed to prevent inside trading by regulating insider short swing transaction in advance. Article 44 of Chinese Securities Law is quoted from it. But there are still some defects involved in it, such as fussy standard of

---

[*] 文章DOI：10.53106/615471682024120039006。
[**] 蒋悟真，华南理工大学法学院教授、博士生导师，研究方向：经济法、财税法学、社会保障法、法律经济学。电子邮箱：jiangwuzhen@163.com。
[***] 蒋文琪，华南理工大学法学院硕士研究生，研究方向：证券法、公司法、市场秩序法。电子邮箱：844969094@qq.com。

subject identification, narrow method of transaction identification, ambiguous ownership and interest calculation, and lack of corresponding faction of shareholder subrogation system. In view of the controversy on the legislative design and implementation standard of short swing transaction clause of China, we should reposit the function of the short swing transaction disgorging system from jurisprudence and practice, to understand the specific designed structure of short swing transaction disgorging system at the whole modern corporate governance level, and to understand the actual value of this clause lies in standardizing the control power of the insiders to company affairs. In order to cover the shortages of the implications of the system, the short term transaction clause of China should be improved and reshaped.

Key words: securities law; short swing transaction prevention; corporate governance insiders; right of disgorgement

引言：短线交易归入制度的发展现状

短线交易归入制度来源于美国《1934年证券交易法》第16条(b)项。短线交易，是指上市公司持有股份5%以上的股东、董事、监事、高级管理人员，在6个月内，将本公司股票或者其他具有股权性质的证券买入后卖出，或者卖出后买入的行为。短线交易归入制度的实质，是用事前手段限制大股东与董监高等特定投资者的内幕交易行为，保护中小投资者的利益。

早在全国性证券交易所成立之际，我国就注意到了证券市场的短线交易问题。国务院1993年发布的《股票发行与交易管理暂行条例》引入了对短线交易行为的有关规定。随后，1998年我国首部《证券法》颁布，专门于第42条对短线交易归入制度进行了规定，其中将从事短线交易的适用主体仅限于"持有上市公司股份5%以上的股东"。2005年《证券法》第47条将短线交易归入制度的适用主体范畴进行了拓展，将"上市公司董事、监事、高级管理人员"纳入考量。2019年《证券法》第44条从对象、客体、行为、行使主体、法律后果、配套制度等多个层面对短线交易归入制度作出了统合性规定。2023年7月，证监会发布的《关于完善特定短线交易监管的若干规定（征求意见稿）》（以下简称《若干规定》）对该制度予以进一步细化，详细规定了特殊情形下短线交易行为认定标准，包括特定短线交易制度适用主体范围、特定身份投资人持有证券计算标准、特定股票转让的豁免规定、境内机构及外资的相关适用标准等等。

我国在实践中主要通过监管部门行政执法、交易所自律管理、上市公司行使归入权的方式来对短线交易行为进行规制，司法裁判机构则成为行为人与上市公司维护自身权益的最后一道防线。近年来典型的短线交易案例包括"华夏建通科技股份有限公司诉严琳短线交易证券纠纷案"（"华夏建通诉严某案"）、"深圳市康达尔（集团）股份有限公司诉林志等短线交易收益纠纷案"（"康达尔案"）、"浙江九龙山国际旅游开发有限公司不服中国证券监督管理委员会金融行政处罚案"（"九龙山国旅案"）等，暴露出实践层面主客体认定、行为要件、权益归属等多方面的争议。同时,鉴于短线交易条款实质上是通过一种"粗略而实际"的规制方式机械适用于有关行为,不少学者就制度的实施成本与有效性提出了质疑,乃至有学者认为应废止短线交易归入制度。① 这些现状反映了短线交易条款存在融入我国证券法律体系的障碍,需要从功能与规则层面对制度予以重新审视。本文拟从短线交易条款的规则构造出发,分析当前制度所存在的具体问题,在此基础上对短线交易归入制度进行功能审思与适用规则重构的探讨。

一、我国短线交易归入制度的现存困境

我国对作为"舶来品"的短线交易归入制度采取了美国法上"粗略而实际"的规制方式,只要认定内部人在6个月内从事了短线交易行为,公司就可行使短线交易归入权,将内部人从事短线交易所得收益归入。该种方法较为简便易行,且举证难度小,在《证券法》制定之初可较好地与我国证券业发展早期环境相兼容,具有一定的合理性。随着我国证券市场的不断繁荣,内部人短线交易情形愈发复杂,往往超出了法条表面的规定,我国《证券法》上短线交易条款经多次修订,而现今《证券法》第44条内容却仍然粗疏,《若干规定》尝试补齐特定短线交易归入制度的短板,但对相关内容依旧未予明确。我国短线交易归入制度的现存争议,主要集中在主体、交易行为及收益计算方式的认定,以及股东代位诉讼制度难以发挥作用几个方面。

(一)主体认定标准模糊

短线交易行为主体的确认是实践中的主要争点,核心问题在于静态身份认定结果与动态行为间的冲突,即在"买入"与"卖出"行为具体发生时点横跨了行为人身份资格变更的情形下,如何判定其是否为短线交易行为主体的问题。根据在交易时点身份要求标准的不同,短线交易主体认定总共分为"一端说""两端说"与"折中说"三种方法。

"一端说"认为,在买入和卖出的任一时点,当事人如具有相应的内部人身份,即可判定为从事短线交易行为的主体。"九龙山国旅案"是适用该学说的典型案件:2007年11月6日,浙江九龙山国际旅游开发有限公司(以下简称九龙山国旅)与日本松冈株式会社(以下简称日本松冈)签订协议,约定由前者承接后者所持有的上海九龙山股份有限公司(以下简称上海九龙山)之股份,双方于2009年1月13日完成受让上海九龙山66254198股A股的过户登记手续。同年3月2日至6月5日,九龙山国旅减持该股份,共减持上海九龙山B股41716867股,其持股比例由15.25%缩减为11.58%,盈利人民币84436801.34元、美元21875496.15元。2011年12月13日,证监会作出处罚决定,责成上海九龙山追回短线交易

---

① 参见曾洋:《修补还是废止?——解释论视野下的〈证券法〉第47条》,载《环球法律评论》2012年第5期;申惠文:《论短线交易归入权的存废》,载王保树主编:《中国商法年刊》,法律出版社2014年版,第323~325页;汤欣:《法律移植视角下的短线交易归入权制度》,载《清华法学》2014年第3期。

收益84436801.34元,并对九龙山国旅处以10万元罚款。九龙山国旅不服,向证监会申请行政复议,证监会维持了处罚决定,后又向北京市第一中级人民法院提起行政诉讼,法院支持了该处罚决定,之后此案经历了二审和再审,最终最高人民法院维持了原判决。①

"两端说"要求当事人只有在买入和卖出两个时点上都具有内部人身份,才可认定为短线交易主体。"华夏建通诉严某案"体现了这一观点:2009年4月17日严某通过法院组织的公开拍卖,以竞买方式获得华夏建通科技股份有限公司(以下称华夏建通)的限售流通股份3000万股(占总股本7.89%),随后华夏建通董事会发布公告,该公司流通股可于同年6月1日起上市流通。上市日当天,严某在上海证交所卖出其所持有的1900万股份(占总股本4.998%),华夏建通要求严某按照证券法规定,将买卖后收益归入公司,双方协商未成,华夏建通提起诉讼。此案判决中法院采取了与前一"九龙山国旅案"截然相反的认定方法,法院认为,被告严某在进行"买入""卖出"行为前并不符合原《证券法》第44条所规定的"持股5%以上"的特定主体身份,严某通过竞卖股票获得持股5%的股东身份,之后受到短线交易归入制度的规制,但持股期间内,没有进行另外的买入行为操作,因此,无法与后一次卖出行为构成一组反向交易。虽然两次股票买卖行为都是6个月内作出的,但第一次买入行为的效果不应作重复评价,仅使严某具备短线交易行为的主体身份,因此严某的行为不构成短线交易,故驳回华夏建通的诉求。②

"折中说"认为,身份认定标准应根据内部人身份的不同而有所区别,对于董事、监事、高管,由于其直接参与公司经营管理,更容易知悉和滥用内幕信息,应对其适用更严格的"一端说"进行身份认定与规制;而对于持股比例达10%以上的股东,可采用较为宽松的"两端说"来认定其身份。我国目前尚无采用"折中说"的案例,该做法主要流行于美国:(1)对董事、监事、高级管理人员采用"一端说"。美国法院规定,在短线交易主体认定上,只要在买入或卖出的一端具有董监高的身份,就可构成短线交易行为主体。例如,行为人于1月1日就任某公司董事,次月买入该公司股票,而于3月1日辞职,4月1日将股票卖出。买入股票时其具有董事身份,卖出时已不作为该公司董事,也应适用归入权。此外,据美国SEC规定,如果董事于1月1日买入股票,2月1日离职,其自1月1日起半年内的交易仍需申报,以利于归入权之追踪行使。(2)对持股超过10%的股东采用"两端说"。美国《1934年证券交易法》第16条(b)项明确规定,对于持股超过10%股东的身份认定,需在其买入卖出之时,均满足持股比例达10%以上的要求,才有归入权之适用。美国联邦最高法院在股东身份认定上也严格遵循"两端说"的标准。在Reliance Electric Co. v. Emerson Electric Co.一案中,③被告Emerson Electric Co.于1967年6月16日以公开收购的方式取得Dodge Manufacturing公司13.2%的股份,随后不久,Dodge公司的股东决议与原告合并,被告发觉其无望接管Dodge公司,决定处理掉该股份。被告总共分两次卖出股票,第一次卖出时间发生在8月28日,卖出后其持股比例降至9.96%;次年9月11日,其将剩余股份卖给了Dodge公司。

---

① 参见最高人民法院(2015)行提字第24号判决书。
② 参见上海市卢湾区人民法院(2009)卢民二(商)初字第984号判决书。
③ See 404 U.S. 418 (1972). Choper, Coffee & Gilson, *Gases and Materials on Corporations*, Aspen Publishers, 2004, pp.523-528.

美国法院认为,只能对被告 8 月 28 日的买卖适用归入权,由于被告于次年 9 月 11 日进行股票交易时,其持股比例降至 10% 以下,已不具有短线交易主体身份,故而不能行使短线交易归入权。尽管被告的做法旨在逃避法律,但这是法律已事先预见并且可以容忍的。法律之所以规定持股比例须达 10% 以上,及 6 个月期间这两个限制条件,目的就是为股东进行股票交易留下一定的自由空间。进一步地,在 1976 年 Foremost-McKesson,Inc. v. Provident Securities Co.①案中,美国联邦最高法院对短线交易持股 10% 以上群体确定了更加严格的身份认定标准,认为其必须于买入前持有超过 10% 以上的股份,才能构成短线交易上"买入"行为的主体。

总体而言,笔者认为"折中说"这一认定方式具有较为充分的合理性。由于短线交易归入制度的目的旨在防止内幕交易,对于直接参与公司运转的上市公司董事、监事、高管,他们比一般股东更容易掌握上市公司的内幕信息,对其进行事先预防的优先级显然更高一层,因此适用"一端说"标准更为合适。而对于持股 10% 以上的股东,由于其只是通过持股间接介入公司事务,较于董监高,掌握内幕信息的范围及可能性较小,所以可适当放宽限制范围,在主体认定上适用"两端说"。

(二)交易行为认定方法狭隘

我国《证券法》第 44 条规定,短线交易的客观行为表现为 6 个月反向交易,从行为构成上,一是需要具有反向买卖的交易要素,二是要在 6 个月内发生反向买卖的行为,即需满足 6 个月的交易期限。我国证券法仅规定了在"买入后 6 个月内卖出"或者"卖出后 6 个月内买入",而在买卖行为的具体界定上,对于"买""卖"行为方式应如何认定?是否只限于现金交易?证券法对此并没有给出明确的定义。《若干规定》于第 5 条就买卖行为的概念问题作出了补充:只有通过支付对价,导致持有证券数量增减的行为,才能被认定为短线交易买卖行为。对于以往监管实践中被认定为具有短线交易风险的情形,如股权期权的行权与激励限制性股票的授予、登记,被明确划定为非短线交易行为并列入该规定的 11 种豁免情形当中。这一豁免安排固然是考虑到这类证券交易的特殊性质,如果机械地适用短线交易归入制度,势必会影响业务的正常开展,徒增市场成本。但是在这些交易行为当中,仍然存在着短线交易的风险,这是一个无法回避的问题。因此笔者认为,单以现金交易方式界定买卖行为,实质上是对短线交易的行为范围的限缩,不利于短线交易条款规制作用的有效发挥。

在交易行为认定方式上,美国已发展出一套完善的交易认定标准。美国《1934 年证券交易法》对买卖行为的界定十分宽泛,"买"包括任何买入股票及以其他方式获得股票之行为,"卖"包括任何卖出股票及以任何其他方式处分股票之行为。依据该项定义,除现金买卖外,尚包括以物易物等"非正统交易"。② 实务上,法院对以现金买卖股票予以非正统形态的

---

① See 423 U.S. 232 (1976). Choper, Coffee and Gilson, *Gases and Materials on Corporations*, Aspen Publishers,2004,pp.527-528.

② 参见刘连煜:《现行内部人短线交易规范之检讨与新趋势之研究》,载《公司法理论与判例研究(二)》,1998 年自版,第 204~205 页。

买卖的情形,相应适用不同的标准。对于现金买卖适用"客观方法",对于非正统形态的买卖则适用"实际方法"。

1.客观方法:Smolowe v. Delendo Corp.(1943);Park & Tiford, Inc. v. Shulte(1947)

对于现金买卖股票行为,美国法院坚持客观认定标准。在1943年Smolowe v. Delendo Corp.一案中,第二巡回法院认为,根据法律的条文,只要发生了证券交易,就被认定为买入或卖出,而不考虑内部人从事交易的理由,不问是否在集中交易市场买卖,不论其是否获得或利用内幕信息。① 此案确立的观点被之后Park & Tiford, Inc. v. Shulte案所采纳,第二巡回法院据此将Shulte案中被告把优先股转化为普通股的行为,认定为短线交易条款规定之中的"买入"。②

2.实际方法:Kern County Land Co. v. Occidental Petroleum Corp.(1973)

由于客观方法对短线交易行为的界定过于宽泛,任何交易行为,只要被界定为第16条(b)项规定之"买入""卖出",即应承担法律责任。美国法院逐渐在一些新型案件之中引入"实际分析"方法。这种方法实际上是将一些特殊的、不存在滥用可能的案件排除在第16条(b)项的适用范围外,尤其是在界定非正统的"买入""卖出"行为方面:对于非正统形态的买卖,如果内部人在进行短线交易时有利用内幕信息并可借此牟利的可能性,该行为就可纳入第16条(b)项的范围中进行考察,否则,这种非正统交易就不应该受该条的约束。

美国最高法院通过Kern案,创造了以正统交易和以非正统交易为区分的对于第16条(b)项之二元适用路径,结合Kern案之后产生的一系列司法判例,美国法院现今对短线交易行为认定大致遵循如下方式:(1)判断该交易行为属于正统交易还是非正统交易,对于前者适用客观方法,对于后者适用实际方法;(2)非正统交易一般是指"非自愿交易",主要包括前文提及的股票转换、因合并而换发新股等交易形式;(3)在适用实际方法的前提下,被告如果能证明自身不具有获取内幕信息的可能性,则对其行为予以豁免。③

(三)权益归属和计算方式不明

短线交易所得收益为股票反向交易所得的差价,如果仅有一组相匹配的买卖交易,其收益计算就非常简单。但证券交易是一种非固定性交易,在短线交易中,反向买卖的交易对象往往并不是同一组股票,难以通过一一对应股票买入卖出的价格来计算收益。基于股票买卖的复杂性,产生了多种短线交易收益计算方法,基于不同匹配方式的计算方法所得收益,实际金额差距不小。

我国《证券法》第44条仅规定短线交易所得收益归公司所有,但未明确收益的计算方法,在证券监管实务中,收益的计算方法也不尽相同,从世界其他国家的实践来看,常见的计算方法有以下几种:

---

① See Smolowe v. Delendo Corp., 136 F.2d 231 (2d Cir. 1943).
② See Park & Tilford, Inc. v. Shulte, 160 F.2d 984 (2d Cir. 1947).
③ See Kern County Land Co. v. Occidental Petroleum Corp., 411 U.S. 582, 594 n.26 (1973).

1.同一鉴定法

这一方法也称作股票编号法,通过把6个月内买入的股票编入编号予以严格区分,在卖出该股票时,将卖出价减去买入价以计算收益。这种计算方法的弊端显见:其一,在证券交易普遍实行计算机自动撮合和交易无纸化的今天,以这种方法计算短线利益是不现实的。其二,即使对股票进行了编号,短线交易者也可以选择交割不同种类的股票,轻易地逃避法律规制。这种计算方法对于打击短线交易行为明显收效甚微。①

2.平均鉴定法

通过以买进各笔总金额与卖出各笔总金额之差计算利益。该方法允许内部人在6个月内进行交易,盈亏互抵。如有盈余,才为短线交易利益。

3.先进先出法

通过以短线交易在法定期间内先买入的股票与先卖出股票的价格进行匹配以计算收益,这种计算方法的缺陷是有可能使短线交易人在先卖出后买入股票的情况下免受短线利益归入制度的规制。

4.最高价减最低价法

这种计算方法是先列出6个月内所有买入与卖出各笔股票的交易,将买入股票最低价与买入股票最高价相匹配,计算两者间差价;按照这个顺序,直至匹配到单笔买入价交易额超过买入价为止,停止匹配并计算短线交易收益总和。由于实际中内部人所得的收益往往少于计算出的收益,某些情况下甚至能导致内部人实际发生亏损的情况下仍能计算出所归入收益。该方法的特殊性在于其并不考虑短线交易人的损失以至整个期间交易总量的平衡,着重强调对短线交易人的惩罚性质,最能发挥威慑效果。

(四)未发挥股东的派生诉讼价值

短线交易归入权行使的主体首先是公司董事会,当董事会怠于行使归入权时,可由股东进行督促并提起代位诉讼,落实短线交易归入权的行使。该制度设立的目的是保护公司股东、维护公司利益。但是,在我国有关实践中,少有公司股东主动提起代位诉讼,导致此项法律规定几乎形同虚设。为何股东代位诉讼归入权的行使无法落到实处?究其原因,主要如下:

1.股东信息闭塞

股东无法全面及时知悉内部人短线交易行为的发生是阻碍其行使代位诉讼的重要原因之一。一般说来,知悉内部人从事短线行为的途径主要有三种:监管部门行使监管职能;公司的自查通报;短线交易行为人的自我报告。就公司行使归入权而言,本质是行使一种民事行为,自然不依赖监管部门的行政监管,后者只是一种事后监管,从短线交易行为发生到监管发现要经历一段较长的时间,且经查处发现的短线交易行为较实际情况仍是个例,不能做到万无遗漏。

按理说,比起其他人员,公司(董事会)最充分掌握内部人证券交易情况,更容易知晓内

---

① 参见冯建平:《短线交易及归入权的若干问题探讨》,载《法律适用》2004年第7期。

部人是否从事了短线交易行为,因此归入权的行使有赖于董事会下的自然人。但在公司结构中,内部人与董事会之间的关系甚为密切,董事会很可能受制于内部人的掌控而选择不披露内部人的短线交易行为;除此以外,披露短线交易行为可能导致公司股价的波动,故而董事会即使经发现查出,也倾向于选择不披露,即使披露,也只是选择披露所涉金额较少、对公司影响不大的短线交易行为,所公报的行为人从事短线交易的理由也是归结为内部人或其家属的误操作等等。短线交易行为不被发现或不被披露,股东自然无法提起派生诉讼。

2.缺少激励机制

在当前制度下,由于提起代位诉讼需要花费大量的人力及金钱成本(尤其在涉诉行为涉及较大金额的前提下),即使胜诉,也须由公司或短线交易行为人承担最终的诉讼费用,有能力负担这项资金的股东比例并不多。同时,任何代位诉讼股东都不能获得短线交易归入的全部收益,该收益首先归入公司,公司根据股东在公司的出资份额而非监督绩效进行分配,如果行使代位诉讼的股东在公司中所占股份份额不多,即使收回短线交易的收益数额巨大,所获得的利益也不多。而且市场多是抱有"搭便车"心态的股东,自己不行动而等待其他股东提起代位诉讼,以期获得最有利的结果。在这种集体行动的影响下,小股东即使发现了内部人从事短线交易,也缺少作出进一步监督行为的激励,不会提起股东派生诉讼。

二、短线交易归入制度的功能审思

(一)短线交易归入制度的存废之争

在率先通过确立短线交易归入制度来禁止内幕交易行为的美国,短线交易条款自立法之初就备受美国证券业理论与实务人士争议,作为规制内幕交易行为的"前哨",该条款"粗略而实际"的制度设计对于预防内部人从事内幕交易行为具有极大的威慑效果,但在实践运用中始终被人诟病。假使公司内部人从事了短线交易,而并未利用内幕信息,这并不构成内幕交易行为。如某位大股东买入公司股票后于6个月内在应急情况下将股票卖出,他在此过程中并未知悉内幕信息,当然不构成内幕交易。可按照短线交易条款的规定,不论内部人是否实际利用内幕信息,对其从事短线交易所得收益应一律收归公司,这种机械适用的方式对行为人来说未免不近情理,在实质上显得不公平。正因为短线交易归入的法律制度存在着缺陷,一场漫长的争论就此在美国证券界蔓延开来,诸方理论与实务人士均参与其中,一部分美国民众对短线交易归入制度大加挞伐,一名议员的评论生动地表达了抗议者的观点:"这一条文无异于为了灭鼠而烧毁整座粮仓。"在这些批评的带动下,美国证券业曾于1941年和1964年向国会发起过请愿,请求废除短线交易归入制度,但最终都未获得国会的采纳。

具体而言,反对者对于短线交易归入制度的批评,可归纳为以下几点:(1)对上市公司内部人而言,短线交易条款过于严厉,以至于成为内部人行使证券合法权利的束缚,且美国日后发行的关于制止内幕交易行为的新法,如内幕交易禁止制度,在规制内幕交易行为上具有更明显的效果。(2)条款上6个月期间的设定并无特殊含义,在立法上欠缺周延。(3)短线交易条款容易诱发代位诉讼滥诉的情形,由于胜诉律师可获取大额律师费用,因此该条款的实际受益方是辩护律师。(4)短线交易条款对于没有使用内幕信息进行交易的上市公司内部人而言有失公平。

针对上述反对短线交易归入制度者的观点,亦有赞成短线交易条款的支持者站出,一一展开了相应的反驳:(1)"短线交易条款对上市公司内部人的规制过于苛刻"的理由不成立,其他替代制度不能取代短线交易归入制度。(2)短线交易制度的6个月期间的设置只是一个划定的概念,其范围并不如批评者所指出的那样毫无作用或具有明显不合理性。(3)以容易诱发代位诉讼滥诉,作为废止短线交易条款的理由,明显有限制公民基本权利之嫌。(4)短线交易归入权制度的设立目的旨在维护证券市场公平交易,保护外部投资人利益,即通过牺牲内部人个体利益来保障证券市场整体公平。

客观来说,短线交易规制反对方的观点有一定合理性,尤其是其看到了短线归入制度在成本效益、具体期间设置上的问题,也提出了相应的反内幕交易行为的替代方案。但是,他们忽略了短线交易归入制度所具有的另一个重要功能,通过对潜在违法者的威慑,可以阻止一部分潜在的内幕交易行为,以维护投资大众对整个证券交易市场的信心。唯有投资者合理信赖证券市场公平稳定运作,他们才能安心将资产投入市场进行交易。反之,如果放任内部人频繁发起短线交易操作,将打破证券市场投资人的信心,一旦投资人丧失对市场的信任,就只能通过"用脚投票",选择离开市场,证券市场将不可避免滑向萎缩。因此,美国证券法教授罗斯(Loss)指出:"假如游戏规则容许某人在牌上作记号,那么还有谁愿意继续玩这种游戏呢?"①从维护证券市场公正的角度看,短线交易归入制度有其"象征意义",它至少能使得证券市场"看起来公平",所以,不应草率废除该制度。

(二)短线交易条款功能再定位的背景分析

短线交易归入制度自引入我国以来,早期亦曾作为规范我国证券市场良好运行的"前哨"。近年来,伴随着我国相关证券法规的进一步完善,关于短线交易归入制度是否和其他法律相冲突,是否已经可以被其他法规取代或覆盖,是否还有继续存在的必要等争论,在学术界层出不穷。有些学者针对短线交易条款存在的不足,参照美国经验提出了废止制度的建议;如曾洋教授与申惠文教授都主张,在内幕交易反欺诈规则日趋完善的背景下,短线交易归入制度应以废止为宜;②汤欣教授认为短线交易条款来源于美国法律的移植,就目前我国交易市场的情况来看,短线交易归入制度"没有十分明确的移植动机"且"未引起立法者足够多的重视",在法律适用上,还与内幕交易法规存在冲突,应该以事前申报或公告制度代替之。③

---

① Loss, *Fundamentals of Securities Regulation*, Little Brown and Company, 1983, p.669.转引自郑顺炎:《证券内幕交易规制的本土化研究》,北京大学出版社2002年版,第13页。
② 参见曾洋:《修补还是废止?——解释论视野下的〈证券法〉第47条》,载《环球法律评论》2012年第5期;申惠文:《论短线交易归入权的存废》,载王保树主编:《中国商法年刊》,法律出版社2014年版,第323~325页。
③ 参见汤欣:《法律移植视角下的短线交易归入权制度》,载《清华法学》2014年第3期。

关于短线交易条款的司法争议,笔者已在前文部分进行过详细阐述,在短线交易条款的适用方面,我国相关司法纠纷出现数量较少,法院缺少较为统一的法律适用思路,也未像美国一样,发展出短线交易条款的实际适用方法,这导致法院在审理司法案件的时候,往往就一个问题适用不同的认定标准出现"同案不同判"的现象,如我国法院长期存在的,有关短线交易主体认定的"一端说"("九龙山国旅案")和"两端说"之分歧。尽管我国法院也尝试克服短线交易条款机械适用的弊端,在案件审理时依据不同情况具体分析后再作出认定,但目前还没有形成如实际方法一般较为连贯的裁判思路,涉及许多关键问题的认定方面,如原告是否应证明滥用内幕信息实际存在、案涉过程是否存在信息滥用的可能以及交易两端持股比例是否均需满足 5% 以上等,我国司法裁判还没有得出明确结论。

事实上,前述关于短线交易条款的存废之争,以及在适用过程中产生的疑难,矛盾都产生于一个观点之上:仅将短线交易归入制度认定为一项反内幕交易制度。诚然,短线交易归入制度最初的立法动因是为了预防内幕交易,但在短线交易归入制度设立、实施、调整的过程中,也有专家与学者从另一个角度探讨短线交易归入制度的功能定位,如 Victor Brudney、Henry Manne、Michael Dooley、Frank Easterbrook 和 Daniel Fischel 等学者曾提出,短线交易归入制度除了防范内部人通过信息滥用进行内幕交易外,还具有反操纵的功能。[①] 对于该制度功效的质疑及适用过程中出现的种种疑难,笔者认为,其单一功能的定位正是上述争议的根源所在,如果能在理论上对短线交易条款的功能定位进行重构,就能以多重视角进行考察以检验制度的真实存在价值,同时为其找到新的适用规则构建思路。

(三)公司治理层面的功能定位探讨

若单从传统框架下维护证券交易信息公平的视角考察,短线交易条款的设计不免在解释上存在缺憾:其一,短线交易归入制度规定的适用对象仅为公司内部人,无法涵盖公司所有的内幕信息知情对象,据美国学者 Robert Half 的研究,掌握公司重要财政信息的下级员工可能会有意推延该信息的传递进程,以便于自己在公司证券交易中牟利。[②] 为何短线交易条款不将包括雇员在内的内幕信息知情人纳入规制对象?其二,该制度通过由公司行使归入权收回短线交易获利金额,对于短线交易行为的直接受害者,如受行为影响的证券交易相对方,没有给予其合理的补偿请求权。这一乍看存在着逻辑漏洞的救济手段,似乎与私法

[①] See Victor Brudney, Insider Securities Dealings during Corporate Crises, *Michigan Law Review*, 1962, Vol.61, No.1, p.8; Henry G. Manne, *Insider Trading and the Stock Market*, Free Press, 1966, pp.9-10; Michael P. Dooley, Enforcement of Insider Trading Restrictions, *Virginia Law Review*, 1980, Vol.66, No.1, pp.57-59. Frank H. Easterbrook, Daniel R. Fischel, *The Economic Structure of Corporate Law*, Harvard University Press, 1991, pp.272-273.

[②] See Robert J. Haft, The Effect of Insider Trading Rules on the Internal Efficiency of the Large Corporation, *Michigan Law Review*, 1982, Vol.80, No.5, pp.1054-1055.

的基本原则相抵触。①

如果从公司治理层面进行探讨,上述疑虑便迎刃而解。短线交易归入制度不仅是一项反内幕交易规则,也与反操纵与公司治理相挂钩,公司内部人除利用内幕信息从事交易外,还可通过操纵公司事务与释放虚假信号,使得公司股价发生变动而为自己创造牟利机会。该制度在设计上将范围限制在能对公司政策产生足够影响的内部人,由公司行使归入权,以代表公司对内部人不当管理公司行为的威慑与惩戒,从这个角度解释,由公司行使归入权收回获利所得,总体而言最为合适。

下面笔者将结合现代公司治理理论,以诠释新型模式下短线交易归入制度的多重功能定位属性——不仅是规制内幕交易,也可推进上市公司有序经营管理体制的建立。

1. 契约精神与诚信精神的要求

过去我们在谈论短线交易归入制度时更多地是从负面防弊的角度来讨论它的实用价值,而较少正面地理解其立法动机。以下我们试图在现代公司所有权与管理权分离的背景下,从公司经营者与所有者之间所建立的契约关系角度,进一步拓展短线交易归入制度的法理基础,并分析这一制度对于建构良性的公司运营环境与人人受益的市场秩序的长期正面效果。

现代公司采用经营权与所有权分离的运作形式,投资人作为股东将资本委托给富于管理经验的专业人士经营管理。投资人与经营者的关系不同于传统企业的雇主与被雇佣者的关系,而是赋予管理者非常大的决策权与灵活性。管理者名义上只是为投资人"打工"并领取佣金,投资人仍可通过董事会、监事等公司上层架构参与和监督公司的运作,但实际上由于资本市场的复杂性与变化性,作为市场门外汉的股东更多地依赖管理者的专业知识与管理经验作出决策。这种资本+管理技术的模式已被证明为最为行之有效的现代公司运行制度,但这一制度可能的风险在于,一方面管理者与投资人的利益并不完全重合,另一方面股权的分散使得公司盈利的受益人是一个集体而不是单独的个人,因而存在管理者或个别投资人试图利用制度漏洞实现个人利益的可能。为避免这种吃里爬外、损公肥私的情况出现,就需要从制度上强化管理者与投资者以及共同股权人之间的契约关系,并从利益上将公司内部各个个体的利益追求引向一荣俱荣、一损俱损的共同利益上来。

从法律上讲,公司的所有人与经营人之间的关系是一种信托或委托关系。所有者将资本委托给经营者并给予其充分的信任,而经营者在接受这种信托时事实上也承诺他对资本所有者的责任,以实现资本盈利的最大化为长期目标,双方合作的前提是这样一种契约关系。从这个角度而言,无差别归入权既可以看成是公司对经营者权力的约束,以防止经营者通过短线交易的方式实现其个人利益,也可以看成是经营者对信托人的一种法律责任,以规避经营者滥用投资人所信托的经营权损公肥私的可能。而归入权时间区间的设置,并不排斥经营人参与公司证券的长线交易行为,因为这种长线交易行为对市场公正的影响较小,且

---

① 参见孟俊红:《从私法角度看短线交易归入权制度之不足——兼评〈证券法〉私法旨趣之匮乏》,载《河南社会科学》2005年第4期;张弓长:《短线交易归入权制度的不足及其重构》,载史际春主编:《经济法学评论》第16卷,中国法制出版社2016年版,第149~150页。

有利于培养公司内部的利益共同体观念,符合公司在市场上实现盈利最大化的长期发展目标。

2.多重视角下的新型功能定位

1987年,美国众议院联邦证券规则委员会(the Committee on Federal Regulation of Securities)成立一个工作小组,就短线交易归入制度的立法宗旨进行了探讨,通过细查该制度的适用状况,最终认定该制度仍在为公共政策目标服务、维护证券市场稳定方面发挥不可取代的作用。工作小组汲取各方人士意见,对短线交易归入制度的功能定位进行了一种全新阐释,将该制度理解为蕴含着一种宏大的立法设计,可发挥反内幕交易、反操作及改进公司治理三项功能。我国学者对此框架进行进一步梳理,将其命名为"三位一体"构造模式。[1] 这种新型的、以多重功能定位为基础的短线交易规制框架,较于传统的、单一规避内幕交易的功能定位,具有更大的阐发空间,下文拟就这一新型理论框架,对短线交易归入制度的多重功能定位展开分析。

(1)反内幕交易规则

短线交易归入制度的直接功能是防止内幕交易行为,尽管一直有学者对该制度的存在报以质疑,但笔者认为短线交易归入制度仍然是一项有效的反内幕交易规则。这可归于以下两点理由:其一,短线交易条款对内幕交易行为主要起预防性的作用,其成效不能直接从结果发现,因此容易产生效果不佳的错觉。事实上,一项针对美国《证券交易法》第16条(b)项的实证研究表明,该规则的确减少了内幕交易的数量及内部人从中获取的利润总额。正如 John Coffee Jr.等学者所指出的,虽然有关短线交易归入制度的案例报道并不多见,不过很可能是由于大量的相关违法行为已被事先制止了。[2] 其二,短线交易归入制度可较好地兼容于证券市场的实际交易状况,难以被其他替代方案所取代。相较于短线交易条款,内幕交易反欺诈规则的确在打击范围上更加精确,然而该制度的具体实施效果完全依赖于所能获取的证据,在执法资源有限的情况下,内幕交易反欺诈执法活动只能适用于影响较大的案件,而短线交易条款通过对短线交易行为进行规制,起到对潜在的内幕行为的震慑作用,正好可弥补反欺诈规则的短板。另一理想替代方案(交易前披露制度),由于证券市场的非理性,提前披露相关的信息,恐引发证券市场波动,从而给予投机人牟利的空间,在我国证券监管体制尚未完全成熟的情况下,该制度不具有实施的可能性。

(2)反操纵规则

除反内幕交易之外,短线交易条款还是一条反操纵规则:制止公司内部人操纵公司股票价格使股票短期内发生错误估值,以防止内部人从中牟利。因为内部人除了能利用未披露的内幕信息进行交易外,还可以通过主动介入公司的事务管理来操纵股票价格,进行短线交易。内部人掌握公司决策权后,可能会故意采取使公司股票短期内价格波动的政策,给自己创造交易条件,只要能预计到信息在市场披露后的反应,就可借此寻找到有利的交易机会,

---

[1] 参见李有星、周冰:《短线交易条款的功能定位与适用规则重构》,载《苏州大学学报(法学版)》2022年第2期。

[2] See John C. Coffee, Jr. Hillary A. Sale & M. Todd Henderson, *Securities Regulation*: *Cases and Materials*, 13th ed., West Academic, 2015, p.1221.

如,内部人可以故意主导公司采取暂时压低股票的不良政策,同时低价买入股票,然后更改政策,待公司股票重新上涨时,再将掌握的公司股票卖出,内部人在整个过程中就通过股票的低买高卖获取了利益。

内部人操纵公司股价以牟利的前提是其必须在短期内从事了两个相反的交易,否则市场会逐渐将股价矫正回应有的水平。短线交易条款通过直接剥夺公司内部人于短期内进行反向交易的机会,消除了内部人操纵公司股价牟利的可能性,能够显著地减少内部人操纵公司事务的行为,这就是短线交易归入制度反操纵功能的体现。

(3)公司治理规则

如前文所述,现代公司治理的核心问题是如何确保公司内部人有效履行忠实义务,以保障外部投资人的利益。管理层可能会将自身利益置于公司与股东利益之上,或做不到勤勉尽责地管理公司,这正是公司治理规则需要解决的问题。通过规制内部人的交易行为,短线交易条款能对上市公司的经营管理产生积极影响。

短线交易归入制度对公司治理的改进体现为其禁止管理层对公司股票进行短线操作,但允许其能够从公司股票长期价格交易中获利,以激励管理层提高对公司股票长期价格的关注度。在治理公司时,管理层会更愿意采取促进公司股票价格长期上涨的政策。从这种角度分析,短线交易归入制度实际上是一条具有引导效果的软约束制度,可引导内部人利益追求与公司长期价值目标相一致,使其更尽职责地为股东利益服务,以保障投资人及公司整体利益。

三、我国短线交易归入制度的规则重构

前文已探讨了短线交易归入制度的功能定位解释与现代公司治理的契合性,事实上,在我国《公司法》中已存在相应的、关于公司内部人股份转让的实质性限制规定,包括公司董监高任职期间的转让数量限制、于公司上市之日起1年内的禁止转让规定。[①] 这一条款的立法目的或多或少可与短线交易归入制度相联系,即通过限制公司董监高转让所持有的公司股份,来加强董监高利益与公司利益的一致性,同时预防内幕交易行为。可见,以包括公司治理在内的多重功能视角来解读短线交易归入制度,是符合我国当下制度实践,也容易与其他法律规范相衔接的。而短线交易条款适用规则的构建,也需要在新的理论基础上进行重新定位设计,方能充分发挥其制度功能属性。目前我国的短线交易条款,即《证券法》第44条,内容上还是不够完备的,不能很好应对复杂多变的现实情况。为了使我国短线交易条款充分发挥其制度价值,笔者建议从以下几个方面加以完善。

(一)适当扩大短线交易主体的认定范围

短线交易主体的认定,有所谓静态身份与动态身份之分,交易主体的动态身份是指

---

① 参见《公司法》第160条。

主体在从事短线交易过程中或交易前后身份的变化,关于这一动态身份认定的三种方式,即"一端说""两端说"与"折中说",前文已有分析。这里主要就主体的静态身份进一步论说。

短线交易主体为董事、监事、高级管理人员及持股5%以上的股东。在对于短线交易主体静态认定上,我国通常以名义标准,依据内部人头衔、职位,而非按其实际所从事的职能,对内部人身份进行界定。虽然名义标准界定清晰,操作简便,却无法与内部人实际职能相符,而使一部分名义上虽不具备特定人身份称谓,但实际却行使该职位职能的内部人逃离出短线交易条款的规制,利用内幕信息从事短线交易。名义标准适用的漏洞主要见于对董事、监事及高级管理人员的认定上,对于持股5%以上的股东身份认定影响不大。而以实际标准进行认定,可以全面真实地反映内部人的持股情况,弥补名义标准认定的不足,防止内部人通过采用其他手段规避制度的适用。该标准也比较灵活,满足了司法实务的需求,可以达到短线交易归入制度的立法本意,充分保护投资者的合法权益。

1."董事""监事"的认定

我国法上对"董事""监事"的认定可见于《公司法》第106条之规定,董事、监事由股东大会产生,并对其负责,董事是公司权威的管理人员,对内管理公司内部事务,对外代表公司从事经济活动,是公司的外在形象,而监事是监督人员,负责执行公司章程规定的监督职责。

从名义上看,董事、监事必须由股东大会选取产生,并行使管理与监督公司运行的职权。在实际工作当中董事、监事的称谓与职能不一定完全匹配,目前我国的公司中至少存在三种情况:第一种情况是董事、监事名实相符;第二种情况是董事、监事挂名而不负责;第三种情况是一些不具备董事、监事头衔的人却行使董事、监事职责。

就以上三种情况而论,第一种类型的董事与监事理所当然地成为短线交易归入制度规制的对象。在第二种情况下"有名无实"的董事和监事,是否应将其归入短线交易之规制范围,争议较多。依笔者之见,应以其对公司事务的实际参与及有无可能得知公司的内幕消息,来作为判断的依据,具体包括:有无在公司内的表决权、是否能通过董事会议知悉公司内部消息并利用该信息从事股票买卖等,如果其符合限制条件,则应认定为归入权规制的对象。第三种情况最值得警惕,行为人虽不具有相关名分,但实际上履行着相关职责,参与公司的管理,如果将其排除出短线交易归入权的行使范围,难免有人钻此空子,故自然应将其纳入规制对象之中。因而笔者以为,判断的依据应重实而非重名,视行为人是否实际参与公司的管理,是否分享公司内幕消息并以此牟利,依此判定行为人的交易是否属于短线交易归入权的行使范围。

2."高级管理人员"的界定

根据《公司法》第217条的规定,公司高级管理人员是指公司的经理、副经理、财务负责人、上市公司董事会秘书和公司章程规定的其他人员。但在实际情况中,许多不属于上述范围的公司职员,在公司中仍然处于机要的位置,并有可能利用其职权之便谋取私利。如果单纯依靠头衔来确认行为人的职权便利,并不准确,所以在实际认定中需灵活考虑。如美国SEC在规则16(a)-1中,将高级管理人员定义为"一个发行人的总裁,主要财务官,主要审计官(或管控员,如果没有此种审计官的话),该发行人的掌管主要营业单元、分支或职能(诸如销售、行政或财务)的任何副总裁,履行政策制定职责的任何其他官员,或为发行人履行类似政策制定职能的其他任何人"。

因此,在界定短线交易条款中"高级管理人员"时,应通过现象看本质,按行为人的实际职责与权力而非头衔来确定其是否为实质上的高级管理人员,并按照参与公司管理决策的程度,预知公司内幕的深浅来判定其行为是否应受规制。

(二)厘清短线交易的计算规则

1.受益所有人与持股权益归属的认定

短线交易归入的本质在于剥夺交易人在交易中的受益,因而明确交易的受益人是行使归入权的前提,按归入权的规定,不法受益人是指利用公司内部信息从事交易的内部人,而在实际的案例中,证券监管者发现:为逃避短线交易条款的规制,内幕交易的主体往往利用他人的名义进行交易,如配偶、子女、亲属、合伙人等,这种转移交易人的方式使得内幕交易更难以被发现。为应对这种情况,美国《1934年证券交易法》采取"受益所有人"概念来对内部人持股进行计算,即凡利用配偶、未成年子女、共同生活的家属或利用其他人名义持有股份的,均应纳入计算范围。除非内部人的配偶或子女在经济上独立于内部人、拥有独立的账户且在从事证券交易时独立作出决定,内部人才不被认定为受益者。

在借鉴美国法的基础上,我国新一版《证券法》于2019年修订时引入了"受益所有人"这一概念,于第44条增加一项规定:"前款所称董事、监事、高级管理人员、自然人股东持有的股票或者其他具有股权性质的证券,包括其配偶、父母、子女持有的及利用他人账户持有的股票或者其他具有股权性质的证券。"从而扩大了短线交易的规制范围,加强其规制效果。

2.收益计算方法的选择

短线交易归入相当于"没收"内部人通过短线交易所得的非法收益,在实际操作中必然涉及对其收益的计算。《证券法》对此没有明确规定,而在新出台的《若干规定》第12条的"收益计算"中提到:特定短线交易行为所得收益的计算方法,由证券交易所或全国股转公司具体规定。由于证券交易的复杂性,不同的计算方法计算出来的收益差距较大,计算方法的选择也往往引发争议。比如说美国法院在短线交易制度设立之初,就采用了最高卖价减最低买价的方法,这种方法其实就是把交易收益计算至最大,带有惩罚和吓阻的性质,但有时也会因为夸大收益而引起诉讼争议,比如在"康达尔案"中,康达尔公司主张用此方法计算被告林志等人的短线交易收益所得,被告方则主张采用平均成本法,两方计算得出的结果差别较大,最终都没有获得支持。而平均鉴定法则可能低估复杂交易的最终收益,从而使内幕交易人在收益归入之后仍有利可图,也有悖于制度设计的目的。因而我们在选择计算方法时,要从立法的目的出发,既要最大限度地防范内部人的非法交易行为,也要避免夸大收益。笔者认为,先进先出法充分考虑到证券市场的价格波动,计算结果更加接近于实际收益,可以在计算短线交易收益时优先采用。

(三)唤醒股东派生诉讼制度的功能

1.完善信息公开制度

提高股东派生诉讼的可行性的前提是增加股东知悉内部人短线交易行为的可能性。在这方面,目前我们需要按《证券法》的规定完善大股东持股报告制度,以及做好内部人证券交易账户的监管等,鉴于短线交易公告披露了大量内部人亲属从事的短线交易行为,也应当对内部人亲属的账户实施监管,这是内部人及其亲属处于极易获取内幕信息的地位所应当承受的,内部人权益变动的信息披露也是公开、公平原则的内在要求。

2.设立股东激励措施

股东提起代理诉讼需要付出成本并存在风险,即便胜诉,股东也不是回收收益的直接受益人,这种情况抑制了股东起诉的热情,因而各国与地区在这方面都采取了相应的激励措施,比如日本于1993年修改商法时,将股东代位诉讼定性为非财产诉讼,案件受理费收取金额固定且较低,该制度的实施促使案件数量不断增加。[①] 美国设置了"诉讼担当制度"来激励股东提起代位诉讼,股东和代理人双方签订协议,书面约定代理人应先提前支付诉讼的各项费用,如果败诉,由代理人承担败诉损失;如果胜诉,双方按比例分配诉讼收益。[②]

鉴于我国现阶段律师的执业环境和诉讼地位有待优化和提高,美国的"诉讼担当制度"所需土壤尚未成熟,而对于我国台湾地区的"团体诉讼制度",则缺乏相应的激励机制,很难寻求合适的团体作为代位诉讼的主体。作为政府机构的证监会,并不能作为短线交易归入权代位诉讼的主体。而日本的做法则比较简便,推行起来也没有难度,可予以借鉴,即将股东代位诉讼归为非财产诉讼,收取固定金额且较低的受理费;或者借鉴我国民事诉讼法中的"诉讼救济"制度,[③]股东提起代位诉讼,可以申请缓交或者免交诉讼费用,以此提高股东的诉讼积极性。

结　语

短线交易归入制度作为一种源自美国的"粗略的经验法则",在引入我国之后经过不断完善,对于引导我国股票市场的健康发展起到了积极作用。但就理论层面而言,其价值定位仍欠清晰,其规则的现实应用也还存在一些问题。本文主要试图从反操纵与公司治理层面拓宽短线交易归入的价值定位,并对实践层面的主体认定,收益计算方法与如何激发股东的代理诉讼积极性等问题提出了一些看法与建议。关于短线交易内部人的静态身份,《证券

---

① 参见郑顺炎:《证券内幕交易规制的本土化研究》,北京大学出版社2002年版,第191页。
② 参见赵威:《证券短线交易规制制度研究》,载《比较法研究》2004年第5期。
③ 《中华人民共和国民事诉讼法》第118条第2款规定:"当事人交纳诉讼费用确有困难的,可以按照规定向人民法院申请缓交、减交或者免交。"

法》第 44 条与证监会发布的《若干规定》都在"董监高"与持股 5%以上股东之外,还将范围扩展到他们的"父母、配偶、子女"以及其他被利用来持有的人,本文以为美国《1934 年证券交易法》采取"受益所有人"概念值得借鉴。既要考虑到部分名义董事事实上不能参与内部信息而应加以排除,也要防范一些不具备名义身份而实质上参与公司内幕的隐蔽"内部人"。在内部人的动态身份认定上,笔者建议采取"折中说"认定方式,根据不同身份交易人的具体情况折中处理。目前我国短线交易规则的功能定位需要从单纯的"防弊"转向更加积极正面的公司治理层面的价值,从而激发股东的参与性与监督作用。

酒驾治理困境的成因检视及路径纠偏[*][**]

——以法律与社会的关系为视角

徐 申[***]

摘要：作为社会治理工具的酒驾法律，有效地规制了酒后驾驶的行为。但是，酒驾治理在实践中也引发了诸多社会问题，主要表现为三点：一是醉驾案件数量持续保持高位，犯罪人数急剧攀升，加剧社会治理风险；二是酒驾治理更可能"锚定穷人"，相较于富人阶层，社会底层群体更容易落入醉驾的法网中；三是酒驾犯罪的标签效应给当事人及其家属带来严重的负面影响。要深刻理解这些问题产生的原因，不仅要从法律工具主义的视域，观察酒驾治理在实践中的具体形态，分析行政部门的执法策略和动力，探索犯罪记录封存制度设计；也要看到作为社会镜像的酒驾法律，在农村社会与风俗习惯的紧张关系，并采用"定制法"的方式弥合社会关系的空间差异。

关键词：醉驾治理；一刀切式立法；锦标赛式执法；犯罪记录封存制度；定制法

Analysis of the Causes and Corrective Measures of Drunk Driving Dovernance Dilemma
—Based on the Perspective of the Relationship between Law and Society

Xu Shen

Abstract：Since drunk driving was criminalized by legislation, it has played an important role in regulating the behavior of drunk driving. However, drunk driving govern-

---

[*] 本文系司法部法治建设与法学理论研究部级科研项目一般课题"信息网络犯罪司法治理的中国实践研究"（项目编号：24SFB2011）的阶段性成果。
[**] 文章DOI：10.53106/615471682024120039007。
[***] 徐申，北京大学法学院博士研究生，研究方向：法社会学、数字治理、法律与标准问题。电子邮箱：377306494@qq.com。

ance has result in many social problems in practice, which are mainly manifested in three aspects: first, the number of drunk driving cases continues to remain high, and the number of criminals rises sharply, aggravating the risk of social governance; second, drunk driving governance is more likely to "anchor the poor", compared with the rich class, the bottom of society is more likely to fall into the legal net; third, the record of drunk driving crime brings serious negative effects to the parties and their families. In order to deeply understand the causes of these problems, we ought not only observe the specific form of drunk driving governance in practice from the perspective of legal instrumentalism, analyze the law enforcement strategy and motivation of administrative departments, and explore the design of criminal record sealing system. It is also necessary to see the drunk driving law as a social mirror, the tense relationship between rural society and customs, and the use of "personalized law" to bridge the spatial differences in social relations.

Key Words: drunk driving governance; one-size-fits-all legislation; tournament-style enforcement; criminal record sealing system; personalized law

一、导论：问题与方法

2023年12月18日，最高人民法院、最高人民检察院、公安部、司法部联合发布《关于办理醉酒危险驾驶刑事案件的意见》（以下简称《意见》）。《意见》对2013年"两高一部"《关于办理醉酒驾驶机动车刑事案件适用法律若干问题的意见》做了全面完善，提高了酒驾犯罪的入刑门槛，限缩了法律打击范围。[①]《意见》的起草既严格遵循了《中华人民共和国刑法》和《中华人民共和国刑事诉讼法》等法律的基本精神，也充分吸收了各地近年来在依法惩治酒驾醉驾方面进行的有益探索。《意见》的实施进一步统一了司法执法标准，同时根据酒驾危害性的差异，设置了梯次递进的酒驾治理体系，有助于更加科学地配置司法行政资源，对提

[①] 《意见》第4条规定："在道路上驾驶机动车，经呼气酒精含量检测，显示血液酒精含量达到80毫克/100毫升以上的，公安机关应当依照刑事诉讼法和本意见的规定决定是否立案。对情节显著轻微、危害不大，不认为是犯罪的，不予立案。"在办理酒驾案件的过程中，首先要求行政执法人员区分"低社会危害性"的酒驾行为，并在立案阶段对此类行为作出罪处理。此外，《意见》第12条，明确列举了"低社会危害性"酒驾的几种常见情形，并且适当提高了酒驾的血液酒精含量认定标准，由原来的不满80毫克/100毫升的血液酒精含量提高到不满150毫克/100毫升，促进酒驾的司法裁判标准更加科学化。此外，《意见》第13条，要求司法工作人员在酒驾案件办理过程中，综合考虑犯罪嫌疑人驾驶的动机和目的、醉酒程度、机动车类型、道路情况、行驶时间、速度、距离以及认罪悔罪表现等因素，提高了司法精细化水平。总的来说，《意见》收紧了酒驾法网，并对行政司法人员，在办理酒驾案件过程中出现的机械执法和教条司法等问题进行了纠偏，有效缓解了刑事法律与普通民众的紧张关系。

升我国酒驾治理体系的系统性、整体性、协同性、实效性具有重要意义。①

《意见》的发布记录了这个时代推进法治的努力,但也反映出刑法深度参与社会治理的局限性。从效果上看,近些年醉驾行为以及由此导致的交通事故都出现了较大幅度的下降。公安部交管局的统计数据显示,醉驾入刑11年来,每百辆车醉驾比例减少七成,②这说明,刑事立法的治理效果明显,实现了其规制目的。但是,酒驾治理在实践中也产生了诸多社会问题。首先,醉驾犯罪发生率居高不下,2019年曾一度成为刑事追诉案件数量最多的犯罪,每年将近有30万人被贴上犯罪标签;③最高人民法院、最高人民检察院的报告也显示2021年各级法院审结一审危险驾驶罪案件34.8万件,占全部刑案的27.7%。④ 其次,相较于富人阶层,酒驾治理更可能"锚定穷人"。根据最高人民法院的统计,2016年在酒驾犯罪群体中,农民和无职业人员占比高达75.3%;⑤2021年全国人大代表傅信平在两会中也透露,贵州省在2016—2018年酒驾案件中农民犯罪占40%以上。⑥ 最后,这些被贴上酒驾标签的人将终身处在犯罪亚文化群体之中,其延伸出来的职业受限、饭碗不保的诸多负面影响已然成为这个群体的隐痛。

国内对于酒驾治理的批评并不少见,主要是认为酒驾治理的覆盖范围过大、打击力度过严,出现了"犯罪扩大化"现象,进而引发诸多社会问题。但是却鲜有人追问为何最为严厉的刑事制裁无法形塑公民对法律的忠诚,为何人们会在现实生活中,不断地去挑战实证法的权威。要想回答这个问题,必须运用社会科学的知识和方法,对醉驾治理过程展开经验性研究。具体来说,文章首先回顾醉驾入刑的立法背景,指出其"一刀切式"的立法策略。同时,笔者深入闽北的某乡镇展开调研,廓清农村社会阻滞刑法威慑功能的原因。其次,围绕酒驾治理过程中的实践逻辑展开论述,揭示司法实践中存在的锦标赛式的醉驾执法。复次,讨论酒驾治理困境中的犯罪附随效应与牵连制度。最后,尝试分析酒驾治理问题的症结所在,并提出"定制法"的解决方案。需要说明的是,本文无意对醉驾入刑存废的合法性问题再做讨论,而是专注于法律适用/实施的合理性分析。⑦ 此外,之所以把酒驾问题放在乡村社会的

---

① 按照法律的规定,酒驾类案件包括两种情形:一种是当事人酒后开车,但是血液的酒精含量未达刑事犯罪标准,称为酒驾,属于行政违法行为;另一种是驾驶者血液的酒精含量达到刑事犯罪的标准,称为醉驾,属于刑事犯罪。本文仅讨论触犯刑律的醉驾情形,但是在日常生活中人们并不对两种情形进行区分,本文中的酒驾和醉驾指的同一含义,不对两个术语进行区分。
② 参见《醉驾入刑坚持生命至上,每百辆车醉驾比例减少70%以上》,https://baijiahao.baidu.com/s? id=1751084329958894554&wfr=spider&for=pc,最后访问日期:2023年10月5日。
③ 参见周光权:《论刑事一体化视角的危险驾驶罪》,载《政治与法律》2022年第1期。
④ 参见《"醉驾入刑"再引争议》,https://m.thepaper.cn/baijiahao_22154696,最后访问日期:2023年10月5日。
⑤ 参见《司法大数据专题报告之危险驾驶罪》,https://www.court.gov.cn/fabu/xiangqing/63162.html,最后访问日期:2023年10月5日。
⑥ 参见《全国人大代表傅信平:议"醉酒驾驶罪"增加"情节严重"条款》,https://baijiahao.baidu.com/s? id=1693487119575422650&wfr=spider&for=pc,最后访问日期:2023年10月5日。
⑦ 关于醉驾入刑的合法性问题的讨论,参见梁根林:《刑事政策与刑法教义学交互审视下的危险驾驶罪》,载《中国法律评论》2022年第4期;姜瀛:《我国醉驾的"严罚化"境遇及其结构性反思——兼与日本治理饮酒驾驶犯罪刑事政策相比较》,载《当代法学》2019年第2期。

语境下观察,固然是因为对乡村视角的考察有助于上述问题的解答,更进一步而言,今天的中国农村人口仍在总人口的比重中超半数,城乡之间的差别依然巨大,而这正是居住在城市的立法者和行政官员们所忽视的。

二、酒驾治理的立法逻辑:一刀切式立法

法律是社会的一种反映,所有的法律制度都与社会上流行观念、目标以及目的有密切的联系,①醉驾入刑亦是如此。因此,只有从醉驾犯罪化的立法背景出发,才能准确地理解法律原旨。醉驾入刑与当时社会舆论背后的民意需求有很大程度的关联,特别是2008年的成都"孙伟铭案"、2009年杭州的"胡斌案",以及南京的"张明宝案"。② 这几个案件或者因为"富二代"、豪车等标签,或者因为造成多人死难的严重后果,经过全国媒体的广泛报道,引起了社会的广泛关注。③ 所谓的"民意"便在"公共领域"④的讨论中不断被强化,于是人们便认为,想要遏制此类行为的发生,必须在源头上禁止酒驾。有鉴于此,立法机关建议全国人大常委会将社会危害严重、人民群众反响强烈、原来由行政管理手段调整的醉酒驾车、飙车等危险驾驶的违法行为规定为犯罪。⑤

此外,法律除了反映社会中人们的生活方式和社会公德外,还需要发挥维持社会秩序的作用,对于社会管理者而言,醉驾入刑是基于社会治理的现实需要。2010年前后,随着国内经济的高速发展和人民生活水平的提高,汽车逐渐成为重要的代步工具,汽车的保有量逐年提高,相伴而生的是违法驾驶行为及其所致的交通事故的频发。⑥ 据有关部门统计,当时的一线执法人员,年均查处酒驾已超100万起,并且酒驾所导致的交通事故数量也在逐年攀升。⑦ 因此,为了有效遏制酒驾违法行为,国家行政部门在《国务院关于加强道路交通安全管理工作情况的报告》中向全国人大常委会提出,研究在刑法中增设醉驾型危险驾驶罪,将道路安全法上的行政违法行为增设为危险驾驶罪主要侧重于交通风险控制上的结果本位向行为本位的前移。

---

① 参见[美]塔玛纳哈:《一般法理学:以法律与社会的关系为视角》,郑海平译,中国政法大学出版社2012年版,第2页。
② 参见利子平、蒋帛婷:《新中国刑法的立法源流与展望》,知识产权出版社2015年版,第489页。
③ 参见解永照、黎汝志:《醉驾犯罪化的问题与省思》,载《山东警察学院学报》2017年第5期。
④ 参见[德]哈贝马斯:《在事实与规范之间:关于法律和民主法治国的商谈理论》,童也骏译,生活·读书·新知三联书店2020年版,第223页。在哈贝马斯看来具有正当性的法律制定过程包括两个阶段:第一阶段,公共意见在一种非官方的"弱公共领域"中形成,随后进入第二阶段,公共意见进入正式的立法机构这样的"强公共领域",并在此完成法律实证化工作。
⑤ 参见李适时:《关于〈中华人民共和国刑法修正案(八)(草案)〉的说明》,2010年8月23日在十一届全国人大常委会第十六次会议上提出。
⑥ 参见王爱立:《中华人民共和国刑法条文说明、立法理由及相关规定》,北京大学出版社2021年版,第409页。
⑦ 参见孟建柱:《国务院关于加强道路交通安全管理工作情况的报告》,2010年4月28日在第十一届全国人大常委会第十四次会议上提出。

2011年,《刑法修正案(八)》正式创设"危险驾驶罪",将醉酒驾车规定为"危险驾驶罪"的一种情形。其立法表述为,"在刑法的第一百三十三条后增加一条,作为第一百三十三条之一:在道路上驾驶机动车追逐竞驶,情节恶劣的,或者在道路上醉酒驾驶机动车的,处拘役,并处罚金"。值得注意的是,在修正案第一次审议稿中,对醉驾入刑还存在"情节恶劣"的限制条件,但在第三次审议时,公安部和国务院法制办等部门认为如果增加"情节恶劣"等限制性条件,在具体执行中难以把握,也不利于预防和惩处这类犯罪行为,故而未采用第一稿的规定。① 在修正案通过后,国家质量监督检查检疫总局联合国家标准化管理委员会,制定了《车辆驾驶人员血液、呼吸酒精含量阈值与检验》的行政法规,作为交警刑事执法的前置性规定。从此,只要血液酒精含量达到80毫克/100毫升就是醉酒,在此基础上驾车的,就一律构成犯罪。醉驾"一律定罪"的立法设计具有一定的合理性,彼时立法者对于我国一线的司法行政人员并不完全信任,他们担心酒驾规范在立法层面打开的口子,会给权力寻租留下空间,进而滋生腐败,导致司法实践中出现大量的"选择性执法",不仅威胁社会稳定,还可能导致人们对公权力的信任断裂。因此,"一刀切"的醉驾法律治理模式刻意忽略了社会空间的多样性与社会事实的复杂性,最为明显的是彼时中国城乡之间的差异。从酒驾治理的实际情况来看,尤其在农村社会,醉驾入刑对人们行为的规制功能阻滞,实施效果不尽如人意。

为深究其缘由,笔者深入农村社会调研,并选取一个具体案例进行分析。在此对调研对象基本情况和案情做一个简单的介绍:老黄是闽北某乡镇文化站的一名事业单位干部,2021年1月某天,老黄到村里参加村支部书记的饭局,饭后自己骑摩托车回家,在村道上碰到查酒驾的交警,测出血液内酒精含量超标,被认定为醉驾驾驶。可以说,老黄酒驾的案子在法律上极其简单,对于司法机关来说,办理这类案件就像拣土豆一样容易。但如果我们置身于老黄生活的农村社会来观察这个案子,会给我们提出许多富有挑战的问题,例如,酒驾治理在农村社会的实践逻辑,为何老黄会冒险醉酒驾驶?执法机关为何会在村道上抓酒驾?

理论上,实证法的内容来源于习惯和道德,那些与习俗道德一致的实证法也因为获得了人们的认可,而更容易得到人们的遵守,因而更加有效。② 本文尝试从一起具体的酒驾案件,考察农村社会中的酒俗文化和人们对酒驾行为的社会评价。笔者问老黄是否知道酒驾的法律规定,老黄的回答颇显"无奈":"知道,但村里喝酒少不了,(酒后)开车也没办法。"因为,在闽北农村,酒已融入村民们的日常生活,成为一种交往媒介,这与当地的气候和地理环境密切相关。闽北地区多以山区为主,光照充足,昼夜温差大,每年入冬早,持续时间长,部分地区还有霜冻降雪。如此的气候条件塑造了当地人独特的生产生活方式,春夏耕种水稻谷物,秋冬打理蔬菜果园。因蔬果不易长贮,祖辈们便想到用其酿酒,这样不仅解决了储存问题,酿制的土酒还可用于暖胃驱寒、招待客人,这种传统也一直延续至今。有了酒,农家人热情好客的淳朴性格就有了载体,请客喝酒也成为村民们密切联系(增进交往)、维系情感的重要纽带。

---

① 参见高铭暄、陈璐:《〈中华人民共和国刑法修正案(八)〉解读与思考》,中国人民大学出版社2021年版,第88页。

② 参见[美]塔玛纳哈:《一般法理学:以法律与社会的关系为视角》,郑海平译,中国政法大学出版社2012年版,第6页。

此外，在农村生活的场域中，请客喝酒是不能不去的，这与一种面子观念有关。村庄熟人社会是一个差序格局的亲密社群，在当地人看来，酒局的热闹程度可以反映主人在村里的人际关系水平和社区声望，到家里吃饭的人越多，主人越有面子。进而言之，面子观念尤其强调以下二端：其一，请的客人来不来，如果某个客人无故不参加，旁人会认为主人面子不够大，请不动对方。其二，来的客人有没有喝酒，客人到家中若不喝酒，说明主人不够热情、招待不周，也会驳主人的面子。可见，应邀做客是农村社会最基本的交往规则，而酒恰恰是此规则下无法隐去的交往媒介。因此，我们只有理解，通过外在环境形塑而成的酒俗文化，如今已嵌入村民的生活习惯和交往规则之中时，才能明白老黄的酒局为什么这么"频繁"，而且这种"频繁"在村民眼里十分常见，并且非常重要。

如果在农村社会，酒局是"躲不过"的，那么酒驾是否真的也"免不了"。为了判断老黄的酒驾行为是抱着侥幸心理实行的个案，还是村里普遍存在的失范现象，我们可将法律适用置于农村地区普遍的社会环境中加以考察。首先，由于法律的内在要求是"喝酒不开车"，而人们又有酒后出行的现实需求，因此二者在实践中构成了对立。在城市里，市场能够提供网约车、代驾等服务填补市民酒后出行的需求缺口，成功消弭法律要求与现实需求之间的对立关系。而农村社会，受限于地区消费需求不足，市场无法自发形成交通服务供给。当然退一步讲，即使有代驾、网约车等出行服务选择，对于农民群体来说，也要考虑他们的经济承受能力。于是，在农村社会，法律要求与现实需求二者的对立结果，只能是消融法律适用的普遍性，催生出酒驾行为的"农村例外"观念。

其次，相较于城市复杂的路况交通，农村地区的情况要简单许多，具体表现为"路宽、人稀、车少"三个特征。一方面，随着国家经济的发展和乡村振兴政策的施行，农村的基础设施建设得到了提高改善，道路增多变宽。另一方面，由于社会生产力的发展，城镇化进程加快，致使农村人口外流严重，人口变老减少。在这"一多一少"的背景下，酒驾行为在农村社会，逐渐成为观念里的通则而非例外。

再次，客观地讲，受生理因素的影响，不同人对酒精的耐受性并不完全相同。同样是血液酒精含量达 80mg/100ml 以上，对于经常饮酒的人来说，认识能力和控制能力可能并无多大影响；但对于城里人与不喝酒的人来说，则可能导致严重的行为失调，故而单纯以血液酒精含量作为醉酒的标准，并不能真实地反映饮酒量对人的实际影响情况。因此，在村民眼中，"喝点酒开车很正常"的看法并非对法律权威的刻意蔑视，而是从他们生活的环境中得出的结论。换言之，法律规定与农村传统生活方式的严重脱节，导致村民形成了一种与城市不同的社会观念和行为准则。在调研过程中，村支部书记甚至反问我："（警察）在村里抓什么酒驾？！"

醉驾入刑隐藏着功利主义的逻辑，醉驾入刑后，潜在的违法主体慑于严厉惩罚，考虑违法得不偿失，而不做违法选择，促使整个社会的违法总量降低。但是，作为规训人们行为的法律还应考虑到社会的空间差异（如表1），否则醉驾入刑就变成一场"城市居民试图将其生活方式施加给农村居民"的努力，即以城里人的标准重塑酒桌文化，建立一种严格的"喝酒不开车"的交通伦理秩序。正是这种用城里人的饮酒习惯来规范农村人、用城市道路的交通状况来评价农村道路、用城里解决饮酒与出行矛盾的办法适用农村地区的造法思维，导致醉驾入刑的文化培育功能在农村社会无法实现，并出现了一种规范性真空，最终造成实践中的观念分裂。此外,酒驾在农村社会已经成为生活方式的一部分,而法律要想否定这种社会生活方式,它所面临的压力可想而知。

表 1　酒驾行为在农村社会与城市社会的评价差异

风俗习惯	农村社会 生活方式	城市社会 社交方式
道德评价	中性评价 • 主观层面:不具有可追责性 • 客观层面:不具社会危害性	否定性评价 • 主观层面:具有可追责性 • 客观层面:具社会危害性

三、酒驾治理的实践逻辑:锦标赛式执法

法律既立,其执行即成关键。轻罪时代带来的最直接影响即是因"诉讼爆炸"而趋重的司法压力。通过研究犯罪结构的逐年变化,不难看出,近些年我国犯罪结构在轻罪、重罪的数量和比重上呈现明显变化,恶性、重大犯罪案件的数量和比重逐渐下降,而轻罪案件的数量和比重急剧上升,特别是作为典型轻罪的危险驾驶罪更是在数量和比重上位列所有刑事案件的前列。然而,犯罪并不是司法游戏,庞大的案件数量意味着国家要加大人力、财力、物力等司法资源的投入,巨大案件数量的背后是刑法参与社会治理的巨大社会成本。从整体上看,在司法实践中,由于酒驾案件数量激增并占用大量司法资源,导致基层司法机关案多人少情况愈发凸显。

在司法实践中,与其他刑事案件相比,酒驾犯罪通常被视为"完美案件"。对于法检来说,酒驾案件的刑法规定模糊性较低,法律适用如同"自动贩卖机"一样简单,只要确定行为人驾驶机动车时血液中酒精的含量,再与法律规定的阈值进行比较,便可完成起诉和审判工作。而对于行政执法部门而言,查处酒驾的执法成本极低,只须在道路上设卡,拦截过往车辆,随后用呼气酒精含量检测仪对驾驶人逐个筛检;若筛检发现有酒驾醉驾嫌疑的,再强制其做血液检测,超过法定阈值血检结果就是惩罚酒驾的铁证。[①] 因此,酒驾案件也成为公安机关执法频率最高、侦破数量最多的刑事案件。然而,酒驾案件数量的攀升除了与机动车保有量增长、驾驶人数增多等情况存在一定关联性外,还与官僚科层内部的运作机制有关。

一直以来,强调"排名"的绩效考核,被认为是一种调动工作积极性的立竿见影而且成本低的手段。通过评比排名、奖优戒后,将考核结果与工作人员的绩效奖金、领导的晋升提拔直接挂钩,在行政执法机关之间嵌入锦标赛关系,形成以完成执法任务为目标的争胜格局,促进同级科层之间的"竞争内卷"。行政部门作为现代管理组织,也面临着内部绩效考核的压力。但在农村社会,公安机关想要完成上级制定的考核任务,尤其是刑事案件指标,并不容易。原因主要有两点:其一,农村地区的年轻人口外流严重,村庄生活者以老年人居多,而

[①] 参见桑本谦:《如何完善刑事立法:从要件识别到变量评估(续)》,载《政法论丛》2021 年第 2 期。

老年人群体的犯罪概率普遍较低；此外，农村社会本质上还是一个熟人社会，其内部的价值标准、规范习俗能够发挥社会治理功能，有效维持一个稳定的村庄秩序，需要法律介入干预的情形并不多。其二，刑事案件存在侦查难度大、侦办周期长的问题，基层执法部门的警力配置又相当有限，因此常会陷入"案多人少"的困境。

然而，相较于其他刑事案件，酒驾案件"量多质优"，自然成为行政执法机关完成刑事案件指标的理想案源。具体来说，酒驾案件存在三个方面的"优势"：第一，案件的办理周期非常短，无须耗费一线侦查员太多的时间精力，一般来说，整个案件从侦办到送检，完成全部的流程仅需几周时间。第二，案件的取证相对简单，执法的效率高，办理难度低。并且，酒驾的结果是专业仪器认定的，消除了冤假错案的可能性，降低了一线办案人员和单位领导的责任风险。第三，行政机关在酒驾案件中严格公正的执法过程，容易在公众和媒体面前树立一种正面理性的形象。故而，在现有的考核模式下，酒驾案件的"完美"属性，激励行政机关将更多的执法资源向此类案件倾斜集中，导致一线执法者对酒驾犯罪"穷追猛打"，县域地区酒驾的案件数量居高不下，不降反升。

如前所述，为了完成指标任务，警察执法必须更积极，执法权行使必须更为主动；在酒驾案件中，这种主动性不仅体现在执法的频率上，更表现在严格执法的过程中。笔者访谈的一位对象是当地县区的执法警察，他介绍道，在开展酒驾专项执法行动前，领导会优先安排外地户籍的警察参与执法。一方面，外地人在本地区的人际关系相对简单，可以保证执法行动的消息不被提前泄露；另一方面也能避免熟人社会中的选择性执法。但是，酒驾执法也并非"不留余地"，实践中，当事人只要能在执法人员上传信息记录、开具处罚单据之前，调动各种关系，对执法人员施压，就存在逃避处罚的可能。总的来说，执法部门精心设计的执法策略，其目的不仅是为了保证执法的公正，也为了确保每次专项活动都有所"收获"，以顺利完成单位的指标任务。

当然，因为人的自然禀赋不同，不同群体的结构位置、社会影响力以及所拥有的机会结构存在差异，故而他们为自己争取利益的能力和事实上的权利也是不同的。在执法过程中，执法部门还是会"被迫"留有余地，让私人关系进入司法行政部门影响酒驾执法成为可能。此外，由于醉驾入刑不像其他法条规定有情节轻重之分，只要醉酒驾车就一律入罪，没有例外，因此这一缺口只能以法外的方式存在，执法者也失去了在部分醉驾临界现象上"让利"行为人的自由裁量权。在刑事案件绩效考核的重压之下，执法部门很难有动力主动在酒驾的构成要件上作出限制性解释，一些较为典型的危害轻微的醉驾行为，例如"短距离驾驶、代驾后挪车、隔夜酒"等情形都难以在立案阶段获得出罪的机会，甚至实践中还会出现行政违法与刑事犯罪的处罚倒挂。

法律的平等适用是为了排除精英阶级的特权，把一个相对普遍、社会成员各个阶层都有可能触犯的行为纳入法律，然后通过法律的实施去调整公民的行为和守法意识。但是，正如布迪厄所揭示的，事实上每个人掌握的"社会资本"处于不均衡的状态。[①] 精英阶层有充分保护自己的资源、手段和措施，底层的普通民众规避和解决酒驾的办法就相对有限。因此，从最终执法的结果来看，酒驾犯罪具有一定的"阶层性"，看似形式平等的执法过程，在实践

---

① 参见高宣扬：《布迪厄的社会理论》，同济大学出版社2004年版，第150页。

逻辑之中,却导致结果的不平等。在农村社会,酒驾规定就像是为底层社会的人们量身定制的法律,越是处在社会底层结构的人们,越容易落入酒驾的"法网"之中,平等适用的法律却加速了底层群体的"堕落"。

四、酒驾治理的制度逻辑:封存制度缺位

酒驾陷入治理困境的另一个关键,在于配套轻罪治理体系的制度不健全,导致刑法的过度标签化。在我国的传统刑法文化观念中,犯罪一词是极具贬义色彩的词汇,尽管规范层面上评价犯罪并没有夹杂过多的否定性主观色彩,但根深蒂固的社会性道德评价观念会将规范评价的负面影响无限放大,给行为人贴上终身化的犯罪标签。① 在实践中,这种标签效应首先体现在法律内部明确规定的犯罪记录制度中,对于犯罪人及其家庭成员而言,来自国家的规范性评价即被评价为有前科,让拥有犯罪记录的人,永久地被贴上犯罪的标签,丧失了几乎所有的正常从业的资格和权利。

按照现行法律的规定,公职人员因醉酒驾驶被判刑罚应给予开除处分。② 就拿老黄的酒驾案来说,县法院的判决书出来后,乡镇党委很快就作出了免去老黄事业单位干部身份的决定。所以,尽管酒驾的刑事处罚轻微,行为人对自己的罪犯身份认同度也比较低,但是醉驾的犯罪记录给行为人带来的附随后果,与杀人、抢劫等具有高道德谴责性的暴力性犯罪并无不同。除此之外,在县域农村地区,为了警示、震慑酒驾行为,还会对酒驾人实施额外的"软制裁",包括将刑事处罚结果与公民征信信息系统挂钩,形成所谓的联合惩戒机制,把醉驾人列为失信人员,"一刀切"式地否定犯罪人的社会信誉;③再比如,直接克减犯罪人所享有退休金、住房公积金以及福利待遇等经济性利益。老黄被单位开除后,其也不再享有农村户口低利率的贷款优惠政策,每月还要额外偿还银行几千元的贷款利息。

酒驾犯罪带来的漫无边际的附随后果,不仅破坏了当事人自己的生活安宁,其家庭成员也会受到实质的歧视或者排斥,在社会生活中被套上许多枷锁,连带承担种种不利限制。老黄说,他最担心的并不是最高 6 个月的拘役,而是对子女前途的负面影响。具体来说,酒驾犯罪对子女的影响主要体现在从业资格的限制上,例如子女丧失公务员考录资格、军警学校的报名资格以及入党参团资格等。虽然,在规范层面,我国《公务员法》《法官法》《检察官法》均未明确规定犯罪人的家属不得录用;但在实践中,政府机关招录公务员时,都会在政审环节要求本人出具直系亲属无犯罪记录证明,并且将父母犯罪视为公务员政审不合格的情形之一。然而,平等既是一项权利,也是法治社会的一项基本原则,在我国《宪法》《民法典》《劳动法》中均有相关规定。我国《宪法》第 33 条规定:"凡具有中华人民共和国国籍的人都是中

---

① 参见梅传强:《论"后劳教时代"我国轻罪制度的建构》,载《现代法学》2014 年第 2 期。
② 根据《中华人民共和国公职人员政务处分法》第 14 条第 1 款的规定:"因故意犯罪被判处管制、拘役或者有期徒刑以上刑罚(含宣告缓刑)的予以开除。"
③ 参见解志勇、雷雨微:《基于"醉驾刑"的"行政罚"之正当性反思与重构》,载《比较法研究》2020 年第 6 期。

华人民共和国公民。中华人民共和国公民在法律面前一律平等。"在当前的就业环境下,考公是很多年轻人尤其是大学生一个非常重要且前途光明的就业选择,如果因父母犯罪而禁止子女报考公务员,这涉嫌侵犯法律赋予公民的平等就业权,从而构成一种明显的就业歧视。要知道,在现实生活中,很多犯罪者本身也属于社会弱势阶层,考公对他们的子女而言,也许就是可以改变命运的为数不多的机会。

此外,在我国农村地区,酒驾犯罪的标签效应不仅体现在法律制度上,而且还存在于法律制度外部的社会性评价中。在乡土社会,贴有犯罪标签的群体往往被视为社区秩序的破坏者,受到村庄舆论的极力排斥。一方面,犯罪标签时刻提醒着周围的人们,这群人拥有"劣迹前科",对旁观者构成负面激励;另一方面,犯罪标签带来了消极的道德评价,使得犯罪者被村庄主流文化排斥而建构一种边缘身份。此外,在现实世界里,老黄还面临着巨大的生存压力,丢掉事业干部的公职身份后,其在当地经营的社会关系也开始破裂,乡镇工作的前同事们对其"敬而远之",很少照顾其饭店生意。因此,在失去主要收入来源后,老黄只能选择背井离乡,到城里打工赚钱。但是,与年轻的具有强烈市民化意愿的农民工群体不同,像老黄这类贴有犯罪标签的人是在无奈之下"被抛到"城里讨生活的。对于这部分群体来讲,正是刑罚衍生出的无形的制裁改变了他们的人生轨迹,致使他们"漂泊"他乡,陷入犯罪标签下的"亚生存危机"。

当我们说某条法律具有正当性时,我们不仅是从逻辑上推断的,更主要是从人们的正义直觉中推断出来的,对于刑罚分配的正当性判断亦是如此。对民众而言,虽然正义有着一张普罗透斯似的脸,变幻无常、随时可呈现不同形状并具有极不相同的面貌,但这并不妨碍我们对于正义的追求与不正义的排斥。在现实中,即使我们生活在乌尔里希所说的"风险社会",①对于因醉驾触犯刑律的人,法律也已令其承担与所犯罪行轻重相适应的刑事责任,这是正义的体现;但让一个已经刑罚执行完毕的人,再次承受除刑罚外更为严厉的一种"二次惩罚",而且是终生式的无期限惩罚,就有失公正了,这不仅与中国人传统的情理判断相悖,也与普通民众的正义直觉相违。此外,犯刑法的附随后果应当适度限缩,对于醉驾这样的轻罪来说,犯罪标签效应的辐射范围不应扩大到行为人的近亲属或其他密切关系人,对他人产生负面的影响。

可以说,立法者在造法时代入的是强人的角色,没有进入弱者的视野。酒驾的犯罪标签将行为人推向社会对立面,压缩了个人及其家庭的生存发展空间,使得他们融入社会变得更加困难。如今,每年将近30万人被贴上犯罪标签并承担过重的犯罪附随后果,这正是刑罚之剑用之不得其当,致使国家社会与个人家庭两受其害。因此,正是配套轻罪治理的犯罪记录封存制度缺位,不可避免地导致刑法的过度标签化,带来严重的社会对立等次生问题,不仅使犯罪人近亲属和其他家庭成员逐渐走向社会的对立面,形成新的社会不稳定因素,而且增加犯罪者本人的不满和愤恨,促使其再次犯罪。这也让笔者反思醉驾入刑的警示作用,当然并不是怀疑刑罚对普通大众的威慑,只是觉得这种威慑力的规制效果已然走向负面,所谓

---

① 参见[德]乌尔里希·贝克:《风险社会:新的现代性之路》,张文杰、何博闻译,译林出版社2022年版。本书把当前的现代性定义为"风险社会",我们身处其中的社会充斥着组织化的不负责任的态度,尤其令人不安的是,风险的制造者以风险的承受者为代价来保护自己的利益。

"人同此心,心同此理",当越来越多的人关注到社会底层群体,那被法律折叠的人生和悲惨的际遇,便会忘记醉驾入刑的积极意义,转而置疑法律的正当性。

五、有限的法律改革建议:轻罪法定制化

改革开放以来,中国社会经历了急剧性的分化解组和整体转型。然而,突然的变革必然会激化社会矛盾、产生诸多问题,于是在"社会主义法治建设"的名目下,法律在社会治理的实践中开始扮演起重要的角色。国家强调用法律来调整社会关系,规制人们的行为方式,以期一劳永逸地解决转型社会中的所有问题。酒驾治理亦遵循法律工具主义的实践逻辑,是刑法深度参与社会治理的具体表现。醉驾入刑在实践中产生的问题,国内学界多是从刑事政策的角度进行批评与省思的。这种分析思路正是建立在法律工具主义的传统之上,强调在风险社会的严峻考验下,刑法作为某种意义上参与社会管理的法律手段,而在实践中,酒驾治理的问题仅仅在于行政司法机关简单机械的执法和适法,由此导致了犯罪的扩大化。因此,只要对刑事司法政策进行纠偏和统一,酒驾治理过程中衍生的社会问题便可迎刃而解。

但是,从醉驾入刑的立法过程来看,法律不仅是实现特定社会利益的工具,也是社会的一面镜子,其内容反映了当时社会的习俗和道德。正是由于法律与社会之间存在此种映射关系,才决定了其能非常有效地维持社会秩序。只是,社会关系本身具有相当的复杂性,法律反映的习俗和道德并不是统一完整或一成不变的,存在空间维度上的差异性和时间维度上的流变性(如图1)[①]。因此,在实践中,作为社会镜像的法律在内部会产生分裂,正是这种分裂导致刑法未能在农村社会产生理性的规制作用,无法形塑公民对法律的忠诚。

从前述分析来看,法律之所以在维护社会秩序和整合的过程中遇到问题,主要的原因在于法律不再反映社会。尤其是在农村社会中,醉驾入刑并非由人们的本地生活习惯和道德观念驱动,且与当地的社会习俗产生了一定的距离。因此,当人们通常难以改变先前的行为方式之时,就会不断地挑战实证法的权威。所以,法律在参与社会治理的过程中,需体现社会关系的差异,避免法律逻辑和社会逻辑的错位。这就要求我们摒弃传统法治学说对法律应当具有普遍性的预设,转而寻求强调实质公平的"定制法"[②]。与传统的法律统一性主张不同,"定制法"强调一种"因人而异"的行为规范,这反映了现代社会对法律规制的精确性提出了更高的要求。当法律发布的命令能够反映更多相关情况时,法律就是精确的,"定制法"

[①] 在塔玛纳哈《一般法理学:以法律与社会的关系为视角》一书中,他对图1所示的法律与社会关系进行了批判和反驳,他认为这个分析框架无法很好地对法律移植现象进行解释,但是若抛开法律移植问题不谈,该分析框架具有相当强的解释力。

[②] "定制法"的概念与信息技术的发展进步具有密切关系,尤其是在大数据时代,人们能够收集到足够的个人数据,因此可以基于不同群体的特征制定不同的法律,目前关于"定制法"的讨论主要集中在国外学界,对于该问题的讨论可参见 Omri Ben-Shahar, *Personalized Law-Different Rules for Different People*, Oxford University Press, 2021.

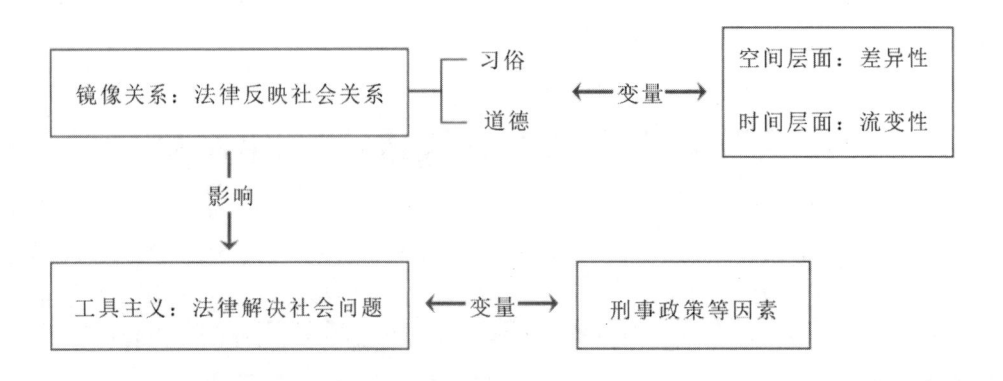

```
镜像关系：法律反映社会关系 ─┬─ 习俗      ←变量→   空间层面：差异性
                              └─ 道德              时间层面：流变性
         │影响
         ↓
工具主义：法律解决社会问题  ←变量→  刑事政策等因素
```

图 1　法律与社会关系

正是精确法律的一个特殊版本，其不仅需要考虑行为人所处的不同环境之间的外部差异，更需要重视行为人之间的内部差异。因此，"定制法"是在有关人与人之间的差异信息推动下，实现的命令微调，例如，在危险程度不同的乡村公路和高速公路上，每个司机都会受到定制化的法律义务约束。当然，在这里提倡"定制法"，不仅是因为统一性的法律具有天生的缺陷，更在于其能更有效地促进法律的基本目标，能够根据相关的情况形成"区别对待"的法律命令，从而避免粗暴统一的处理带来的不准确和不公平。这种问题在轻罪的治理过程中尤为明显，即严厉的刑事制裁可能会威慑一些罪犯，但却对另一些群体处以不必要的处罚。

具体来说，"定制法"是在立法和司法两个层面上拟合社会关系的空间差异性。首先，在立法上对法律维护的利益有所倾斜，避免"一刀切"式立法，在信息充足的情况下，对被规制群体所处的环境，以及个人之间的差异进行必要的区分；同时在司法上兼顾"赋权"和"限权"，既注重加强对个人权利的保障，又对公权力进行监督制约。换言之，倡导法律的"情景化"适用既扩大法院审理刑事案件过程中考虑的相关因素，又要将自由裁量权限制在有限的事实范围之内。如此，不仅可以保证轻微犯罪中个案正义的实现，也最大限度限制了一线行政司法工作者的自由裁量权，既解决了案件办理过程中一般性正义与个别正义的冲突，又弥合了一般性规制之治与个案中的纠纷解决的路径差异。其次，"定制法"重点考虑社会关系的外部环境差异，强调在不同的环境下，每个人面对不同的法律命令。对于酒驾的治理而言，即强调城市公路和农村村道的区分，将不具有社会危害性的酒驾行为排除在法律的规制范围之外；并且对行政部门查处酒驾的动力机制进行调整优化，避免出现与绩效挂钩的结果导向执法，倡导对危险区域和人群进行分级分类的差异化执法。最后，在惩罚层面，正如塞涅卡所说，理性人施加惩罚不是因为已经发生了不法行为，而是为了让不法行为不再发生。"定制法"侧重于对行为的规制功能，其可基于个人的身份特征，设置不同的法律惩罚措施。例如芬兰根据每个行为人每日可支配的收入，而作出的"日罚金"处罚，而不是统一给行为人贴上犯罪标签，将行为人曾经犯过的错当作现实束缚的理由，限制底层群体和家庭的阶层流动，使数万家庭陷入窘境。

诚然，"定制法"的矫正路径是对我们熟悉的法律秩序的一次冲击，必然会招致大量批评，尤其认为其威胁到"法律面前人人平等"的法治基本原则。但是，人们虽然对"定制法"提倡的"区别以待"表示担忧和不满，却忽视了只有在公平地衡量人与人之间的差异后，才能更精确地推进法律的目标。"定制法"恰恰避免了将处于不同环境中的异质人群全部压缩到一个统一的法律规范之中;因此,"定制法"并没有违背正义的承诺,相反,它提供了另一种方法来推进正义概念。当人们之间细致入微的差异和多因素的外部环境被考虑时,一个设计合理的定制化法律制度就能比统一的法律制度更好地促进分配正义,尤其在刑法中,"定制法"可以更有效地遏制犯罪,同时避免出现不必要的严厉惩罚。

　　自醉驾入刑以来,人们的关注点一直聚焦在作为社会治理工具的法律之上。学界似乎已经习惯于将酒驾当成一个法律问题去讨论,视为一个教义概念来争辩。酒驾问题的研究几乎也都是在这一思维定式下展开的,其中醉驾入刑的支持者主张法律的社会治理效果,反对者则强调刑法产生的负面问题,两者围绕刑法实施的"利"与"弊",论证法律的"存"与"废"。但是,醉驾入刑不仅关乎法秩序和社会秩序的统一,更须在意其背后具体的、鲜活的个人。就像生活在农村社会的老黄,可能永远无法理解在村里短距酒驾会给社会造成什么损害,为何要承受如此严厉的刑事制裁。如今,法律工具主义要求刑法愈加能动地参与社会的治理,发挥风险防控的新机能。然而,传统的法律教义又强调刑法的谦抑性,谦抑性的核心是"罪"的谦抑,若是入罪不谦抑,则刑罚无论如何轻缓都是一种过度干预。"定制法"的矫正路径正是为了弥合刑法扩张性和收缩性之间的张力,既保证刑法参与社会治理,又避免其过度干预,既能保证刑法的威慑作用,又能为发挥刑法之外其他规范及其主体功能让渡空间,真正形成一种多元共治的治理格局。

论非暴力不法行为防卫权适配标准的
逻辑理路与实践进路*

高思洋**

摘要：构建双阶层判定标准是解决非暴力不法行为适配防卫权的具体方案，该判定标准由形式判定标准与实质判定标准构成。形式判定标准具有优位性，实质判定标准具有补充性与辅助性，二者非并列关系抑或选择关系，而是补充关系。形式判定标准以正当防卫五要件说为基本内涵，实质判定标准以正义原则为目标，以罪刑法定主义为底线，以法益衡量原则为工具，是正当防卫制度在司法实践运行中最优化的诠释。

关键词：非暴力；不法行为；正当防卫；双阶层判定标准；实质刑法观

On the Logic and Practice Approach of the Adaptation Standards for the Defense Right of Non-violent and Illegal Acts
Gao Siyang

Abstract: Constructing a dual class judgment standard is a specific solution to address the adaptation of defense rights to non violent and unlawful acts. This judgment standard consists of formal judgment standards and substantive judgment standards. The formal judgment criteria have superiority, while the substantive judgment criteria have complementarity and auxiliary properties. The two are not in a parallel or selective relationship, but in a complementary relationship. The formal judgment standard is based on the five elements of legitimate defense, while the substantive judgment standard is aimed at the principle of justice, with the principle of legality of crime and punishment as

---

* 文章 DOI：10.53106/615471682024120039008。

** 高思洋，大庆师范学院法学院副教授，研究方向：中国刑法学。电子邮箱：18847038869@163.com。

the bottom line, and the principle of measuring legal interests as the tool. It is the optimal interpretation of the legitimate defense system in judicial practice.

Key Words: non violent; unlawful behavior; justifiable defense; dual level judgment criteria; substantive criminal law perspective

1979年《刑法》将正当防卫作为保障公民权利的制度予以确定,该制度在立法例中的设立虽初衷美好,但效果不尽如人意。在1997年刑法修订的过程中,为扭转正当防卫在司法实践中效果不佳的现象,鼓励公民积极行使正当防卫权,立法机关对正当防卫的内容作出重大修正。一方面强化了刑法对公民救济权利的保障,另一方面对防卫过当认定范围进行限缩。在防卫过当量刑标准方面,立法也取消了酌情的条件,其对防卫人实行过限防卫的量刑标准由酌定量刑调整为法定量刑。然而司法实践似乎对《刑法》所传递的基本立场并不买账,视而不见,依旧我行我素地按照"唯结果化"的习惯认定防卫过当,[①]甚至出现正当防卫条款沦为"僵尸条款"的问题。2020年9月3日,最高人民法院、最高人民检察院、公安部颁布了《关于依法适用正当防卫制度的指导意见》及典型案例,为正当防卫的司法适用提供了规范根据。然而对正当防卫的深入研究仍然没有停止,特别是对非暴力不法行为是否准许实施防卫权仍然存在刑法理论上的争议与司法实践认知的偏差。

非暴力不法行为是否准许实施防卫权,一直以来是国内学界已意识但较少详述的课题。该课题是由两个核心的子命题构成的。其一,非暴力不法行为是否允许实施正当防卫;其二,如若允许,非暴力不法侵害行为实施正当防卫的判定标准是什么。对此国内外刑法理论学者的看法各异。从国外部分刑法文献中虽可以得出针对非暴力不法行为,公民实施正当防卫并无限制性规定,但是对非暴力不法侵害行为实施正当防卫的判定标准却缺少详尽的论述,因此会导致实践对该问题的处理缺少可操作性。反观国内刑法理论围绕该课题的两个核心子命题均存在不同程度的纷争。针对非暴力不法侵害行为是否允许公民实施正当防卫,在刑法理论中也尚未形成统一的意见。针对非暴力不法侵害行为实施正当防卫的标准更是缺少方法论的指导与具体的判定标准。因此本文首先应确立非暴力不法侵害行为是否允许公民实施正当防卫的基本立场并聚焦问题;其次应针对非暴力不法侵害行为实施正当防卫的判定标准给予明确的方案;最后应以实证的视角论证该判定标准的可行性,进而为保障公民人身权利的社会需求,精进正当防卫研究提供理论参考。

一、立场纷争与问题聚焦

(一)国外刑法理论的基本立场

就德国、日本、英国的刑法理论研究而言,三国均未禁止非暴力不法行为适用正当防卫,

[①] 参见高思洋:《防卫限度认定标准的适正性研究》,载《福建警察学院学报》2023年第2期。

但是对具体的适用标准分析不详或缺少论证。首先,德国刑法理论对于正当防卫所保护的法益类型规范得较为全面,司法实践也未对不法行为是否仅限于暴力形式作限制。因此非暴力不法行为造成法益侵害应准许实施正当防卫,但具体的判定标准没有论及。该结论可以依据相关德国学者的著作得出,如金德霍伊泽尔教授认为:"攻击的对象可以是防卫者自己或第三者的任何法律上保护的利益,特别是身体完整、生命、尊严、所有权和有权占有。"①再如耶塞克教授在对"可能防卫的法益"这一问题的研究中写道:"对被侵害人所有处于法律保护之下的利益侵害,均可以进行正当防卫并根据德国司法判例对所保护的法益类型作出列举,包括生命权、身体权、自由权、名誉权、所有权、占有权、狩猎权、肖像权、隐私权、居住权、共同利用权。"②德国司法实践同意这一观点,甚至早于德国刑法理论认同该观点。"当法律还仅仅规定只有在侵犯人身权与财产权的情况下才能启动正当防卫时,司法实践早已经将正当防卫所保护的权利类型拓宽至道德、贞操、人格保护等领域。无论正当防卫的基本属性是公民权利的享有抑或公民义务或责任的履行,正当防卫应当扩充适用于所有的违法行为,无论受到侵害是什么样的对象与标的。"③因此依据德国刑法理论与司法实践的观点非暴力不法侵害行为未被排除于正当防卫之外。其次,日本刑法理论对非暴力不法行为启用防卫权也未采取排斥的态度。如大谷实教授认为,在正当防卫中对"不法""侵害"的界定时强调"不法侵害就是违法侵害,是对作为整体的法秩序的违反,但不一定要求具备可罚的违法性与有责性"而"侵害是指对他人的权利造成的损害或危险行为"④。再如西田典之教授认为,"不法是指对法益的、违法的攻击。违法不限于刑法,包括私法、行政法意义的违法"⑤。侵害只要客观上违法即可,对侵害的主观罪过形式,侵害行为的表现形式也在所不问。这里使用的"攻击"是否可理解为暴力行为呢?笔者持否定的观点。"攻击"从文义解释的层面虽可解释为暴力形态,但西田教授笔下的"攻击"宜理解为侵害,不宜作行为方式的限定;西田教授也认为正当防卫不应局限于犯罪行为,私法、行政法意义的违法行为也可实施正当防卫。西田教授的观点说明了正当防卫的起因条件并未局限于暴力行为。通过文献的比较,日本部分学者在非暴力不法侵害行为适用防卫权这一问题上与德国略有不同。如前田雅英教授在论述"不正"侵害行为时认为:"并非只是针对'犯罪行为'才允许正当防卫。即便是针对刑法上不被处罚的行为,也有进行正当防卫的余地。"⑥同时前田教授强调"不正"违法性存在微妙的差异,违法性强调值得处罚的侵害性,而"不法"界定范围除涵盖值得处罚的侵害性之外,也包括不被处罚的行为。这一观点是否会造成正当防卫权范围扩大,导致公民防卫权滥用的问题,进而破坏法的整体秩序呢?为此前田教授提出"实质的违法阻却事由的一般标准",从实质违法观的视角审视"不正"的适格性,进而防止公民防卫权滥用及

---

① [德]乌尔斯·金德霍伊泽尔:《刑法总论教科书》,蔡桂生译,北京大学出版社2015年版,第161页。
② [德]耶塞克、魏根特:《德国刑法教科书》(上),徐久生译,中国法制出版社2017年版,第454页。
③ 马克昌:《比较刑法原理——外国刑法学总论》,武汉大学出版社2002年版,第315页。
④ [日]大谷实:《刑法总论》,黎宏译,法律出版社2003年版,第211~212页。
⑤ [日]西田典之:《日本刑法总论》,王昭武、刘明祥译,法律出版社2013年版,第133页。
⑥ [日]前田雅英:《刑法总论讲义》,曾文科译,北京大学出版社2017年版,第232页。

破坏法的整体秩序这一问题的出现。① 通过前田教授的论述,不难发现,非暴力不法侵害行为具有适用正当防卫的空间,只要其符合"实质的违法阻却事由的一般标准"从实质刑法观的视角审查非暴力不法侵害行为的"不正"性,即可认定实施正当防卫。最后,英国刑法学者也关注到不法侵害行为可否实施正当防卫的问题。该学者认为:"正当防卫自然要适用那些被指控为杀人、攻击、非法监禁和其他对人身的犯罪。但是对于其他犯罪来说,究竟哪些才能适用正当防卫作为辩护理由是不明确的。现行法对那些没有使用暴力的犯罪在什么范围内允许适用正当防卫辩护还不清楚。"②虽然在英国刑事判例中存在"荷赛案"即杀死了一个非法剥夺其居住权的人被认为是合法的,但是诚如英国学者所说,就现代法治而言,继续遵循该判例是极其困难的。③

(二) 国内刑法理论的基本立场

反观国内关于该问题的态度,依然围绕上文中的两个核心问题,即非暴力不法行为是否允许实施正当防卫,允许实施正当防卫的判定标准是什么。国内学者们针对此问题争议较大,尚未形成一致的意见。对如何制定判定标准依然缺少详细的论证。张明楷教授认为:"并非任何违法犯罪行为都可以进行防卫",只是对那些具有攻击性、破坏性、紧迫性、持续性的不法侵害,在采取正当防卫可以减轻或者避免法益侵害结果的情况下,才宜进行正当防卫。④ 贾宇教授认为:"并非针对所有的违法行为与犯罪行为都可以实施正当防卫,能够实施正当防卫的违法行为与犯罪行为应该具有暴力性、破坏性和紧迫性。"⑤该观点明显限制了非暴力犯罪准许实施正当防卫的可能性。刘艳红教授也意识到了司法实践中正当防卫适用范围极其狭窄的问题且多集中于暴力型犯罪,并认为:"适用正当防卫出罪案件中,前五类案件分别是故意伤害案件、故意毁坏财物案件、寻衅滋事案件、过失致人死亡案件。但实际上所有的案件都是与故意伤害案有关,从绝对数量来看,95%以上适用正当防卫出罪案件都是故意伤害案件。"⑥马克昌教授认为不法侵害主要是指"那些性质严重,侵害程度强烈、危险性较大的具有积极进攻性的行为"。概括起来可以归结为如下条件:第一,不法侵害必须是自然人实施的行为。第二,不法侵害必须在客观上造成物质危害结果,并且危害行为与结果要产生紧密的联系。缺少物质性损害结果的犯罪,如伪证罪、诬告陷害罪等不宜实施正当防卫。第三,不法侵害行为要具有暴力性与袭击性。因此贪污贿赂类犯罪不宜实施正当防卫。第四,不法侵害行为必须要达到一定的强度,危害强度需要参考侵害行为对公民的人身安全、身体健康、重大公私财产安全、重大公共利益安全的影响作出评判。⑦

---

① 参见[日]前田雅英:《刑法总论讲义》,曾文科译,北京大学出版社 2017 年版,第 201 页。
② [英]J.C.史密斯、B.霍根:《英国刑法》,李贵方等译,法律出版社 2000 年版,第 297 页。
③ 参见[英]J.C.史密斯、B.霍根:《英国刑法》,李贵方等译,法律出版社 2000 年版,第 296 页。
④ 参见张明楷:《刑法学》,法律出版社 2021 年版,第 259 页。
⑤ 《刑法学》编写组:《刑法学(上册·总论)》,高等教育出版社 2019 年版,第 195 页。
⑥ 刘艳红:《实质出罪论》,中国人民大学出版社 2020 年版,第 17~18 页。
⑦ 参见马克昌:《犯罪通论》,武汉大学出版社 2001 年版,第 719~720 页。

(三)问题聚焦

上文中已提出了非暴力不法行为的两个核心子命题,即非暴力不法行为是否允许实施正当防卫,允许实施正当防卫的判定标准是什么。除此之外,笔者认为有必要就不法侵害的法益类型——公法益与私法益作区分评价,准确划定讨论范围,有利于非暴力行为正当防卫可行性分析与防卫权适配标准的制定。

针对公法益遭受侵害时,要遵循防卫权社会化原则,即公力救济优先。正当防卫具有私权属性,属于公民的自然权,当公法益遭受正在进行的不法侵害时,公民行使正当防卫权受到限制是必然的,否则一旦允许公民以私力加以制止,就会导致任何个人都能不经法定程序随意介入国家事务、直接行使国家权力,造成社会秩序混乱的局面。① 只有当公权力不能及时救济或公法益中涉及私法益时,才应允许启动正当防卫。例如:某造纸厂常年将造纸的污水排入湖中,被告人甲作为某环保协会的会长,为了防止造纸厂继续侵害公法益污染水域,将生水泥灌入该造纸厂的污水排污管中,造成排出管堵塞。甲的行为是否构成正当防卫?该案例中甲实施正当防卫是为了保护公法益,但是正当防卫不是该公法益遭受侵害的唯一救济路径。在我国关于水污染的问题可以寻求生态环境局的公力救济,且存有一定的救济时间,因此为了防止防卫权的滥用,甲的行为不宜评价为正当防卫。在私法益中,不法侵害行为类型可划分为暴力型与非暴力型的不法行为。基于暴力不法行为,允许公民启用防卫权已经成为理论共识。基于非暴力不法行为,是否允许公民启用防卫权,笔者认为不能一概而论,如盗窃罪、故意损害财物罪,应允许公民实施防卫权。国内部分学者也意识到并非所有私法益型非暴力犯罪均可允许公民实施防卫权,诚如张明楷教授认为诸如贿赂、重婚之类的行为也属于正在进行的不法侵害,但不宜允许公民对之实施正当防卫。② 再如赵秉志教授认为对于遗弃罪、逃税罪、假冒注册商标罪、重婚罪、贿赂罪等不能进行正当防卫。③

可以肯定的是刑法中并非所有非暴力行为引起的不法侵害均禁止正当防卫实施,笔者认为研究非暴力犯罪行为适用正当防卫的价值可概括为:第一,司法实践的渴望。为了更好地说明这个问题,笔者将列举三个案例。案例1:发生在青岛的母女二人谩骂老人,导致老人心脏病发作死亡案,被告人陈某与毕某被判过失致人死亡罪,二人分获有期徒刑3年、缓刑5年与有期徒刑3年、缓刑3年。④ 假设第三人为阻止陈某与毕某因非暴力不法侵害行为而实施正当防卫,并造成轻微伤或轻伤能否认定为正当防卫?案例2:被告人A及其妻B注意到家里莫名其妙地丢了三次钱,后来提高了警惕。第四次小偷S进入A、B家中行窃,A对正在行窃的S实施制止行为且导致S受伤,A针对S的非暴力不法侵害行为可否实施正当防卫?案例3:S采取非暴力行为侵入A与B的家中,经过A与B再三要求S退出,S

---

① 参见陈璇:《克服正当防卫判断中的"道德洁癖"》,载《清华法学》2016年第2期。
② 参见陈璇:《克服正当防卫判断中的"道德洁癖"》,载《清华法学》2016年第2期。
③ 参见江耀炜:《正当防卫之不法侵害的司法认定:客观条件的主观标准》,载赵秉志主编:《刑法论丛》(第53卷),法律出版社2018年版,第179页。
④ 参见《母女骂老人致其死亡 被判缓刑赔25.5万》,https://www.jiaodong.net/news/system/2007/09/17/010089930.shtml,最后访问日期:2007年9月17日。

拒绝退出，A对S的非暴力侵害行为，能否实施正当防卫？上述三则案例均具有起因条件的共性，均为因非暴力不法侵害行为引起的正当防卫。这些案例为何可以实施正当防卫，一个重要的原因在于刑法并没有排斥非暴力行为适配正当防卫的可能性。第二，理论研究的需求。刑法未排斥非暴力行为适用正当防卫的情形，因此从刑法理论而言无论是暴力行为抑或非暴力行为均应成为正当防卫理论研究的范畴，针对非暴力行为所引起正当防卫的研究至少应展开三种形式的研究，即非暴力作为、非暴力不作为、言语攻击。同时也有利于非暴力行为正当防卫适配标准的研究。第三，法律秩序相统一视角下，民刑法相互促进的需要。刑法中关于本课题的研究，也势必会促进民法关于正当防卫理论的发展。民法中私力救济手段限制较多，权利的救济需要依靠民事法律关系的确立，寻求特定的救济方式。如对物权的侵害，往往需要借助已经建立的物权关系通过停止侵害、排除妨碍、消除危险、返还财产等手段对被侵害的权利实施救助。对债权关系的侵害，往往需要借助已经建立的债权关系，通过继续履行、赔偿损失、支付违约金等方式实现权利的救济。对人格权的侵害，往往也是建立在人格权关系的基础上，通过消除影响、恢复名誉、赔礼道歉实现权利救济。因此笔者认为，在民法中虽存在正当防卫制度，但其适用往往被其他救济手段所替代。究其根本，源自人们对正当防卫适用范围的误解，将正当防卫的适用范围局限于暴力型不法行为。因此刑法对非暴力不法行为适配正当防卫的研究，势必会促进民法重新审视正当防卫的适用范围，重塑正当防卫与《民法典》第179条民事责任承担方式的关系，提升正当防卫在民事领域的运用。诚如上文学者所言，非暴力不法侵害行为不能一概而论适配防卫权，还应进一步甄别具体的适配标准。如何建构非暴力不法侵害行为正当防卫适配判定标准是本文亟待解决的问题。

二、防卫权适配标准的逻辑理路

（一）双阶层判定适配标准的提出

双阶层判定标准是解决非暴力不法行为适配防卫权的具体方案。双阶层判定标准是形式判定标准与实质判定标准的结合。形式判定标准以刑法理论中的"五要件说"为依归，实质判定标准在判定正当防卫适切性中，以正义观、人权观、法益观为基本理念，是对形式判定标准的补充。如若认为形式判定标准与实质判定标准为并列关系，则必然会缩小防卫权的适用范围；如若认为二者是选择性关系，则必然会扩大防卫权适用范围；如若认为二者是补充关系，实质判定标准补强于形式判定标准，形式判定标准具有优先性，可以有效地避免形式判定标准自身不足所带来的司法实践的困顿。因此在适用该标准时，应建立阶层的逻辑推演方式，以形式判定标准优先为原则，满足形式判定标准条件后，再通过实质判定标准考察适用的妥适性，方可启用正当防卫。如果公民防卫权启动不符合形式判定标准，无须考虑实质判定标准，此时判定结束。实质判定标准应以确定法正义观为论证前提，虽然"正义原则并非可据以对个别法律问题，对个别法律事件制成决定性规范，也非可以从一种有自然法的特质或理想的法体系中演绎出来规范,但它也绝非纯粹形式化之原则,只能提供一些可以填充任何内容的'空洞公式',其毋宁提出可供应之'实质准则内容'"①。针对非暴力不法行为侵害私法益能否启用防卫权,要建立双阶层刑法价值观加以审视。双阶层刑法价值观是形式与实质刑法观的兼顾。形式刑法观优先于实质刑法观适用,实质刑法观对形式刑法观具有补强性、辅助性的功效。《刑法》第20条第1款对正当防卫设置了概念性的规定。就形式刑法观视角而言,对正当防卫的适用范围、形式特征作出明确的规定。之所以要作形式化的规定,是为了防止正当防卫擅断化、滥用化、恣意化等问题的出现。笔者认为该刑法规定不应是封闭式而应是相对开放式的规定。正因为确立了相对开放性的条款,刑法的实质观才具有存在的价值,才能在一定程度上弥补因社会变迁所导致的刑法滞后的问题。诚如张文显教授而言:"在法的体系中,概念的特点和独特的功能是:它是对法律事件进行定性的,既要确定事件、行为、物品等的'自然属性'和'社会属性',又要确立事件、行为、物品等的'法律属性'因而为人们的认识与评价提供必要的结构。"②开放式刑法条款的优势可概括为:第一,人们对法规属性的认识是多元的,包括自然属性、社会属性、法律属性的认识,封闭式的条文限制公民的认知。第二,成文法存在立法局限性是法典面临的现实问题。条款的开放性有利于平衡二者的矛盾。第三,法典是由条款构成的,条款是由文字组成的,不同的时代、不同的境遇、不同的语境对同一条款、文字存在认知的差异,建立开放式的条款有利于揭示条文的真实含义。第四,条文存在显性含义与隐性含义,直接含义与间接含义。建立开放式的条款有利于合理协调显性与隐性、直接与间接的含义,实现条文的最优化效能。第五,刑法条款的开放性有利于形式与实质的结合,为实质刑法观,实质刑法解释的运用提供充盈的空间。在人们对法律所规制的事件、行为、物品的认识与评价过程中,形式化的规定是第一层面的,是直接的表现形式。公民在启动防卫权时要认识到不法行为正在进行,这是正当防卫条款直面性规定。暴力型不法侵害可以被评价为《刑法》第20条所确定的不法行为,非暴力型不法行为同样也可以被评价为《刑法》第20条所确定的不法侵害。该结论不是依据刑法条文的直面规定,而是通过刑法隐含性的规定,以公平与正义为基底,通过正义性、合理性、适切性等实质价值观得出的,这体现了实质主义的价值。防卫权实质标准应以正义原则为目标,以罪刑法定主义为底线,以法益衡量原则为工具,从而实现正当防卫制度在司法实践运行中最优化的诠释。前田雅英教授在关于防卫权适配标准的论述中也已经意识到了实质刑法主义的重要价值,其认为:"必须把正当化行为的具体状况等诸般情况考虑其内,从全体法秩序的视角处罚判定是否应该容许该行为。要综合性地衡量,具体包括:目的的正当性;手段的相当性;法益的衡量;正当行为的必要性与紧急性。"③

(二)实质判定标准适配的延伸

上文中笔者以对防卫权启动标准的问题从刑法的形式与实质价值两个层面作了论证,

---

① [德]卡尔·拉伦茨:《法学方法论》,陈爱娥译,商务印书馆2003年版,第60页。
② 张文显:《法学基本范畴研究》,中国政法大学出版社1993年版,第59页。
③ [日]前田雅英:《刑法总论讲义》,曾文科译,北京大学出版社2017年版,第201页。

确立了防卫权启用要兼顾形式主义与实质主义双层价值。刑法理论中对正当防卫启动构建了"五要件说",包括起因条件、时间条件、意识条件、对象条件、限度条件。正当防卫的要件是衡量公民是否可以启动防卫权的标准。公民的行为符合上述五个要件,刑法应赋予公民防卫权的启动,这种从事实到规范的运用,更多地体现了形式主义刑法的价值观。其推理运用在刑法教科书中有翔实的论述,此处不再赘述。防卫权的双层价值标准中的形式标准具有优先性与约束性是讨论实质标准的前提,因为脱离形式标准限制实质标准会导致刑法规范适用的恣意性与擅断性,不利于防卫权立法初衷的实现,从而干扰刑法对秩序的维系、法益保障目标的实现。在框定形式标准后,如何适用实质标准,如何发挥实质标准的补强作用与辅助作用,是下文笔者要讨论的问题。

1.运用实质刑法观判定防卫权的启用

法官对非暴力不法侵害行为是否准许被害人实施正当防卫的判定,不能只是机械地套用刑法中的一般性规定,更要注重一般性规定背后的实质根据,并通过刑法教义方法释清理由,揭示防卫权适用的本质,实现法之公平与正义的目标。"证成裁量正义的理由通常是个别化正义的需要。""在许多情况下,机械地适用规则就意味着非正义;我们需要的是个别化的正义,也就是说,正义的程度要适应单个案件的需要。只有通过裁量方能实现个别化正义目标。"[①]在私法益遭受侵害时,公民行使的防卫权也并非没有限制。暴力与非暴力是不法侵害行为的主要类型。暴力的不法侵害行为是启动公民防卫权的主要类型,换言之,当公民私法益受到暴力侵害时,法律应该允许公民启动防卫权。非暴力的不法侵害行为非必然引起公民防卫权的启动,因此需要法官通过自由裁量权的运用,并借助实质刑法观,通过综合考察判定防卫权启用的妥适性。我国刑法分则第四章侵犯公民人身权利、民主权利罪与第五章侵犯财产罪均属于侵犯公民私法益型犯罪,共计56个罪名,其中立法例中明确使用"暴力"一词作为罪状内容的为8个,可以间接使用"暴力"的罪名为16个,其余32个罪名均为非暴力型侵犯私法益犯罪。针对这32个非暴力型侵犯私法益犯罪,是否允许公民实施防卫权,需要对攻击利益与保护利益进行实质刑法观的研判,从合比例性原则与侵害结果双层视角,并结合综合因素界定是否允许正当防卫的适用。

2.考查侵害人刑法保护程度是否降低

防卫权的启动重要的原因在于不法实施者实施了侵害被害人法益的行为,进而导致被害人可以不用顾及不法实施者的权益实施维护自身合法权益的行为。侵害人与被害人具有宪法赋予的权利与义务,根据我国《刑法》第4条刑法面前人人平等的精神,享有防卫权对于二者而言也是平等的。之所以不法实施者行使防卫权受限,源于刑法保护力度的降低,究其原因可概括为:首先,不法实施者违反不得侵犯被害人的权益的义务,其行为不仅仅构成违法行为,更可被评定为违宪行为。其次,不法实施者实施不法侵害行为属于自愿接受危险。不法实施者本可避免不法侵害行为的实施,但仍然无视刑法,造成的现实危害结果,其先行行为必然产生规范性的义务导致自身防卫权受限。倘若不法实施者在防卫人实施正当防卫时意图启用防卫权,除非不法侵害人及时停止侵害,或者被害人在风险中自控风险,构成被

[①] [美]肯尼斯·卡尔普·戴维斯:《裁量正义》,毕洪海译,商务印书馆2019年版,第17、20页;转引自张明楷:《责任刑与预防刑》,北京大学出版社2015年版,第374页。

害人自陷风险,否则不法侵害人无权实施正当防卫,因为不法实施者将自己从一个相对安全的区域引入绝对不安全的地区。再次,就法秩序维护的视角而言,公权力在紧迫情境下,对被害人的救济存在局限性,被害人对侵害人实施防卫不仅仅是对自身权利的救助,更是对法秩序的维护,如果仍旧对侵害人的防卫权不加以限制,必然会导致防卫权的滥用,扰乱法秩序的正常维系。最后,不法实施者实施不法侵害行为导致自身权利的阙如,从而影响刑法对其自身权利的保障。

3.考查不法行为是否具有紧迫性

不法行为的紧迫性是指法益侵害的现实性或即刻迫近的情况或危险紧迫的情况。[1] 界定正当防卫的紧迫性不是指侵害给防卫人造成的因意外、窘迫而难以及时作出正确判断的主观状态,而是强调法益侵害的客观的迫切性,[2]即防卫时间性的要求。正当防卫的启动之所以设置此项条件,可归结为如下原因:第一,刑法属公法范畴,当公民私法益遭受侵害时,公权力救济体系应当发挥优先救济的作用,但是公力与私力救济体系都会面临权利保障的局限性,因此在公民私法益遭受紧迫侵害,公权力无法实现及时救助时,私权利的补充作用可有效弥补公权力保障的局限性,实现对公民私法益的有效保障,维护社会秩序,有效地实现法不能向不法让步的价值理念。第二,防止防卫权的滥用。公民实施防卫权如果仅以无法期待公权力之救济而启动防卫权,就有可能以国家权力之救助费时费力为由,在较早的或仅是单纯预想侵害之存在的阶段认定正当防卫。[3] 因此会导致不法现实性判定的模糊性易滋生假想防卫或防卫不适时等问题。第三,防止扰乱刑法的救济路径。法益保障是刑法的首要任务,对法益的救济路径应以公力救济为主,私力救济为辅。公权力救济的启动以不法侵害行为符合刑法的基本要求为前提,然而私力救济的启动,除需要满足公力救济的前提外,还需要以公力救济期待性降低为条件。因此当防卫权缺少紧迫性要件时,防卫人无法对公力救济期待性作出合理评价,易导致公力与私立权救济的混乱局面,破坏公力救济为主,私力救济为辅的救济关系。不法侵害行为的紧迫性上文中已经谈到应认定其为客观要件而非主观要件。因此紧迫性与我国《刑法》第20条第1款中所规定的"正在进行的不法侵害"亦可作相同的理解。紧迫性的认定规则应从不法侵害行为的开始与结束的设置标准来理解。认定不法侵害行为开始的学说包括:"侵害现场说""着手说""直接面临说""综合说";认定不法侵害行为结束的学说包括:"侵害结果实现说""客观危险结束说""无标准说"。笔者认为,正当防卫紧迫性的认定应以防卫的目的与正当化根据为基础建立实质判定标准,认定防卫的紧迫性。应当根据不同的犯罪类型的特点,从不法侵害现实性与急迫性的危险来界定紧迫性。非暴力不法行为所侵害的具体私法益犯罪因具体法益类型不同其紧迫性也呈现不同。首先,侵害财产权型犯罪存在很强的紧迫性,因此即使采取平和的手段侵占或窃取他人财产,也不会因缺少紧迫性而丧失防卫权的实施。其次,侵害人格权型犯罪是否存在紧迫

---

[1] 参见[日]山口厚:《日本正当防卫的新动向》,郑军男译,载《辽宁大学学报(哲学社会科学版)》2011年第5期。

[2] 参见陈璇:《克服正当防卫判断中的"道德洁癖"》,载《清华法学》2016年第2期。

[3] 参见[日]山口厚:《日本正当防卫的新动向》,郑军男译,载《辽宁大学学报(哲学社会科学版)》2011年第5期。

性,笔者认为需要作类型化的区分。人格权从理论上可以划分为物质性人格权与精神性人格权,由于物质从文义解释的角度常常将其理解为财产、财物,为彰显人格权属性,也有学者将物质性人格权称为生物性人格权。[①] 生物性人格权包括生命权、健康权、身体权,三种权利也与《刑法》中的故意杀人罪、故意伤害罪、遗弃罪等罪名相对应。就刑法保护生物性人格权的角度而言,其侵害的紧迫性是很明显的,因此当防卫人为了自己或他人的生命、身体免受不法侵害,而实施防卫权时,不会基于缺乏紧迫性而备受争议。与生物性人格权相对应的精神性人格权如名誉权、荣誉权、姓名权、隐私权、自由权等等在刑法中也存在相对应的罪名,如诽谤罪,侵犯公民个人信息罪,侵犯通信自由罪,私自开拆、隐匿、毁弃邮件、电报罪,出版歧视、侮辱少数民族作品罪,非法拘禁罪,等等。笔者认为非法拘禁罪虽然侵害了公民精神性人格权,但是由于非法拘禁罪易转化为侵害生命、身体权犯罪,同时其法定刑的配置也高于其他侵害精神性人格权犯罪,因此具有侵害的紧迫性,不应否定防卫权的实施。除此之外,上述所列举的罪名应基于侵害紧迫性期待较低可以否定防卫权的实施,等待公权力的救济不会导致损害结果的进一步扩大,因遵循刑法中公力救济为主,私力救济为辅,公力保障为主导,私力保障为补充的救济原则。再次,侵害身份权法益型犯罪不具有明显的紧迫性,笔者认为不能绝对化,应具体问题具体分析。例如重婚罪,重婚者或明知他人已经结婚的相婚者实施的是侵害配偶合法身份权的行为,但是对配偶权的侵犯即使刑法允许实施防卫权,对已经造成的损害不会因防卫人实施防卫权而有所改变,只能期待公力救济通过刑事责任的追责平衡被害人的权益。因此重婚罪的不法侵害行为的紧迫性是较低的。再如拐骗儿童罪,不法侵害人侵犯监护人的监护权或者是亲权。该罪不法侵害行为具有明显的紧迫性,应允许防卫人实施防卫权。防卫人在不法侵害人实施导致子女脱离监护人监护关系的行为时实施防卫行为,特别是当公权的期待性降低时,可有效降低不法侵害行为对亲权的侵害。最后,侵害民主权利法益型犯罪的紧迫性是较弱的。如破坏选举罪、非法剥夺公民宗教信仰自由罪、侵犯少数民族风俗习惯罪。笔者认为这些罪名不具有不法侵害行为的紧迫性,也不宜以防卫权代替公力救济实现权利的保障。

4.以刑事判例类型化诠释法补强概念观察法的终局性,赋能防卫权充分的释法空间

我国《刑法》第 20 条正当防卫条款没有禁止非暴力不法侵害行为防卫权的启动。就刑法规范及解释的运用而言,行为人面临非暴力不法侵害行为时应允许其使用正当防卫,然而哪些罪名可以实施正当防卫,哪些罪名无法实施正当防卫,尚无统一适用标准。例如重婚罪、破坏军婚罪等不宜实施正当防卫,而盗窃罪、诈骗罪宜允许实施。立法例中所确定的正当防卫的概念无法解决这一问题。换言之:该问题无法单纯依靠明确概念调整范畴来终结问题的讨论。与概念观察法相比较而言,类型观察法有更大的解释空间。事实上,只要有可阶段化的过渡范围或混合类型的存在,而没有确定的界限,司法裁判就不会以概念性的方法作决定性的陈述。[②] 类型化方法是期待一种与涵摄逻辑不同的思维方式来解决问题,从而获取合理化的结论,并形成独立的判例归纳方法。该方法虽在临界情况时表现出不足且无法获取唯一确实可靠的结论,但是存在一定的判定余地,可以有效解决形式概念所面临的实

---

① 参见曹相见:《物质性人格权的尊严构成与效果》,载《法治研究》2020 年第 4 期。
② 参见[德]卡尔·拉伦茨:《法学方法论》,陈爱娥译,商务印书馆 2003 年版,第 183 页。

质性问题效能不足的局面。因此对一般情况没有任何偏差,法院仅需要运用涵摄法将案件归属于《刑法》第 20 条正当防卫概念之内适用即可。如若刑事案件与刑事法规存在适用性偏差,导致《刑法》第 20 条正当防卫概念不够精确不能发挥期待效能,判例归纳与补充将有效弥补这一问题,补强正当防卫概念自身的不足。

三、防卫权适配标准的实践进路

如何适用双阶层判定标准解决非暴力不法行为防卫权适配的问题,特别是如何运用实质判定标准,实质判定标准应考察哪些要素从而实现实质刑法观价值运用的最优化,笔者在下文将以重婚罪与盗窃罪为例予以说明。之所以选择盗窃罪与重婚罪作为样本案例,主要原因概括为:第一,盗窃罪与重婚罪均属侵害私法益型犯罪,符合本文讨论的范式。第二,盗窃罪与重婚罪均属于非暴力型犯罪,可以有效地验证双阶层判定标准在适配正当防卫过程中的积极与消极价值,从而得出正当结论。第三,盗窃罪与重婚罪具有代表性,且在司法实践中属于高频使用罪名可以作为参照样本解决非暴力不法行为防卫权适配的问题,并推广适用。

在重婚罪中不法侵害行为可以概括为两种类型:有配偶者与他人结婚或相婚者明知他人已经结婚而与其结婚。运用双阶层判定标准考察重婚罪与正当防卫的适配性时,首先应从形式判定标准考察,即是否符合正当防卫形式的五要件,如根据具体案例情况符合形式五要件,再进一步考察实质判定标准。实质判定的标准可从如下方面考察:(1)从法益衡量的原则分析,已婚者或相婚者侵犯被害人的配偶权,被害人如何实施正当防卫,实施正当防卫的合理手段是什么?要达到什么程度才能有效制止不法侵害行为?假设被害人实施防卫权造成对方人身权损害,以保护配偶权为由牺牲身体权,很显然防卫权中强调的保护利益与不法侵害人所产生的攻击利益存在违反法益衡量原则的问题,不宜实施正当防卫。假定被害人实施防卫权未造成对方人身权损害的,运用法益衡量原则,可将配偶权的侵害归为轻微犯罪,也不宜启动正当防卫。从刑事诉讼法的视角同样也可以印证这一结论。根据《最高人民法院关于适用〈中华人民共和国刑事诉讼法〉的解释》第 1 条 第(2)项人民检察院没有提起公诉,被害人有证据证明的轻微刑事案件属于人民法院直接受理的自诉案件,其中包括重婚罪。(2)从侵害结果分析,实施防卫权后是否会起到减轻或避免法益遭受侵害。在重婚罪中,防卫人对已经遭受损害的配偶权实施防卫权所起到的减轻或避免法益遭受侵害作用甚微。重婚罪中已婚者或相婚者缔结婚姻相对被害人而言,往往具有隐秘性,不易发觉。当被害人发现自己的合法配偶权已遭侵害时,其既定事实已经成立,采取正当防卫很难挽救已遭侵害的权利,因此不宜实施正当防卫。

盗窃罪也属于典型的非暴力侵害私法益型的犯罪。运用双阶层判定标准考察盗窃罪与正当防卫的适配性时,首先应从形式判定标准考察,即是否符合正当防卫形式的五要件,如根据具体案例的情况符合形式五要件,再进一步考察实质判定标准。实质判定的标准可从如下方面考察:(1)从法益衡量原则分析,被害人实施正当防卫挽救个人财产利益,有必要且在相当范围内实施防卫行为并未违反法益衡量原则。盗窃罪与重婚罪虽均为非暴力型犯罪,但是就被害人是否允许实施防卫权而言,评价差异较大。盗窃罪常常伴有侵害本人或他人的生命权、身体权、贞操权等现实的危险,因此被害人实施正当防卫产生的保护利益(如造成对方身体权的损害)与不法侵害人实施的攻击利益(盗窃罪所伴有的人身法益的侵害)是符合法益衡量原则的。根据我国《刑法》的规定盗窃罪易转化为抢劫罪,构成事后转化型抢劫。因此盗窃罪自身虽危险性不大,通常呈现出以平和手段实施窃取行为,但人们易忽略其伴随的危险性与转化的危险性。如果不法侵害人实施盗窃罪可排除生命权、身体权、贞操权等现实的危险,被害人实施正当防卫是否应该受到限制呢? 笔者持否定观点。因为盗窃罪是侵犯公民财产法益的犯罪,其私法益性较强,当盗窃犯与被害人处于对峙状态时,易对被害人产生恐怖、惊愕的心理,被害人在特定环境下实施正当防卫应认为是合情、合理的。被害人因极度心理动摇而缺少期待可能性,可阻却责任的承担。① (2)从侵害结果分析,实施防卫权后可以有效地起到减轻或避免财产法益遭受侵害,同时也会减少转化它罪的风险。盗窃罪属于状态犯,犯罪人从构成盗窃罪既遂到将财产转移到相对安全的地点之前,均可认定不法状态持续中,在该非法状态持续期间,应当允许被害人实施正当防卫,制止不法侵害的行为,减轻或避免财产法益遭受侵害。

除此之外,对重婚罪、盗窃罪等非暴力不法行为是否允许公民实施正当防卫,还应考虑该不法侵害行为中"量"的要素。要以"社会相当性的标准",立足于法律、社会、文化不同层面,以一般人为标尺,审视衡量刑法中非暴力不法侵害行为是否达到值得刑法条款评价的标准,即"量化值"。如若符合该标准,依法可以实施正当防卫权,反之亦然。因此,根据不法侵害行为是否达到量化值或是否具有可罚性,也可论证盗窃罪与重婚罪同为非暴力型犯罪,但在公民实施防卫权时却迥然相异的原因。

对公民适用正当防卫的解释不能依归于刑法规范与理论构建的形式化标准去作判定。尽管形式主义解释论具有明确性、稳定性的特点,但通过刑事个案对刑法条款检审中所表现的模糊性与不稳定性,甚至滞后性是刑法规范不可且不能回避的问题。从个案正义来看,形式正义固然要求法律的安定性作为形式上的要件,但对具备形式要件后的刑法的正义诉求,则是如何将体现形式正义的刑事规则公正地适用于每一个案件。在具体状况中只有透过人类恰当衡量与行动所完成的裁判,才真正呈现了正义。② 因此从刑法稳定性与时代变迁性相适切的视角,建立以实质主义为基本立场的正当防卫的解释论,其价值重大。对正当防卫中起因条件即不法行为的评价不能仅仅依靠单纯的事实描述去找寻答案,而应当从实质正义观、人权保障观、法益观的视角去找寻答案,③实现实质刑法观在刑法微观领域的运用。因此笔者建议以形式的、定型的防卫论体系为前提,将实质价值标准融入防卫论体系,从而实现形式主义与实质主义相融合的价值判断体系,实现防卫权入刑的初衷。

---

① 参见[日]西田典之:《日本刑法总论》,王昭武、刘明祥译,法律出版社 2013 年版,第 157 页。
② 参见刘艳红:《实质刑法观》,中国人民大学出版社 2019 年版,第 258 页。
③ 参见刘艳红:《实质刑法观》,中国人民大学出版社 2019 年版,第 257 页。

结　论

　　正当防卫研究的目的是以刑法规范为依据,对公民防卫权启用作应然的探讨,制定合理的判定标准,并对非暴力不法行为是否允许实施正当防卫作出理性的判定,并形成具有指导价值的刑法理论。"我们惟有兼从实质与形式不同侧面关注法律,才能窥见法的真谛,由此所得出的观念才不至于流于狭隘的偏激。""法的实质因素有助于社会秩序的安定,而法的形式因素,又使法有通权达变之可能,最终目的则在调节社会多方面的利益,以增进共同社会福祉。"[1]

---

[1]　韩忠谟:《法学绪论》,中国政法大学出版社2002年版,第24页。

一人公司财产独立证明法理重述及裁判规则审思

吴佳悦 郭泽喆

摘要：一人公司财产独立证明（《公司法》第63条）标准长期存在分歧，在规范困境与认知困境双重作用下，法官对司法审计过度依赖。上述分歧与困境，是不同法官在司法制度、公司制度、证据制度、司法鉴定制度等方面的价值取向差异在个案处理中的具体表现。由于司法实践渐以严苛证明标准为主流，涉诉一人公司人格否定概率畸高，一人公司的制度价值遭受质疑，《公司法》第六次修订中立法者对第63条的存废产生摇摆。理想的一人公司财产独立证明裁判规则，应建构于多元价值的兼顾和平衡之上：首先，第63条作为特殊规则单独适用，不受第20条第3款项下主观恶意和损害结果要件约束；其次，财务会计报告是证明公司财产流向最为适当的证据形态，应当围绕年度审计义务展开证据资格审查；再次，适格证据的证明力大小双向受制于形式和内容，专项司法审计报告的证明力最高；最后，一人公司履行年度审计义务的可考虑举证责任适当减轻并部分转移，亦可考虑将一人公司股东的连带清偿责任解释为限定于财产混同范围之内。鉴于第63条具有独特价值，立法上不应摒弃，而应加以改造完善。年度审计义务（《公司法》第62条）若附加专项审计内容，则制度功效将有效激活。

关键词：一人公司；《公司法》第63条；财产独立；公司人格否认

Restatement of Legal Theory of Independent Proof of Single-Member Company Property and Review of Adjudication Rules

Wu Jiayue　Guo Zezhe

Abstract: The standard of independent proof of single-member company property (Article 63 of the Company Law) has long been different, and under the dual role of normative dilemma and cognitive dilemma, judges over-rely on judicial audit. The above differences and dilemmas are the concrete manifestation of the difference in the value orientation of different judges in the judicial system, the company system, the evidence system and the judicial appraisal system in the case handling. Because the judicial practice is gradually taking the strict proof standard as the mainstream, the probability of denying the personality of the single-member company involved in the lawsuit is extremely high, and the institutional value of the single-member company is questioned. In the sixth amendment of the Company Law, the legislator has wavering on the survival or abolition of Article 63. The ideal single-member company property independent proof adjudication rule should be built on the consideration and balance of multiple values: first, Article 63 is applied separately as a special rule, and is not subject to the subjective malice and damage result requirements under Article 20 paragraph 3; secondly, the financial accounting report is the most appropriate form of evidence to prove the direction of the company's property, and the qualification examination of evidence should be carried out around the annual audit obligation. In addition, the probative power of qualified evidence is subject to both form and content, and the probative power of special judicial audit report is the highest. Finally, the burden of proof for a single-member company to perform the annual audit obligation can be appropriately reduced and partially transferred, and the joint and several liability of the shareholders of a single-member company can also be interpreted as limited to the scope of property confusion. In view of the unique value of Article 63, legislation should not be abandoned, but should be improved. Annual audit obligations (Article 62 of the Company Law) If special audit content is added, the effectiveness of the system will be effectively activated.

Key Words: single-member company; Article 63 of the Company Law; property independence; corporate personality denial

引　言

为因应客观难禁的实质一人公司,立法机关借鉴他国立法例,①于 2005 年《公司法》"大

---

① 1897 年英国萨洛蒙诉萨洛蒙有限公司案开启判例法上承认一人公司的先河,1925 年列支敦士登《关于自然人及公司之法律》首次以成文法形式承认一人公司。参见施天涛:《公司法》,法律出版社 2018 年版,第 43~44 页;沈贵明:《模式、理念与规范——评新〈公司法〉对一人公司的规制》,载《法学》2006 年第 11 期。

修"时将一人公司制度入法。同时"为防止一人公司股东滥用公司制度"创设了诸项风险防范制度,其中一人公司财产独立证明不能时的人格否认推定制度居于核心地位。① 2021年《公司法》修订,草案一审稿放宽一人公司设立限制,删除现行法第62条年度审计义务及第63条财产独立证明制度。2022年12月27日,草案二审稿恢复第63条。在条文外观和规范体系上,将现行法第63条调整至草案第23条第3款,成为总则中有关公司人格混同致股东对公司债务承担连带清偿责任规定的一部分。

"只有在规范与生活事实,应然与实然,彼此互相对应时,才产生实际的法律。"②立法者在修法中对年度审计义务的摒弃,以及对财产独立证明制度存废的摇摆,源于法律条文实施的实际状态与理想状态之间存在"法律规范功能的期望落差"③。对从事商事审判工作的法官而言,完全理解立法者的纠结,司法实践中对一人公司财产独立证明标准裁判尺度的把握,自制度诞生起便存在分歧,聚讼不已。④ 由于财产独立证明标准严苛,涉诉一人公司人格否定概率畸高,⑤一人公司股东极易陷入连带无限责任,学界对第63条乃至一人公司制度是否还有特别规定的必要存在争议。本次修订草案一审稿删除第63条便旨在消解一人公司的特殊性。

然而不可否认的是,一人公司不具有传统多股东公司的人合性及社团性,股东意志可直接转化为公司意志,公司形骸化风险极高。我国引入一人公司制度之初,立法者便对其抱有不信任态度,通过举证责任倒置推定一人公司人格滥用,精心设计了7条规范织密制度牢笼。时至今日,一人公司人格滥用情形并未趋减,将第63条这至关重要的最后一道防火墙拆除,与社会现实脱节,与立法初衷相悖,同样招致反对。正因为如此,一人公司财产独立审判实践中存在的分歧如何澄清,相关制度是否存在改进完善空间,是本次《公司法》修订乃至

---

① 除此之外还立法设置了最低注册资本且须一次性缴足、自然人仅可设立一个一人公司且该一人公司不得再新设一人公司、年度审计义务等风险防范制度。参见全国人民代表大会常务委员会法制工作委员会编、安建主编:《中华人民共和国公司法释义(2005年版)》,法律出版社2005年版,第9页。

② [德]亚图·考夫曼:《法律哲学》,刘幸义等译,五南图书出版有限公司2000年版,第148页。

③ 王叶萍、方述发、郭泽喆:《行政诉讼一并审理民事争议制度的激活与完善——以〈行政诉讼法〉第61条功能的双重期望落差为视角》,载刘贵祥主编:《人民法院为服务新发展阶段、贯彻新发展理念、构建新发展格局提供司法保障与民商事法律适用问题研究——全国法院第33届学术讨论会获奖论文集(中)》,人民法院出版社2022年版,第566~578页。

④ 2022年笔者所在法院审结一起类案,被告一人公司及其股东辩称公司财务独立规范并提交年度审计报告为证。囿于年度审计报告不含财产是否独立内容,被告进一步申请专项司法审计。历时一年多、耗资数万元的司法审计认定,该公司成立以来有若干笔、总计数万元的与股东款项往来失范。承办法官陷入两难,经专业法官会议讨论和征求上级法院指导,最终认定该公司与股东财产混同,判令股东对公司高达数十万元的债务承担连带责任。该案的审理思路和裁判结果,是一人公司财产独立证明司法实践历经宽与严的争鸣后,渐以严苛证明标准成为主流的产物。

⑤ 该现象得到相关研究的支持。例如娄奇铭的研究指出,其于"聚法网案例库"检索到的2479份关联判决中,以一人公司财产不独立为由判决股东承担连带责任的占比高达99.677%。参见娄奇铭:《一人有限责任公司财产独立的证明》,载《重庆社会科学》2017年第12期。又如赵剑英等人从"威科先行"平台16579件关联案例中分级筛选有效案例226件,其中判定一人公司法财产混同的161件,占比71.24%。参见赵剑英等:《一人公司法人人格否认司法实践观察报告(一)》,https://mp.weixin.qq.com/s/ydgrBIJPCBECl_uzFwZJrA,最后访问日期:2023年10月18日。

我国公司制度发展进程中值得深入探讨的问题。

一、一人公司财产独立证明的裁判标准分歧

《公司法》第 63 条围绕财产独立证明展开,存在程序上举证责任倒置以及实体上突破债权相对性的双重特性,属于公司人格否认的特殊情形。实证分析发现,第 63 条在诉讼中得到广泛援引,但对其理解与适用存在分歧。[①]

(一)分歧一:初步举证责任分配

适用第 63 条时,审判实践对原告债权人是否需要承担初步举证责任首先存在分歧。存在裁判观点认为债权人须承担初步举证责任,证明对象为第 20 条第 3 款规定的"损害利益"要件[②]。另有裁判观点认为,债权人无须承担任何额外的初步举证责任。举证责任分配分歧在一些个案的不同审级裁判中得以体现。以(2019)最高法民终 1093 号案为例,一审法院认为,《公司法》第 20 条第 3 款与第 63 条都是关于公司法人人格否认制度的法律规定。其中,第 20 条第 3 款属于一般规定,确立了适用法人人格否认制度应当满足的条件;第 63 条属于特别规定,明确了在一人公司情形下对股东财产是否独立于公司财产实行举证责任倒置,不宜简单采取特别法优于一般法原则,对于上述条款应当结合适用。具体到该案,原告以法人人格否认为由主张被告股东对一人公司的债务承担连带责任,首先应当提供证据证明一人公司已丧失偿债能力导致其作为债权人的利益受到严重损害。然而,二审法院认为,《公司法》第 20 条是否认公司法人人格的原则性规定,适用于所有的公司形式,而一人公司为有限责任公司中的特殊形式。因一人公司只有一个自然人或者一个法人股东,股东与公司联系更为紧密,股东对公司的控制力更强,股东与公司存在人格混同的可能性也更大,因此在债权人与股东的利益平衡时,应当对股东课以更重的注意义务。第 63 条对一人公司财产独立的事实,确定了举证责任倒置的规则。在股东未完成举证证明责任的情况下,应当对公司债务承担连带责任。此为法律对一人公司的特别规定,应当优先适用。[③]

举证责任分配上存在分歧,理论层面,是在否认公司独立人格先决条件适用上存在分歧。债权人应承担初步举证责任的观点认为,一人公司人格否认本质上属于公司人格否认下属子制度,既然如此,一人公司人格否认亦应当遵循公司人格否认制度的一般规则。公司人格否认的先决条件为严重损害债权人利益,故亦只有在严重损害债权人利益的情形下才

[①] 笔者于 2023 年 5 月 9 日在"北大法宝类案检索"平台键入关键词"《公司法》第六十三条",共检索出最高人民法院公报案例 1 件"上海第一中级人民法院(2014)沪一中民四(商)终字第 1267 号"及其他案例 96716 件。

[②] 《公司法》第 20 条第 3 款规定:"公司股东滥用公司法人独立地位和股东有限责任,逃避债务,严重损害公司债权人利益的,应当对公司债务承担连带责任。"

[③] 参见中华人民共和国最高人民法院(2019)最高法民终 1093 号民事判决书。

能否认一人公司人格。而债权人无须承担举证责任的观点则是出于对一人公司组织结构特殊的考虑,一人公司股东对公司的高度话语权,其人格形骸化的风险更高,故一人公司人格否认制度本应有别于普通公司人格否认制度。

(二)分歧二:年度审计报告的证明力认定

《公司法》第 62 条规定,一人公司应在每一会计年度终了时编制财务会计报告,并经会计师事务所审计。年度审计报告在一人公司财产独立证明的诉讼活动中成为常见证据类型亦是归因于《公司法》第 62 条关于一人公司年度审计义务的规定。然而审判实践对于年度审计报告的证明力认定存在分歧。肯定说认为年度审计报告一定程度上可以证明一人公司财产独立,否定说则认为年度审计报告无法证明一人公司财产独立。(详见表1)

表 1　年度审计报告证明力裁判观点

基本立场	细分观点	案例	裁判说理
肯定说	①被告股东提交其控股期间一人公司的年度审计报告即完成举证责任	中华人民共和国最高人民法院(2022)最高法民终 364 号民事判决书	在本案诉讼期间,常熟京辉公司成为鞍山京辉公司的唯一股东。现常熟京辉公司已经提交了鞍山京辉公司的审计报告,能够初步证明鞍山京辉公司拥有独立完整的财务制度
	②仅年度审计报告包含证明公司财产与股东财产分别列支列收、独立核算的内容,方才完成举证责任	中华人民共和国最高人民法院(2022)最高法知民终 705 号民事判决书	江铃公司提交的 2018 年、2019 年、2020 年年度审计报告,均系具有相关资质的会计师事务所出具,新意公司认可该三份审计报告的真实性,对出具报告的会计师事务所资质、审计过程和方法等未提出异议,原审法院根据审计报告认定案件事实,并无不当……该三份审计报告显示江铃公司已全额出资,陆风公司建立了相对规范的财务制度,其与股东江铃公司的财产分别独立核算。江铃公司已履行一人有限责任公司财产和股东财产独立的初步证明责任
	③是否依照第 62 条进行年度审计是认定一人公司财产独立的参考因素	上海市第二中级人民法院(2023)沪 02 民再 14 号民事判决书	辣辣公司未依照《公司法》的规定在每一会计年度终了编制财务会计报告,并经会计师事务所审计,说明其在经营中未形成规范的财务制度

续表

基本立场	细分观点	案例	裁判说理
否定说	①年度审计报告仅反映一人公司财务状况以及经营成果和现金流量,不足以证明一人公司财产独立	中华人民共和国最高人民法院(2019)最高法民终1093号民事判决书	能源公司虽提交了置业公司2013年度和2014年度的审计报告以及所附的部分财务报表,但从审计意见的结论看,仅能证明置业公司的财务报表制作符合规范,反映了公司的真实财务状况,无法证明能源公司与置业公司财产是否相互独立,不能达到能源公司的证明目的。
	②年度审计并非专项审计,年度审计报告中无相关审计内容和具体过程相印证的财产独立结论不予采信	江苏省苏州市中级人民法院(2022)苏05民终1169号民事判决书	曹佳慧提供的2019年、2020年年度审计报告并非专项审计报告,其中记载的"无材料证明公司财产与股东混同"的结论亦并无相关审计内容和具体过程相印证……曹佳慧提供的2019年、2020年年度审计报告并非专项审计报告。

年度审计报告证明力的分歧,实际上是对一人公司财产独立认定标准的分歧。肯定说的裁判观点其底层逻辑在于一人公司财务制度是否规范与独立是一人公司财产独立证明标准之一,是否履行《公司法》第62条的年度审计义务是衡量公司财务制度是否独立与规范的重要标准;而否定说的裁判观点则认为,财务制度的规范与独立并不等同财产独立,即便按照《公司法》第62条履行年度审计义务亦只能证明一人公司财务制度的规范,无法与一人公司财产独立相等同。

(三)分歧三:专项审计报告的证据资格判断

专项审计,是注册会计师在根据审计准则实施审计工作的基础上,对被审计单位的专门某一项目款项的财务报表审计意见的过程。当常规年度审计报告无法直接证明一人公司财产独立时,被告股东往往试图提供以一人公司财产独立为专项的审计报告补强举证。司法实践中大多数法官认为,专项审计专门针对一人公司与其股东财产是否存在混同进行审计,有关报告具有直接证明力。分歧在于,采严格审查证据资格的观点认为,仅通过诉讼阶段法院委托司法鉴定作出的专项审计报告方才具有证据资格,若专项审计报告系被告单方委托作出则丧失证据资格。例如,(2021)粤01民终6244号民事判决认为:"至诚伟业公司提交的《专项报告》形成于本案一审立案之后,由其单方委托形成且所依据的财务材料由其单方提交,缺乏形式上的有效要件,本院不予采信。"此裁判观点体现出对一人公司的极度不信任,在此裁判观点之下,极大地削弱甚至于是在排斥被告一方于诉讼之外形成的证据类型。

另一种观点对专项审计报告的证据资格审查标准持相对宽松态度,认为在未出现鉴定失败的情形下,鉴定机构作出的鉴定意见应具备证据效力,并不能够因被告单方面委托作出而简单否认其证明力。在正润服饰有限公司诉吴飞股东损害公司债权人利益责任纠纷一案中,因被告吴飞资金短缺未缴纳司法审计费用,撤回司法审计申请,于诉讼之外另行委托第三方会计师事务所进行审计。① 后正润服饰有限公司向上海市高级人民法院提出再审申请,理由之一为:"作出涉案审计报告的上海申亚会计师事务所有限公司不是上海市高级人民法院指定的会计审计单位,且系吴飞单方面委托,正润公司对该审计报告之公正性有异议。"对此,上海市高级人民法院认为:"鉴定意见是民事诉讼法规定的证据形式之一,法律并未规定单方委托鉴定机构作出的鉴定意见不具备证据效力,本案所涉股东与公司财产独立性之《专项审计报告》可以作为证据使用。"②

二、一人公司财产独立认定面临多重困境

在司法实践中有关一人公司财产独立证明的分歧,或归因于立法支撑不足导致的规范困境以及法官知识结构局限造成的认知困境。在规范困境与认知困境交织作用下,类案审理难免陷入对司法审计的依赖困境。

(一)法律规范模糊困境

《公司法》第 63 条文义直白但内涵抽象,一方面,该条规范并未明示"财产独立"的含义以及股东如何举证证明"财产独立"这一待证事实,最高法院历次颁布的公司法司法解释亦未具体阐释,一人公司财产独立认定与证明在规范文本层面具有鲜明的模糊性与解释弹性,造成司法实践中对证明标准的诸多分歧。另一方面,如果将第 63 条置于全法进行体系解读,会发现如下不算隐晦的线索:《公司法》专门设定第二章第三节"一人有限责任公司的特别规定",首先于第 62 条规定一人公司年度审计义务,紧接着以第 63 条规定一人公司财产独立证明义务,二者条文衔接紧密、内容一脉相承,均涉及一人公司财务制度,显然具有逻辑上的承接关系。如此行文布局,是否意味着立法者有意在两个法条之间建立联系?是否能够理解为,一人公司未尽年度审计义务即意味着与股东财产相混同?反之,一人公司履行年度审计义务则与股东财产相独立?带着这种假设进一步对法条构造加以审视,大抵又会引发以下困惑:从规范模式来看,第 62 条仅设定行为模式,而未设定法律后果,立法者并未明确一人公司不履行年度审计义务将产生何种法律效果。既然如此,上述对第 62 条与第 63 条之间关系的理解是否可靠,着实存疑。

---

① 参见上海市第一中级人民法院(2016)沪 01 民终 3050 号民事判决书。
② 上海市高级人民法院(2016)沪民申 1949 号审判监督民事裁定书。

(二)专门性事实查明与认定困境

信息是决策的基础,任何机构的有效运作,都立基于充分的专有知识,否则会失去对裁决对象的科学判断与干预,司法机关通过证据对待证事实是否成立作出认定亦需要专有知识的加持。在一般法律领域中,法律适用者(法官)主要利用其专业法律知识与技能,结合社会知识、道德良知,形成内心确信,作出判断。[①] 然而一人公司财产独立的认定,其中涉及专业化的财会事务,属于特定学科范畴的专门性事实问题,对其的认定须仰仗财会知识,而法官的知识储备集中于法律范畴。且在现行公司法体系并未就何谓"一人公司财产独立"给予明确标准的情形下,面对纷繁复杂的各类财务报表,法官在审查这些具有高度专业性证据时难免"望而却步"。当然,法官对被告提交的用于证明财产独立的证据并非毫无认证能力,其可利用证据学知识对相关证据进行把控,首先排除无证据资格与欠缺证明力的证据。例如,事后补造的财务报表、明显瑕疵的审计报告等,属于证据失格而应予排除的类型。又如,社保缴交证明、企业所得税纳税申报表单等与待证事实并不关联,则属于欠缺证明力而应当排除的范围。在此类案件中,法官的困惑缘于无法直接理解证据实质内容所蕴含的会计学含义,从而难以把握证明标准的尺度。当被告提交的财务报表、审计报告等证据可初步认定具有真实性、合法性,且对一人公司财产独立的待证事实形成关联时,法官便陷入了认知困境。

(三)司法审计依赖困境

对法官而言,审计报告及财务报表的内容繁复,在规范困境与认知困境的双重压力下,相较于凭借简单朴素的财会常识去评判相关专业问题,倒不如以"举证不足"为由对困难加以消解。相较于通过形式逻辑推理、生活经验法则等间接思维工具艰难而犹疑地对待证事实形成并不那么确信的"内心确信",专业第三方机构给定直接结论对法官具有天然的吸引力。在一些案件中,即便被告提交了一人公司年度审计报告及相应财务报表作为证据,在报告本身未得出明确的财产独立结论的情形下,囿于有限的认知,法官也不敢或不愿径直作出判断。还有一些案件中,被告为诉讼提交了以一人公司财产独立为审计目的的专项审计报告,法官却以报告并非于每一会计年度终了时作出、审计系由被告单方委托作出等为由而否定其证明效力。法官在此类案件中的谨小慎微以及对司法审计的高度依赖由此可见一斑,这也是民事诉讼中一人公司财产独立非经司法审计几乎难以证成的深层原因。

三、一人公司财产独立证明的利益衡量

一人公司财产独立证明的分歧,本质为不同法律适用主体(法官)在司法制度、公司制

[①] 参见吴元元:《反垄断司法的知识生产——一个知识社会学的视角》,载《现代法学》2014年第6期。

度、证据制度、司法鉴定制度等方面的价值取向差异。这种价值多元乃至冲突,主要涉及四对范畴、四组关系。

(一)司法公正与司法效率的取舍

公正与效率是司法活动的主题,①是司法活动首要考量的一对价值范畴。公正价值追求正义,其要求设定的证明标准建立在尽可能还原客观事实的基础之上。效率价值考量成本,应在有限的司法资源条件下最大限度地达致正义。案件审理应当在追求客观真实之下最大限度地利用诉讼资源。② 司法公正和司法效率价值的取舍,是证明"标准线"设定的重要影响因素。对负有举证责任的一方当事人而言,证明标准的高低与举证成本的高低成正比,与效率高低成反比。在第63条适用中,法官对财产独立的界定越为严格,对证据的真实性、客观性、关联性的审查就愈严格,负有举证责任的一方当事人举证成本则越高。然而对于法官而言,财产独立认定、证据审查越严格,反而越能以被告未尽"举证责任"为由完成事实认定与法律适用。此时,于形式层面公正与效率或许实现了统一,但于实质层面,财产独立认定标准的单一化,过度削弱相关证据的证明力,反而是在剥夺被告一方证明其财产独立的权利,放弃对一人公司财产独立的事实进行实质层面的判断,偏离了司法公正的正道。诉讼之中,司法公正与司法效率的实质统一,是力求在限定时间内,利用有限的诉讼资源,最大限度地发现事实、定分止争,实现司法公正。在法经济学视角之下,证据的收集应当进行到边际成本与边际收益相等的那一点上。③ 在此层面上,司法审计并非一人公司财产独立证明的"经济最优解"。司法审计所产生的边际成本高于边际收益,司法审计耗费时间之长,费用之高,而审计结果在判断是否"财产独立"上亦可能"模棱两可"。同时,司法审计的开启亦降低了当事人诉讼之外纠纷解决的可能性。一人公司财产独立认定标准与证明标准设定应当在尽可能追求客观真实的前提下,缩短诉讼周期,降低举证成本,寻求纠纷解决综合效果的最优解。

(二)公司人格独立与债权人利益保护的权衡

一人公司在满足单个股东对公司经营的绝对掌控的同时,又以认缴出资限定责任范围,对投资者(股东)而言一人公司相较于个人独资企业、个体工商户的优势在于有限责任。在国家层面,赋予一人公司合法地位的主要目的在于节约公司设立、运营和监督成本,吸引更多主体参与市场投资。从2005年之前的现实情况来看,即便法律拒绝承认一人公司的合法性,亦无法达到消弭之目的。市场反而滋生诸多不易识别的实质一人公司,造成法律关系复

---

① 参见肖扬:《公正与效率:新世纪人民法院的主题》,载《人民司法》2001年第1期。
② 参见徐昕:《事实发现的效率维度——以波斯纳〈证据法的经济分析〉为解读文本》,载《开放时代》2002年第4期。
③ 参见[美]理查德·A.波斯纳:《证据法的经济分析》,徐昕、徐昀译,中国法制出版社2004年版,第36页。

杂化、法律规制缺位的后果。① 堵不如疏,立法者最终承认一人公司的合法地位,将其纳入法律规制,以期更有利于公司制度的完善及社会经济的良性发展。

不同类型或是同类型不同规模的公司,均存在利益关系异质化的现象,②国家为之提供"差序化"的法律规范供给。由于一人公司的所有权与管理权高度重合,其股东同时为公司所有者及业务执行者,欠缺一般公司应有之内部制衡机制,外部主体因为信息不对称难以察觉并及时制衡公司内部失范行为,一人公司往往成为其股东诈欺债权人、实施脱法行为的工具。诚如学者所言,"最容易发生滥用公司法人格之情事者""道德危机最高"者必然包括一人公司。③ 为此,2005年《公司法》专节对一人公司予以规制,第63条位列其中,学界对其褒贬不一。有的认为,第63条是保护债权人效果最好的"防弊措施",倒逼股东自觉尊重和维护一人公司人格独立,随时注意划清股东和公司财产界限。④ 有的则认为,第63条有矫枉过正之嫌,一人公司财产混同推定不问是否存在滥用人格的客观事实、有无债务逃避的主观恶意、是否造成债权人利益损害结果,几乎剥夺了股东的有限责任资格。⑤

过度强化一人公司股东单一、资本单一的"原罪",向股东施加过于沉重的自证清白压力,天平将完全倾向于债权人一方,一人公司股东难以摆脱无限连带责任的枷锁,这有违一人公司制度的初衷。另外,公司有限责任"附赠"股东连带责任,还会诱使商事交易主体偏好选择一人公司进行交易,压缩普通有限责任公司的生存空间。再者,不排除有心的投资者在评估一人公司风险后,以挂名等凑人头方式变通设立普通有限责任公司,享受股东有限责任和公司人格操控双重之利,实质令一人公司死灰复燃,这亦非立法者所愿。可见,如何看待和处理公司人格独立与债权人利益保护的冲突,深刻影响一人公司财产独立证明标准的建构。

(三)举证责任倒置与待证事实消极的调和

对作为规范要件的待证事实的证明难易程度,通常基于特定的立法意图和价值取向而在立法和司法上进行差异化设定。第63条关于举证责任倒置的制度设计,体现了优先保护债权人利益的取向。然而在类案中,即便被告股东拥有充分的信息优势且积极诚信应诉,其证明自己与公司之间财务关系正当合法也并非易事。首先,因被告股东作为一人公司所有权人及管理权人,法官及原告债权人对被告股东所提交证据天然不信任。对股东提供的财务会计报表,在缺乏第三方审计的情况下,原告通常对真实性予以否认,法官普遍不予采信。其次,与财产混同属于积极事实相反,财产独立(亦即财产不混同)属于消极事实,难以形成

---

① 参见全国人民代表大会常务委员会法制工作委员会编、安建主编:《中华人民共和国公司法释义(2005年版)》,法律出版社2005年版,第8~10页。
② 参见樊纪伟:《我国公司法定类型的反思及逻辑建构》,载《交大法学》2022年第1期。
③ 参见赵德枢:《一人公司之研究》,中国政法大学2022年博士学位论文。
④ 参见刘俊海:《论新〈公司法〉的四项核心原则》,载《北京理工大学学报(社会科学版)》2022年第5期。
⑤ 参见毛卫民:《一人公司"法人格滥用推定"制度的法理评析——兼论公司立法的价值抉择》,载《现代法学》2008年第3期。

直接证据并存证。举证责任一方苦恼于通过何种证据形态证明待证事实,屡次碰壁后大抵又兜回司法审计"华山一条路"。总体而言,被告股东在一人公司财产独立证明上虽然是"证据偏在方",但并非"证明优势方",其自证清白难度极大、成本极高。不禁追问:一人公司财产独立证明陷入"明希豪森困境"[1]是否为可欲的结果?正所谓"法律不强人所难",立法和司法上是否应当充分考量举证责任一方的举证可能性,适当缓和举证责任倒置与待证事实消极叠加带来的举证压力,从而避免第 63 条因其设定的要件难以证成而成为具文。

(四)行使裁量权与参考鉴定意见的界限

法官断案依赖司法鉴定(审计)长期受到诟病,批评者认为如此一来法官实质上放弃了部分裁量权,将案件"事实查明—事实认定"这一法律适用过程推托给鉴定机构,属于"以鉴代审",这也是反对滥用司法鉴定者的重要论据。然而司法鉴定作为法定的审判辅助手段,已然形成一套规范的流程细则,"使用"并不必然"滥用",不加区分地施以"以鉴代审"的批判是草率的。具体到一人公司财产是否独立,这是一个事实问题(描述事实),当其进入诉讼阶段、法律适用当中,就不可避免地从描述事实转化为掺杂了法律评价的价值判断。从纠纷发生到作出司法裁判的过程中,"事实"二字的内涵是多元的,至少具有客观事实、案件事实、证据事实、法律事实等不同面相。而法律适用所依据的是证据呈现的证据事实,在此基础上经法官内心确信而转化为用以作出价值判断的法律事实。即便法官径直采信司法鉴定(审计)结论,也无形中经历了上述证据事实转化为法律事实的心证,背后实际暗含了证明标准的尺度把控以及对证据事实的法律评价,[2]本身就是行使裁量权的一种形式。其症结在于,当司法审计成本过高当事人不愿采用时,是否有替代性举证方案可供选择。当当事人选择司法审计以外的举证方案时,法官是否可以径直按"举证不足"(言下之意即司法审计为唯一可能被采信的证据形态)不予采信被告的抗辩主张。若真如此,对法官"以鉴代审"的指摘或许便成立了。

四、一人公司财产独立证明裁判规则的反思与完善

"原则必须体现在而且也总是体现在具体的制度细节中。"[3]理想的一人公司财产独立证明裁判规则,应当建构于上述多元价值的兼顾和平衡之上,且应具有现实可操作性。

(一)第 63 条作为特殊规则而单独适用

承前所述,审判实践中存在的原告债权人是否需要承担初步举证责任的分歧,本质是对

---

[1] [德]罗伯特·阿列克西:《法律论证理论》,舒国滢译,中国法制出版社 2002 年版,第 1~2 页。
[2] 参见韩红俊:《事实问题与法律问题的区分——以人民陪审员制度改革为出发点》,载《人民司法》2017 年第 4 期。
[3] 苏力:《法官遴选制度考察》,载《法学》2004 年第 3 期。

《公司法》第 63 条与第 20 条第 3 款关系理解的分歧。关于上述法条之间的关系采何种解释及适用路径,应当结合立法目的、规范功能阐明。立法史料、体系安排等无不表明,第 63 条系出于规制一人公司、维护债权人利益目的而创设的规则。之所以未如第 20 条一般规定主观要件、结果要件,并非立法者在法律构成要件上规定不周延,而是在一人公司人格否认推定制度上本身即不需要主观要件、结果要件。倘若认为需要结合第 20 条第 3 款一并于一人公司相关民事诉讼中适用,课以原告债权人初步举证证明财产混同的主观恶意和损害结果,将极大加重原告债权人的举证责任,这并非立法本意。第 63 条作为一人公司人格否认的特殊规则,应对其独立适用,不再附会主观恶意和损害结果的要件要求。应当注意的是,《全国民商事审判工作会议纪要》指出,"认定公司人格与股东人格是否存在混同,最根本的判断标准是公司是否具有独立意思和独立财产,最主要的表现是公司的财产与股东的财产是否混同且无法区分"。换言之,财产混同是人格混同的最根本特征,公司一旦被认定财产混同,几乎难逃人格混同命运;而业务混同、人员混同、住所混同等其他混同则并非人格混同的必要条件。① 故而,适用第 63 条从财产混同角度实现一人公司人格否认已经属于最为直接和便捷路径,实践中没有一人公司的债权人舍近求远、择难舍易适用第 20 条第 3 款主张人格混同。可见,在理顺第 63 条与第 20 条第 3 款之间关系、不牵强附会一人公司债权人初步举证责任的情况下,关于是否可以同时适用第 20 条第 3 款达到一人公司人格否认目的的讨论并无现实意义。

(二)围绕年度审计义务展开证据资格审查

对庭审证据的证明目的加以明晰并进行证据资格审查,是构建类案裁判规则的基础性工作。在一人公司财产独立证明案件中,一些法官受认知局限所致思维惰性的驱使,有意无意地忽略对所有证据的实质性审查,自然也迷失了对证据证明目的和证明能力的把握。上述倾向是危险的,如此作出的裁判,正当性根基并不牢靠。此类案件证据证明目的的确立以及证明能力的认定,既要保护公司债权人利益,又不至于使股东总是被无限责任所裹挟。可以如富勒的道德尺度一般设想出某种刻度或标尺,②最低起点是股东无论如何仅对公司债务承担其出资范围内的有限责任,向上延伸至公司股东无条件应对公司债务承担连带责任。这个标尺上有一条看不见的指针,当价值取向的天平倾向于债权人利益时,指针便往下移动,扩大股东应当承担连带责任的情形;当价值取向的天平倾向股东利益保护时,指针便往上移动,扩大股东仅承担有限责任的领域。而如何为这一指针找一个合适的停泊点,则应当回到"法人"之适格之上,即以一人公司是否保有独立法律人格为衡量标准。③ 独立法律人格决定了公司享有不依附于出资者意志,对全部财产可享有独立支配的权利。④ 在公司与

---

① 参见《全国法院民商事审判工作会议纪要》第 10 条"人格混同"。
② 参见[美]富勒:《法律的道德性》,郑戈译,商务印书馆 2005 年版,第 12~16 页。
③ 参见王建文:《论公司法律人格之本质要素》,载《南京工业大学学报(社会科学版)》2003 年第 2 期。
④ 参见赵旭东:《公司法人财产权与公司治理》,载《北方法学》2008 年第 1 期。

其股东的财产关系上体现为：公司财产归公司所有，股东财产归股东所有，公司以其独立财产对外享有权利、承担义务；公司财产与其股东财产分别列支列收、单独核算，利润分别分配和保管，风险分别承担；公司财产的支配不受股东个人意志的控制。

上述事实认定应当在深入考察"公司财产流向"后加以把握。"公司财产流向"最直观地反映于公司连续记录、计算并进行财务登记的簿记之中。连续记录企业的经济活动，依法进行会计登记，且保管好相关会计资料，是划分和明晰产权的主要方式。通过簿记及相应计算，股东与公司之间的财产关系不仅在公司成立之初是清晰的，在后续不断经营过程中也是可查的。财务会计报告是簿记发展到会计阶段，根据簿记内容制作财务报表供管理人、投资者或其他主体使用的文字资料，是体现公司财产流向的直接载体。① 同时编制财务会计报告也是一人公司应履行的法定义务（第 62 条规定）。有鉴于此，一人公司财产独立证明的相关证据资格审查可以参考以下思路：财务会计报告系证明公司财产流向最为适当的证据形态；若在诉讼中一人公司股东无法提供完整、连续的财务会计报告，原则上可推定财产混同。然而，并非所有财务会计报告都能够真实客观地反映公司财产流向，一人公司股东存在虚假做账的可能；在实践中，对未经审计机构审计的财务会计报告通常原告债权人对真实性和合法性不予认可。审计报告系注册会计师根据审计准则的规定，在执行审计工作的基础上，对财务报表、财务会计报告发表审计意见的书面文件。② 而审计报告的目标系在评价根据审计证据得出的结论的基础上，对财务会计报告"是否符合国家颁布的企业会计准则和相关会计制度的规定，在所有重大方面是否公允反映了被审计单位的财务状况、经营成果和现金流量"形成审计意见。故而经会计师事务所审计财务会计报告后出具的审计报告可以较为客观、公允地反映一人公司财产状况，换言之，审计报告在此发挥"监督"与"评价"的作用。实际上，根据《公司法》第 62 条的规定，编制财务会计报告并经会计师事务所审计均为一人公司应履行的法定义务。综上所述，对一人公司财产状况作出客观、真实的评价，一方面需要通过财务会计报告对"公司财产流向"加以把握；另一方面，需要借助会计师事务所出具的审计报告对财务会计报告加以"正名"。故而，在一人公司财产独立证明的诉讼活动中，一人公司股东提交其持股期间一人公司的财务会计报告及其相应的审计报告后，在原告没有充分反驳证据的情况下，对真实性和合法性可予认定。反之，不认可其证据资格。

除却审计报告，为证明一人公司财产独立，在实践中被告股东亦可能提交会计师事务所出具的具有审计性质的报告作为证据，而相关具有审计性质的报告是否能够证明一人公司财产流向，应当根据作出该审计性质报告所依据的基础材料以及审计程序是否中立、客观、全面，从而加以判定。以《注册会计师执行商定程序的报告》为例，根据《中国注册会计师相关服务准则第 4101 号——对财务信息执行商定程序》第 2 条、第 3 条的规定，可以得知《注册会计师执行商定程序的报告》其所审计的信息内容，系由公司及股东单方面决定并提供给注册会计师；审计程序，亦是由被告股东、公司与注册会计师商定后决定的；在审计结果方

---

① 参见徐强胜：《我国公司法上财务会计制度的缺失与补救》，载《政法论坛》2023 年第 4 期。
② 参见《中国注册会计师审计准则第 1501 号——对财务报表形成审计意见和出具审计报告》（2016 年 12 月 23 日修订）第 8 条。

面,其出具的报告也并不能定性为鉴定结论。[①] 故假使被告股东提供由会计师事务所作出的《注册会计师执行商定程序的报告》,该报告无法客观、真实地体现一人公司的财产状况,不能达到证明一人公司财产独立的目的。

(三)适格证据的证明力大小双向受制于形式和内容

一人公司财产独立证明案件的庭审调查以及所有证据证明目的的指向,都应聚焦于公司财产权与股东所有权是否分离这一待证事实。如前所述,此类案件中证据适格的底线为财务会计报表及审计报告;在实践中,获得证据资格的财务会计报告及审计报告又因其形式和内容不同,而在证明力大小上存有差异。相关情况分类排序如下:第一,专项审计报告的证明力高于常规年度审计报告。财务制度的规范与独立并不能与财产独立相等同,而常规年度审计报告其结论主要为公司所作出的财务会计报告是否客观与合规,通常不含审查、评判公司与股东财产是否相互独立的内容,故常规年度审计报告与待证事实的关联性不足。而专项审计及报告其审计目的在于评判财产是否独立并得出结论,与待证事实直接关联。第二,司法审计报告的证明力高于诉讼外作出的审计报告。司法审计报告系在两造对抗下依循法定程序作出,是当事人对抗主义的产物,贯穿了现代民事诉讼的程序正义理念,其可能受到的质疑较小。反之,诉讼以外的审计报告,通常是当事人一方委托机构所作,真实性、客观性、公允性有所不及,进而削弱其证明力。第三,完整、连续所作的财务会计报告及审计报告证明力高于中断、补作的财务会计报告及审计报告。前者系履行第62条法定义务的产物,后者则是不履行法定义务的事后补救,高下立判。第四,包含财产独立结论的年度审计报告证明力高于不含财产独立结论的年度审计报告。实践中存在部分一人公司在年度审计时,除进行常规财务审计外,还额外委托机构对财产是否独立进行审计,此为常规审计与专项审计的混合,证明力高于仅含常规审计的年度报告。第五,无相关审计内容和具体过程相印证的审计结论缺乏证明力。换言之,仅下结论、不附过程的审计报告不予采信,如此亦可防范审计机构渎职失职的道德风险。

(四)若干突破性、争议性的审理思路

如前所述,从实现类案中两造举证责任平衡、达致市场交易主体地位和风险对等的目的出发,第63条的规范阐释,及其与第62条之间关系的理解,存有广阔的解释空间。立足审判实践,参酌类案中当事人提出的有关主张,笔者归纳两种具有突破性但存有争议的观点。

一是履行年度审计义务的,股东举证责任适当减轻并部分转移。实践中常有一人公司依照第62条进行年度审计,但审计内容不能直接证成财产独立,仍使股东被无限责任裹挟。守法者吃亏!这很难说不是在消磨一人公司股东履行法定义务的主动性和积极性,不免让第62条处于虚置境地,导向确实不佳。为化解上述尴尬,防止第62条具文化,不妨考虑细化审理标准,对严格履行年度审计义务的一人公司股东,法官可以根据其提交的经审计的年

[①] 参见《中国注册会计师相关服务准则第4101号——对财务信息执行商定程序》第2条、第3条。

度财务会计报告,对照《全国法院民商事审判工作会议纪要》第 10 条、第 11 条中明确的财产混同情形进行审查。同时,不再刻板地认为原告债权人在此问题上毫无举证能力。原告债权人亦可举证以反驳审计报告、财务会计报告存在审计失败,推翻其证据资格,例如聘请第三方审计机构对被告股东提供的审计报告及原始财务资料进行审核,作出财务咨询意见书。[①] 原告债权人亦可举反证证明一人公司财产与其股东存在混同,例如申请法院调取银行流水,通过往来流水发现一人公司与其股东是否存在频繁、不规范的资金拆借及财务往来;亦可从与一人公司日常资金往来中,寻找其存在财产混同的迹象,引导债权人在与一人公司交易时采取更高的注意水平和行为水平。

二是若经专项司法审计,确定股东与一人公司财产混同的金额范围,则股东在混同范围内承担连带责任。第 63 条笼统地表述在财产混同情况下股东对一人公司债务承担连带清偿责任,在司法实践中即便专项审计结论为股东和公司财产部分混同,仍判令股东对公司债务承担全部连带责任,此种裁判思路值得商榷。比照第 20 条第 3 款的法律适用,通常认为个案中的公司人格否认并不意味着对该公司整体人格的否认,且在主观恶意和损害结果要件的约束下股东连带责任的范围受到一定的限制,补偿性为主,惩罚性为辅。第 63 条项下的股东连带责任,作为第 20 条第 3 款之于一人公司的特殊情形,特别之处在于不以主观恶意和损害结果为构成要件,而共同之处则是同属人格混同下的股东连带责任,功能上同样以补偿性为主、惩罚性为辅,且亦遵循个案人格否认不加以扩大的原则。故从权责一致、过罚相当的原则出发,在审计认定的财产混同范围内股东承担连带责任,或是对第 63 条更为恰当的解释。有论者指出,上述"部分连带责任说"与未缴出资、抽逃出资的股东补充责任存在交叉,应当加以厘清。对此笔者认为,第 63 条项下的"部分连带责任"不以股东未缴出资、抽逃出资为前提,其与未缴出资、抽逃出资的股东补充责任属于平行关系,构成要件各不相同,不存在责任交叉。若一人公司股东既存在与公司财产混同情形,又存在未缴出资、抽逃出资行为,公司债权人可先依法主张未缴出资、抽逃出资的股东补充责任,当债务仍未清偿,则进一步主张"部分连带责任"。

余 论

2023 年《公司法》修订,立法者在修订草案中对一人公司年度审计义务的摒弃,以及对一人公司财产独立证明制度存废的摇摆,源于立法时的制度供给预期落空。产生"法律规范功能的期望落差"的症结在于,第 63 条规定举证责任倒置与待证事实消极,极大加重了一人公司财产独立证明负担,而司法实践渐以严苛证明标准为主流且对司法审计过度依赖,导致涉诉一人公司人格否定概率畸高,股东极易陷入连带无限责任泥淖。另外,一人公司年度审计义务存在缺失法律后果的规范漏洞,法律实施上陷入虚无困境,第 62 条已然具文化。

在 2005 年《公司法》"为防止一人公司滥用公司制度"而创设的诸项风险防范立法成果所剩无几的情况下,一人公司财产独立证明制度作为规制一人公司道德风险、抑制股东投机

---

① 参见北京市高级人民法院(2021)京民终 652 号民事判决书。

冲动的"防火墙"定然不可废弃,应当加以巩固和完善。若将一人公司股东的连带清偿责任解释为限定于财产混同范围之内,可避免过罚失当。若对一人公司年度审计义务规范加以适当改造,将使一人公司财产独立证明制度的缺陷得以弥补。建议立法保留一人公司年度审计义务(第62条),条文表述调整为:"只有一个股东的公司,应当在每一会计年度终了时编制财务会计报告,该财务会计报告须含公司财产独立于股东财产的内容,并经会计师事务所审计。"建议立法完善一人公司财产独立证明制度(第63条),条文表述调整为:"只有一个股东的公司,股东不能证明公司财产独立于股东自己的财产的,应当在财产混同范围内对公司债务承担连带责任。"在此基础上增加第2款:"只有一个股东的公司,根据本法规定编制财务会计报告,会计师事务所经审计对公司财产独立于股东财产出具无保留意见的,视为股东已经证明公司财产独立于股东自己的财产。"

《巴勒莫议定书》中人口贩运
被害人身份的认定[*]

宋佳宁[**]　王楠楠[***]

摘要：人口贩运被害人身份认定问题是被害人保护的前提与核心，也是目前国际社会保护人口贩运被害人人权面临的一大挑战。《巴勒莫议定书》作为第一个专门规定人口贩运的国际文件，第一次明晰了"人口贩运"的定义，对人口贩运被害人身份认定具有重要意义。以《巴勒莫议定书》为切入点，结合其他国际文件，总结人口贩运被害人相关概念与其身份认定标准，找出《巴勒莫议定书》下人口贩运被害人身份认定尚存的难题。提出弥补《巴勒莫议定书》现行立法瑕疵，明确"人口贩运"各定义要素、增补人口贩运被害人身份认定规范、明确被害人非罪化原则等建议；同时，鼓励各缔约国在立法标准上向《巴勒莫议定书》靠拢，以国家转介机制为平台，健全人口贩运被害人身份认定程序机制，加强执法培训。

关键词：《巴勒莫议定书》；人口贩运；被害人身份认定

Consideration on Identification of Victims of Human Trafficking in the Context of Palermo Protocol
Song Jianing　Wang Nannan

Abstract：The identification of victims of human trafficking is an essential step in rescuing and protecting victims. However, the act of identifying victims also poses a major challenge to the international community with regards to protecting the human rights of the victims. Palermo Protocol is the first legally binding international instrument

---

[*]　文章DOI：10.53106/615471682024120039010。

[**]　宋佳宁，法学博士，天津工业大学法学院副教授，研究方向：国际人权法。电子邮箱：songjianing1127@vip.163.com。

[***]　王楠楠，天津工业大学法学院硕士研究生，研究方向：国际人权法。电子邮箱：15110117735@163.com。

specifically regulating human trafficking. For the first time, that protocol provided a clear definition of human trafficking, which is indispensable to the identification of trafficked persons. In this paper, we start with Palermo Protocol as a foundation and then combine it with other international documents. We summarized the relevant concepts and identification standards for victims of human trafficking and identified some limitations of Palermo Protocol in the identification of victims of human trafficking. Recommendations are proposed in this paper to remedy the current legislative flaws of Palermo Protocol, clarify the elements of the definition of human trafficking, supplement the rules for the identification of victims, and clarify the principle of non-criminalization of victims. Furthermore, all signatory parties are encouraged to move closer to Palermo Protocol in terms of legislative standards, use the national referral mechanism to improve the identification procedure and strengthen law enforcement training.

Key Words：Palermo Protocol；human trafficking；identification of victims

人口贩运又称为"现代奴隶制"，它是一个长期存在的国际犯罪问题，也是继毒品贩卖与武器走私之后的全球第三大严重犯罪行为。尽管多数国家均已采取有力措施积极预防与打击这一犯罪现象，但由于该犯罪隐蔽性强、波及面广，治理成效甚微。在国际层面，自20世纪起就有国际公约①对人口贩运犯罪行为作出禁止性规定，但却因这些条约对人口贩运行为定义定性模糊削弱了打击犯罪的力度而使人口贩运被害人保护困难重重。② 2000年11月15日，《联合国打击跨国有组织犯罪公约关于预防、禁止和惩治人口贩运特别是妇女和儿童的补充议定书》（简称Palermo Protocol，即《巴勒莫议定书》③）应运而生，该议定书中明确了"人口贩运"的定义，为此后国际社会打击这类行为及认定与保护人口贩运被害人提供了参照标准。近年来，基于《巴勒莫议定书》，各缔约国致力于打击人口犯罪的国内刑事立法也日趋完善，并取得了一定成效。然而，虽然2020年全球人口贩运被害人人数首次下降，④但总案件数并未下降，这一方面说明人口贩运形式愈发隐蔽，另一方面也表明各国在人口贩运被害人识别和认定方面仍需努力，建立健全人口贩运被害人身份认定机制迫在眉睫。

---

① 1904年至1944年间，国际社会为打击严重的贩卖白奴问题而缔结的四个条约：《禁止贩卖白奴国际协定》（《1904年协定》）、《禁止贩卖白奴国际公约》（《1910年公约》）、《禁止贩卖妇孺国际公约》（《1921年公约》）、《禁止贩卖成年妇女国际公约》（《1933年公约》）。

② 参见魏怡然：《打击跨国人口贩运的国际法律制度研究》，法律出版社2019年版，第4页。

③ 《联合国打击跨国有组织犯罪公约关于预防、禁止和惩治人口贩运特别是妇女和儿童的补充议定书》并无官方的统一简称，学者多称其为Palermo Protocol（《巴勒莫议定书》）。

④ See United Nations Office on Drugs and Crime, Global Report on Trafficking in Persons, 2022, p.3.

一、《巴勒莫议定书》中关于人口贩运及人口贩运被害人的界定

《巴勒莫议定书》诞生以前,虽早有打击人口贩运行为的国际文件出台,但对人口贩运这一法律概念并无统一规定,也缺乏处理人口贩运问题的专门性文件,国际社会尚未就人口贩运相关问题达成共识。《巴勒莫议定书》作为全球第一个专门处理人口贩运问题的国际文件,具体界定了"人口贩运"的内涵,为各缔约国打击人口贩运犯罪活动提供了基本法律遵循。同时,《巴勒莫议定书》使用的人口贩运被害人概念也应予明晰。

(一)人口贩运的法律概念

1994年联合国大会第97次决议中指出,人口贩运是指贩运者非法且秘密地跨越国内或国际边境,强迫妇女和女童进行性行为或处于经济剥削状态,以使招聘人员、贩运者和犯罪集团获利,以及从事与贩运有关的其他非法活动,例如强迫国内劳动、非法婚姻、秘密就业和非法收养等。① 此次决议虽提出了有关人口贩运的概念,但因其主要目的在于保护妇女与女童免受性剥削,故存在一定的对象片面化倾向。

而后,《巴勒莫议定书》对人口贩运作出明确定义。根据《巴勒莫议定书》的规定,"人口贩运"是指,以性剥削、强迫劳动或摘取器官为目的,通过威胁、暴力、强制或其他手段,实施招募、运送转移、窝藏或接收人口的行为。《巴勒莫议定书》通过手段、行为、目的三大要素全面架构起人口贩运概念,并对该三要素均作出了较为详细的阐述,已然达致一个成熟的法律概念定义标准。此后的2005年《欧洲委员会打击人口贩运公约》(Council of Europe Convention on Action against Trafficking in Human Beings,以下简称《人口贩运公约》)②和2015年《东盟反人口贩运公约》(ASEAN Convention against Trafficking in Persons, Especially Women and Children)③也均沿用此定义。

(二)人口贩运的构成要素

如前所述,《巴勒莫议定书》中"人口贩运"的定义由行为、手段、目的三大要素构成。

---

① See UNGA, Traffic in Women and Girls UN Doc. A/RES/49/166, https://digitallibrary.un.org/record/198241 (last visited on Dec. 30, 2023).

② Council of Europe Convention on Action against Trafficking in Human Beings, opened for signature on May 16, 2005, CETS No.197 (entered into force on 1 February 2008) Article 4(a) (European Trafficking Convention).

③ ASEAN Convention against Trafficking in Persons, Especially Women and Children, opened for signature on Nov.21, 2015 (entered into force on Mar.8, 2017) Article 2(a) (ASEAN Trafficking Convention).

其一,"行为"要素是对人口贩运予以基本定性,是指招募、运送、转移、窝藏或者接收人员,囊括从贩运开始到贩运结束的各个阶段。然而,《巴勒莫议定书》的解释性文件(如立法指南《打击人口贩运示范法》)(Model Law against Trafficking in Persons)均未对这些术语作出具体解释。对于这些术语的具体理解可参照欧洲委员会和联合国在打击器官、人体组织、细胞贩运以及为摘取器官而贩运人口犯罪方面的联合研究。该研究认为,"招募"应从广义上理解,即包括对他人的承诺或参与利用他人的任何活动。且它不限于使用某些手段,包括使用现代信息技术。"运送"是一个通用术语,不限定任何特定的运输方式或种类,将一个人从一地运送到另一地的行为即可构成,无论是否跨国运送。"转移"则指以任何形式将一个人移送给另一个人,包括以明示或默示方式将对个人(尤其是家庭成员)的控制权移交给另一人。"窝藏"是指以任何方式容纳或安置人员,无论是在他们前往最终目的地的途中还是在被剥削地。"接收"被害人不仅限于在剥削发生的地方接收他们,也包括在贩运途中约定的地点与被害人会面,向他们提供有关去哪里或做什么的进一步信息。[①]

其二,"手段"要素仅与贩运成年人有关,旨在列举说明贩运者剥夺被害人自由的各种方式,包括"威胁或使用暴力手段或其他形式的胁迫""诱拐、欺诈、欺骗、滥用权力或者滥用脆弱境况""授受酬金或利益取得对另一人有控制权的某人的同意"[②]。其中,"胁迫"不仅包括威胁或使用人身伤害,而且包括对被害人或者被害人家属施加的其他形式的压力(如心理逼迫、经济压力),以限制被害人的自由意志。根据《打击人口贩运示范法》的规定,"欺骗"和"欺诈"密切联系,可以指贩运者将从事的工作或服务的性质(例如,向某人许诺从事家庭佣工的工作,实际强迫其提供性服务),也可以指该人被迫从事这种工作或服务的条件(例如,向某人承诺获得合法工作和居留许可的可能性,适当的报酬和正常的工作条件,但最终该人没有得到报酬,被迫长时间地工作,被剥夺签证或身份证,没有人身自由),或两者兼而有之。[③]"滥用权力"一词在议定书起草稿中使用的是"滥用权威"一词。《巴勒莫议定书》的起草者认为,"权威"一词应理解为包括在某些法律制度中男性家庭成员可能对女性家庭成员的权力,以及父母可能对子女的权力。"滥用脆弱境况"指贩运者利用的这种脆弱性,可能是任何形式的:经济、社会、身体或心理。换言之,使一个人处于易受伤害地位的原因是多方面的,例如非法入境、怀孕、因疾病、体弱或精神疾病或残疾而作出判断的能力下降、对任何物质上瘾、向有权力的人许诺或给予金钱或其他好处或者从社会生存的角度来看处于不稳定的境地。"通过授受酬金或者利益取得对另一人有控制权的某人的同意"的定义并不明确,《巴勒莫议定书》和其他解释性文件都没有对这一术语作出定义。同时,其与滥用权力或脆弱境地的概念之间的区别也模糊不清。

其三,"目的"要素意在阐明贩运者的动机与目的,即剥削他人。联合国毒品和犯罪问题办公室将"剥削目的"确定为人口贩运概念的"特殊主观要件",将其定义为"贩运者在实施贩

[①] See Council of Europe and United Nations, Trafficking in Organs, Tissues and Cells and Trafficking in Human Beings for the Purpose of the Removal of Organs, 2009, p.78.

[②] Palermo Protocol, Article 3(a).

[③] See United Nations Office on Drugs and Crime, Model Law against Trafficking in Persons, United Nations Publication, 2009, p.12.

运行为时所要达到的目的"①。需要强调的是，具备特殊主观要件并不要求真正达成目的。换言之，构成人口贩运并不需要进行实际的剥削。与之相反，只要存在剥削的意图就足够了，且这种意图的产生者可以是参与贩运的任何人。基于剥削意图的不同，人口贩运也被归纳出三种主要类型，即性贩运、劳工贩运以及以摘取器官为目的的贩运。②

(三)《巴勒莫议定书》中人口贩运被害人的概念

人口贩运被害人认定的前提是厘清人口贩运被害人的概念。《巴勒莫议定书》中对人口贩运被害人使用的称谓是"victims of trafficking in persons"，"victim"可译作被害人或受害者。国际公约中使用"victim"一词最早可追溯至《联合国为罪行和滥用权力行为被害人取得公理的基本原则宣言》(1985年)(以下简称《宣言》)。《宣言》将"受害者(被害人)"界定为受到包括身心损伤、经济损失或基本权利的重大损害的人，且这种伤害是由于触犯会员国现行刑事法律，包括那些禁止非法滥用权力的法律的行为或不行为所造成的。"被害人"一词在适当情况下还包括直接被害人的直系亲属或受扶养人，以及出面干预以援助受难中的受害者或防止受害情况而蒙受损害的人。③ 因此，《巴勒莫议定书》中"victim"一词应包含在身心、经济上遭受人口贩运行为侵害的任何人。

此后的《人口贩运公约》对人口贩运被害人概念予以明确。依据《人口贩运公约》第4条第5款的规定，人口贩运被害人是指本条所界定的被人口贩运的任何自然人。④ 这里的任何自然人是指不同性别、不同年龄的所有人。显然，《人口贩运公约》旨在强调对所有人无差别的保护，但由于妇女和儿童属于极易遭受贩运的弱势群体，可能会在保护上有所侧重。此外，也有学者将人口贩运被害人称作"标志性被害人"，并归纳出四点特征：第一，因性剥削而被贩运的女性；第二，被有关执法部门认定为证人；第三，与执法部门充分合作；第四，从人口贩运者中被解救而非逃跑。⑤ 但由于上述特征明显对被害人抱有功利性幻想，与《人口贩运公约》中提到的"任何人"不符。故笔者认为，《人口贩运公约》中对人口贩运被害人的定义更契合对人口贩运被害人保护的立法价值。

---

① United Nations Office on Drugs and Crime, Anti-human Trafficking Manual for Criminal Justice Practitioners, Module 1: Definitions of Trafficking in Persons and Smuggling of Migrants, 2009, p.5.

② See Anushka Pandey, Slavery, Human Trafficking and Prostitution, *Legal Lock Journal*, 2022, Vol.1, No.5, p.43.

③ See UN Declaration of Basic Principles of Justice for Victims of Crime and Abuse of Power (1985), at https://www.unodc.org/pdf/rddb/CCPCJ/1985/A-RES-40-34.pdf (last visited on Oct. 26, 2023).

④ See European Trafficking Convention, Art. 4 (e).

⑤ See Oluwakemi Omojola, Protection of Victims of Human Trafficking in Nigeria, *Nnamdi Azikiwe University Journal of International Law and Jurisprudence*, 2023, Vol.14, No.3, p.79.

二、《巴勒莫议定书》中人口贩运被害人身份的认定标准

人口贩运被害人身份认定直接关系着被害人能否正当行使其应有的法定权利,是对被害人权利保护的前提。被害人身份认定需要按照一定的认定标准,首先,从"目的"要素来看,"剥削"的认定标准需要加以明确;其次,从违法性排除来看,被害人"同意"效力的认定标准需予以确认;最后,被害人非犯罪化原则虽未被《巴勒莫议定书》确立,亦是认定标准的关键。

(一)人口贩运被害人受"剥削"的认定标准

"剥削"目的虽并不要求实际达成,但却是核心的构成要素。根据上述讨论可知,三大要素对人口贩运的构成都不可或缺。不言而喻,"剥削"目的在人口贩运的判定中至关重要,需要将其单独抽调出来予以讨论。而在基于目的归纳出的剥削形式中,最常见的当属性剥削与劳动剥削。

1.对"剥削"一词的解释

"剥削"一词在《巴勒莫议定书》中对应的英文单词系"exploitation",而"exploitation"在英文中有两种含义,也对应着两种不同的词性。第一种含义是指通过劳动赋予原物的使用价值,词性为中性,如资源开发"exploitation of resources"。第二种含义则是出于私利的利用与榨取超出一定范围的价值,带有贬义。显然《巴勒莫议定书》中所使用的应为第二种,故学界普遍将"exploitation"译为"剥削",从根本上否定了人口贩运目的的正当性。"剥削"一词在中文语境下意为无偿地占有别人的劳动或产品,饱含掠夺与恶意的色彩。[①] 法律意义上的"剥削"作了一定的限缩解释,其指利用威胁、暴力、欺骗等手段,使得他人在违背真正意愿的情况下为自己谋取利益的行为。《巴勒莫议定书》及其起草文书中均未对"剥削"一词下定义,而是采取列举方式,规定剥削应至少包括但不限于利用他人卖淫进行剥削或者其他形式的性剥削、强制劳动或服务、奴役或者类奴役行为、奴役状态或者摘除器官。[②]

2."性剥削"的认定标准

在人口贩运中,"人"等价于"商品",贩运者无偿掠夺其中的使用价值。而女性由于特殊的生理因素,在人口贩运市场常常更受青睐。因此,《巴勒莫议定书》在列举剥削形式时将性剥削置于首位,并将其具体表述为"利用他人卖淫进行剥削"和"其他形式的性剥削"。此后的《打击人口贩运示范法》中对上述表述进行了深入分析,其提出"利用他人卖淫进行剥削"是指从他人卖淫中非法获得经济或其他物质利益;"其他形式的性剥削"中"其他"则是对性剥削形式不完全列举的兜底表述,为不断"创新"的贩运形式预留了空间;"性剥削"则是指

[①] 参见中国社会科学院语言研究所词典编辑室:《现代汉语词典》,商务印书馆2016年版,第98页。
[②] See Palermo Protocol, Article 3(a).

"通过他人从事卖淫或其他类型的性服务,包括色情行为或制作色情材料来获得经济或其他利益"①。

通过对《巴勒莫议定书》中"性剥削"字面意思的理解,被强迫从事卖淫的女性毫无疑问可被认定为被害人。但倘若女性自愿卖淫,贩运者能否被判定具有剥削目的?该女性又能否被认定为人口贩运被害人呢?《巴勒莫议定书》中并未明确,其他国际文件亦然。首先,姑且不论卖淫行为的合法性,单就人口贩运剥削要素而言,卖淫行为的自愿性虽然具有一定的主观能动性,但并不能掩盖贩运者将人商品化并予以剥削的事实。其次,女性对于性权利虽然具有一定的处置权,但贩运者将其完全物化甚至商业化,在一定程度上侵害了其性权利,理应认为具有剥削性。最后,对于自愿卖淫的女性能否认定为人口贩运被害人,可以通过其是否参与贩运利益的共享进行判断,如果其在此过程中也是既得利益者,则无法认定其人口贩运被害人身份。

3."劳动剥削"的认定标准

劳动剥削,又称强迫劳动,亦可视为人口贩运剥削常见形式之一。劳动是使用价值的唯一源泉,人作为商品被贩运后的最大价值莫过于劳动。19 世纪黑奴交易盛行,黑奴被贩运后成为卖家的仆人从事一些常人不愿做的繁重体力活并为卖家所有。进入互联网时代后,犯罪集团通过贩运人口招兵买马,一是因为科技高度发达的同时滋生了高端骗局吸引部分人入局,二是犯罪集团为降低人员运营成本,愿意剥削被贩运的人。故而,人的劳动价值也是贩运者剥削的主要来源之一。目前,被劳动剥削的人口贩运被害人主要集中于家庭服务业、采矿业、建筑业等,②其通常被要求在危险环境下长时间作业,这将导致被剥削人的心理和身体存在双重疾病的风险。然而,对于以劳动剥削为主要目的的人口贩运被害人身份认定,其难点主要在于与劳动移民的区别认定。劳动移民是指以劳务输出到达某个国家的现象,近年来常见于发展中国家。而劳工贩运则是欺骗性承诺下发生的事实。③ 也即,劳动移民的劳动者是在完全自愿的基础上从事劳动,其与雇主之间的共识不存在欺骗性信息,而劳工贩运则为雇主使用暴力、胁迫或欺骗方法迫使被贩运者违背自己意愿工作。故而,劳动移民的劳动者与劳工贩运的被害人身份认定依据应为"是否出于自愿"。这里的"自愿"也需完全遵循本人的意愿,不包含任何欺骗或威胁手段下被迫的"自愿"。

(二)人口贩运中"被害人同意"效力的认定标准

古罗马有法谚称"volenti non fit iniuria",即自愿者不构成被害。被害人同意原则一直

---

① United Nations Office on Drugs and Crime, Model Law against Trafficking in Persons, United Nations Publication, 2009, p.20.

② See Tommy Wong, A Violation of Human Rights: Trafficking in Persons and Smuggling of Migrants, 2020, https://www. mondaq. com/human-rights/1093382/a-violation-of-human-rights-trafficking-in-persons-and-smuggling-of-migrants (last visited on Oct. 27, 2023).

③ See Oanh Nguyen & Hoan Nguyen, Human Trafficking and Responses to Identification of and Assistance for Victims of Human Trafficking in Vietnam, Flinders Law Journal, 2018, Vol.20, No.1, p.63.

在国内外刑法学界占据重要的理论地位,指法益主体允许他人对自己的个人法益以一种刑法上的"侵害"方式予以处置。通俗来讲,被害人同意就是指被害人同意他人对其加害。"被害人同意"作为一项违法性阻却事由,在人口贩运被害人身份认定中具有广阔的适用空间。《巴勒莫议定书》在对人口贩运定义中也考虑到了"被害人同意"的效力问题。①

1.人口贩运儿童被害人同意当然无效

针对人口贩运儿童被害人这一特殊群体,对其同意效力认定需先考虑其年龄界定的问题。具体而言,倘若一人口贩运被害人年龄可以通过有效身份信息予以确定,则只需考虑年龄是否在18周岁以下;但倘若一人口贩运被害人年龄无法被证实时,则需遵循儿童最大利益原则进行年龄推定。年龄推定的适用在《巴勒莫议定书》中并未明确,而是在《人口贩运公约》中首次提出。《人口贩运公约》对人口贩运儿童被害人年龄进行特殊规定,即当无法确定人口贩运被害人年龄且有理由相信该人口贩运被害人为儿童时,推定其为儿童。② 但该公约对于何为"无法确定"和"有理由相信"的适用范围均未明确规定。基于此,笔者认为"无法确定"被害人年龄意味着司法机关在认定过程中无法获取该人口贩运被害人有效的真实身份信息,而"有理由相信"人口贩运被害人为儿童则是根据外貌、声音等外在条件或者权威心理测试等判断其可能为儿童。

《巴勒莫议定书》第3条第3款对"儿童贩运"进一步规定:以剥削为目的而招募、运送、转移、藏匿或者接收儿童,即使没有采用本条(a)项所规定的任何手段,也应视为"人口贩运"。由于人口贩运儿童被害人自身脆弱性与易伤害性,贩运者只需满足目的与行为两大要素,即可构成贩运儿童。也即,人口贩运儿童被害人的同意与否并不影响贩运者能否构成人口贩运的判定。由此看来,《巴勒莫议定书》中完全否认了人口贩运儿童被害人自身的同意效力,这与国际社会对于被害人同意需达到一定认知能力的共识一致,有利于保护人口贩运儿童被害人的法律权益。与此同时,部分国内法对于人口贩运儿童被害人的权益保障更为全面。如美国路易斯安那州有关人口贩运法规中针对人口贩运儿童性贩运被害人就补充了法定监护人的"同意"也不能成为贩运者的抗辩理由。③ 因此,在人口贩运儿童被害人身份的认定中,"同意"不能视为一项违法性阻却事由,人口贩运儿童被害人及其法定监护人对于贩运者行为的任何"同意"都应视为无效。

2.被贩运者同意不当然否定其人口贩运被害人身份

除上述人口贩运儿童被害人同意的效力当然无效外,其他人口贩运被害人对于先前贩运行为的同意是否具有效力,需要进一步讨论。《巴勒莫议定书》第3条第2款明确规定:如果已使用本条(a)项所述任何手段,则人口贩运活动被害人对(a)项所述的预谋进行的剥削所表示的同意并不能消除行为的犯罪性。换言之,贩运者如果已使用相关手段,则被贩运者对其预谋剥削的同意无效。因此,认定被贩运者同意是否有效的前提就是证实非法贩运手段是否成立。非法贩运手段在《巴勒莫议定书》中规定了除常见的暴力、威胁等手段外,"滥用权力或脆弱境况"也被纳入其中,手段形式也作了较为全面的罗列。倘若手段已被证实,

---

① See Palermo Protocol, Article 3(a).
② See European Trafficking Convention, Article 10(3).
③ LA. REV. STAT. § 14:46.3 A (3).

贩运者的行为则构成人口贩运,那么被贩运者的同意被视为无效。倘若手段未被证实,那么贩运者的行为能否构成人口贩运？被贩运者同意是否有效呢？例如,在一场器官贩运交易中,被贩运者与器官经纪人已经就器官与交易价格达成共识,且器官经纪人也并未使用胁迫等手段,当这场交易顺利完成时,能否认定该行为构成人口贩运呢？器官捐助者能否认定为人口贩运被害人呢？这将取决于捐助者是否完全知情同意。如果器官经纪人对于任何有关手术的信息(包括术后健康风险)未如实告知捐助者,则捐助人的同意通常视为无效,器官经纪人行为仍可构成人口贩运。① 故而,在贩运手段未被证实的情况下,对于人口贩运被害人同意效力的认定需要考虑人口贩运被害人的知情同意是否建立在对其所有风险完全了解清楚的基础上。

(三)被贩运人因贩运从事犯罪行为后的身份认定标准

自《巴勒莫议定书》诞生以来,国际社会越来越重视对人口贩运被害人的保护。然而不少国际文件对人口贩运被害人保护的呼吁仅仅停留于理论层面,实践中人口贩运被害人身份常因被贩运时从事犯罪行为而被否定,甚至被认定为罪犯。大量的人口贩运被害人被拘留、起诉、定罪以及驱逐出境,这将不利于对人口贩运被害人的人权保护,也促使人口贩运被害人逃避司法机关的追查,不利于真正打击人口贩运的犯罪活动。因此,为避免人口贩运被害人陷于自相对立的法律地位,②"被害人非犯罪化原则"逐渐被确立。

1.被害人非犯罪化原则

所谓"被害人非犯罪化原则"是指被害人不因贩运过程中所犯罪行或因被贩运所造成的违法结果受起诉和惩罚的原则。③ 人口贩运被害人被贩运过程中所犯罪行具体而言应为人口贩运被害人在被贩运过程中或被贩运后被剥削强迫所做的行为,而不是其所有行为。因被贩运所造成的违法结果则指人口贩运被害人因被贩运行为本身而触犯目的国的法律,如非法移民等。被害人非犯罪化原则是人口贩运被贩运人犯罪后身份认定的重要指南,也是保护人口贩运被害人的根本保障。其旨在确保人口贩运被害人不会因为如果他们没有被贩运就不会犯下的行为而受到惩罚,以便他们获取必要的司法支持与服务,保障其合法权利,并避免他们遭受进一步的创伤。④

---

① See Alexis Aronowitz, Victims of Human Trafficking: A Complex Issue, 2015, pp.4-5, https://www.researchgate.net/publication/281822267 (last visited on Oct. 29, 2023).

② See Marija Jovanovic, The Principle of Non-Punishment of Victims of Trafficking in Human Beings: A Quest for Rationale and Practical Guidance, *Journal of Trafficking and Human Exploitation*, 2017, Vol.1, No.1, p.42.

③ See United Nations Office on Drugs and Crime, Identification of Victims, https://sherloc.unodc.org/cld/en/education/tertiary/tip-and-som/module-8/key-issues/identification-of-victims.html (last visited on Oct. 28, 2023).

④ See Oluwakemi Omojola, Protection of Victims of Human Trafficking in Nigeria, *Nnamdi Azikiwe University Journal of International Law and Jurisprudence*, 2023, Vol.14, No.3, p.85.

2.被害人非犯罪化原则在人口贩运被害人身份认定中的适用

《巴勒莫议定书》对被害人非犯罪化原则没有明确,但为有效执行《巴勒莫议定书》而设立的联合国人口贩运问题工作组曾就被害人非犯罪化原则提出呼吁:"各缔约国应该根据其国内立法,不惩罚或起诉被贩运者因其作为被贩运者的处境而直接导致的非法行为,或当他们被迫实施这种非法行为时实施的行为。"[①]此后,《人口贩运公约》中设立了专门条款首次明确了被害人非犯罪化原则,[②]其后的欧洲议会和理事会《预防与打击跨国人口贩运及保护被害人指令》(Directive 2011/36/EU of the European Parliament and of the Council on Preventing and Combating Trafficking in Human,以下简称《2011 年指令》)中再次重申该原则适用的重要性。[③] 至此,越来越多的国际和区域法律文书也逐渐确认了被害人非犯罪化原则,然而应注意的是,该项原则的适用范围并不具有普遍约束力。

《人口贩运公约》与《2011 年指令》中就被害人非犯罪化原则的规定有所区别。首先,《人口贩运公约》仅规定了不对人口贩运被害人予以惩罚的可能性,而《2011 年指令》却提及了人口贩运被害人不受起诉或惩罚的权利,显然,后者对于该原则的规定更为具体,更具有可执行力。其次,在对人口贩运被害人可免于惩罚的不法行为类型的规定上,《人口贩运公约》规定为非法行为,而《2011 年指令》则规定为犯罪行为,后者将违反刑法以外的非法行为排除在原则适用范围之外。再次,在人口贩运被害人的不法行为与其贩运经历之间的因果关系的认定上,《2011 年指令》更明确地要求不法行为与贩运经历之间具有因果关系,而《人口贩运公约》中并未强调这种因果关系。笔者认为,《2011 年指令》对于被害人非犯罪化原则的处理更为恰当,在对人口贩运被害人因贩运实施犯罪行为后的身份认定问题上,一方面,应考虑其不法行为与贩运经历之间是否具有因果关系。这里的"因果关系"应局限于直接因果关系,而不包括间接因果关系。如人口贩运被害人因被贩运到制毒工厂被迫从事制毒工作,虽然可以认为其制毒行为与贩运经历之间具有间接因果关系,但不能因此认定人口贩运被害人不为其制毒行为负责。另一方面,人口贩运被害人因被贩运实施犯罪行为后,有关司法机关不应直接否定其人口贩运被害人身份,而要赋予其一定限度范围内不受起诉或惩罚的权利。

三、《巴勒莫议定书》中人口贩运被害人身份认定难题

通过对《巴勒莫议定书》"人口贩运"概念的梳理,可以发现其在人口贩运被害人身份认定标准上已然作出了一定的规定,如"剥削"目的的概念的提出、儿童"同意"效力的完全否定等。但其在人口贩运被害人身份认定方面的适用仍存在诸多不足,如人口贩运定义要素未明确、被害人非罪化原则未明确、人口贩运被害人身份认定实体与程序规范的双重缺失等。

---

① Report on the Meeting of the Working Group on Trafficking in Persons Held in Vienna,2019,p.12.

② See European Trafficking Convention,Article 26.

③ See Anti-Trafficking Directive,Article 8.

同时,各缔约国在遵循《巴勒莫议定书》时,也存在国内立法不统一、程序不健全、执法不到位等问题。

(一)《巴勒莫议定书》在人口贩运被害人身份认定上的立法不足

1.《巴勒莫议定书》中"人口贩运"定义要素模糊

由于人口贩运被害人身份认定需取决于人口贩运行为能否成立,而人口贩运行为的成立又需要由法律作出明确规定,包括哪种行为成立,哪种行为不成立等均需予以尽可能详细的说明。因此,人口贩运被害人身份的认定有赖于"人口贩运"行为概念的准确界定。《巴勒莫议定书》对于部分定义要素进行了模糊化处理,虽然是谈判妥协的结果,[①]但其对法律适用带来了不利的影响。尽管对上述大部分模糊要素的内涵可以参照现行国际性文件进行补足,但仍存在部分概念界定缺位,如"手段"要素中的"滥用权力""滥用脆弱境况"等。

2.《巴勒莫议定书》未明确被害人非罪化原则

被害人非犯罪化原则是人口贩运被害人身份认定的一大重要原则,不仅可以消除人口贩运被害人因被贩运而从事违法行为后担心受刑罚处罚的疑虑,也能有效防止人口贩运被害人本人主动放弃司法救济。人口贩运被害人与司法机关的合作,将会给司法机关带来足够充分的证人证言,为司法机关快速破获人口贩运相关犯罪开辟了捷径,也为人口贩运被害人后续的权利保障提供了可能性。因此,实践中明确被害人非犯罪化原则对于人口贩运被害人身份认定至关重要。

《巴勒莫议定书》对于打击人口贩运犯罪的主要贡献在于对于人口贩运概念的明晰以及人口贩运被害人权利的保护等方面。但其在人口贩运被害人权利保护方面侧重于对人口贩运被害人被贩运后乃至解救后权利的救济,而忽视了人口贩运被害人被贩运中被迫从事行为违法性的认定。于人口贩运被害人而言,能否认定其因被贩运从事违法行为的可罚性直接决定了人口贩运被害人身份地位能否成立,继而也直接影响其是否可以享有人口贩运被害人权利,如在华盛顿,人口贩运被害人若被刑事定罪,因既有的犯罪记录其将面临就业、住房歧视等窘迫处境,并且无法获得相应的经济补贴。[②] 因此,各缔约国适用《巴勒莫议定书》认定人口贩运被害人身份的过程中存在了一定的局限性,往往将人口贩运被害人视为罪犯进行起诉定罪,给人口贩运被害人造成二次伤害。

虽然部分区域性国际文件[③]中已对被害人非犯罪化原则进行了明确,但上述文件在适用范围上仍无法实现全球范围内的统一。《巴勒莫议定书》作为专门处理人口贩运问题的国

---

① See Working Group on Trafficking in Persons, Analysis of key Concepts of the Trafficking in Persons Protocol Background Paper Prepared by the Secretariat, CTOC/COP/WG.4/2010/2, p.3.

② See Marija Jovanovic, The Principle of Non-Punishment of Victims of Trafficking in Human Beings: A Quest for Rationale and Practical Guidance, *Journal of Trafficking and Human Exploitation*, 2017, Vol.1, No.1, p.48.

③ 此处区域性文件是指欧洲委员会颁布的《人口贩运公约》和欧洲议会和理事会颁布的《2011年指令》。

际文件,影响范围波及全球,其有义务明确被害人非犯罪化原则并给国际社会提供适用基准。

3.《巴勒莫议定书》未明确人口贩运被害人身份认定规范

《巴勒莫议定书》由于缺乏人口贩运被害人身份认定规范,对人口贩运被害人的权利保护往往仅停留在理论层面,实践中难以维护人口贩运被害人应享有的各项权利。其在人口贩运被害人身份认定规范上的缺位不仅体现在实体规范上,也体现于程序规范上。

就实体规范而言,《巴勒莫议定书》并未从人口贩运被害人角度总结归纳具体认定标准,如剥削要素的单独认定、被害人非罪化的明确等,从而导致实践中人口贩运被害人与非法移民、难民的混淆。一方面,《巴勒莫议定书》总则部分就人口贩运定义作了较为详细的阐述,却忽视了对定义要素的进一步明晰,导致缔约国在实际执行过程中往往错误地将人口贩运被害人视为非法移民直接遣返或将难民移送至庇护所。另一方面,《巴勒莫议定书》第二章明确了对人口贩运被害人的权利保护,且保护成本远大于非法移民、难民,缔约国出于经济效益的考量,也愿意将被贩运者视为非法移民、难民处理。①

就程序规范而言,2000年打击人口贩运机构间协调小组指出,《巴勒莫议定书》中几乎没有关于如何进行身份认定以及由谁进行身份认定的规定。显然,《巴勒莫议定书》在人口贩运被害人身份认定程序方面是完全缺失的。诚然,《巴勒莫议定书》对人口贩运被害人的权利以及权利救济作出了一些规定,但并未涉及认定人口贩运被害人身份的程序,这将导致各缔约国在打击人口贩运中过度追求对人口贩运者的惩治,而忽视了对人口贩运被害人身份的认定。

(二)各缔约国立法不足与执法缺陷

1.各国国内立法与《巴勒莫议定书》定义不一致

迄今为止,全球绝大多数国家均已批准加入《巴勒莫议定书》,并先后制定了有关人口贩运犯罪的国内法。就各缔约国国内立法而言,一方面,并非所有国家都针对《巴勒莫议定书》中规定的人口贩运的所有剥削形式进行立法,部分国家仅针对某些特殊剥削形式进行了立法;②另一方面,各缔约国在有关"人口贩运"行为的定义上多从本国国情出发,不仅与《巴勒莫议定书》中的规定存在差异,也忽视了与其他国家立法上的有效衔接。例如,越南对于儿童的界定与议定书相左,其将儿童限定为16岁以下。在某些情况下,这种年龄分歧使得执法机构在认定人口贩运被害人身份时感到困惑——当人口贩运被害人年龄在16岁至18岁之间,并同意卖淫或自愿参与劳动剥削时,执法机构往往无法作出有效认定。③倘若该人口贩运被害人系他国籍人,执法机构更是无法提供其有效的身份

---

① See Anne T. Gallagher, *The International Law of Human Trafficking*, Cambridge University Press, 2010, p.180.

② See Alexis Aronowitz, Victims of Human Trafficking: A Complex Issue, 2015, pp.8-9, https://www.researchgate.net/publication/281822267 (last visited on Oct. 29, 2023).

③ See Oanh Nguyen & Hoan Nguyen, Human Trafficking and Responses to Identification of and Assistance for Victims of Human Trafficking in Vietnam, *Flinders Law Journal*, 2018, Vol.20, No.1, p.69.

信息并展开跨国合作。

人口贩运不仅发生于国内,跨国的人口贩运也常常发生,因而国家与国家之间、区域之间立法的有效衔接对于打击人口贩运举足轻重。然而,各缔约国虽然在总体方向上以《巴勒莫议定书》为参考标准,但对于具体细节的敲定以及《巴勒莫议定书》中尚存的模糊术语的解释仍然缺乏统一的立法协商机制。这些都将导致人口贩运被害人身份认定在各缔约国存在一定的偏差。

2.各缔约国国内人口贩运被害人身份认定程序不健全

人口贩运中被害人身份认定除了需要实体法上的规制,也离不开程序法的保障。尽管《巴勒莫议定书》对于人口贩运被害人获得保护前的身份认定程序存在空白,但为实践需要,仍有部分缔约国开始尝试借鉴国际上"国家转介机制"的模式,以协调认定主体,为人口贩运被害人身份认定探索出一条合理的认定程序机制之路。

所谓"国家转介机制"(national referral mechanism)是指一个国家中不同的部门和组织无缝衔接合作,调查人口贩运案件和为人口贩运被害人提供支持的一种机制。该机制要求各部门是一个通力合作的整体,建立起信息共享、资源共用、工作成果互认的联动机制。国家转介机制作为一个不同部门之间的合作机制,其在给人口贩运被害人提供支持上应不仅局限于认定后的权利保护,更应发挥其在人口贩运被害人身份认定过程中的作用。该机制将会最大限度地确定人口贩运被害人的认定主体以及统筹各主体的分工与协作。

国家转介机制在人口贩运被害人身份认定方面的应用最早源于欧洲。2008年,欧盟移民机构一报告指出,一线专业人员将使用指标来考虑该个人是否可能成为人口贩运被害人,然后再将其详细信息提交给指定的主管当局,以决定是否有合理理由相信该个人已被贩运。[①] 该机构对人口贩运被害人身份认定程序的初步建构为:第一,认定主体为一线专业人员与指定的主管当局,其他机关或人员无权行使;第二,主管当局认定时间应为"有合理理由相信"该人被贩运时。2009年,英国采取国家转介机制模式将"英国边境局与人口贩运中心"确定为认定当局,同时发布了关于认定人口贩运被害人身份以及可能构成可信的贩运被害人的指南。英国进一步对人口贩运被害人身份认定程序进行明确:第一,英国将认定主体确定为边境局与人口贩运中心;第二,英国将"有合理理由相信"具象为工作指引指南。2020年,沙特阿拉伯也实施了国家转介机制,不仅明确了沙特所有当局在认定和保护人口贩运被害人方面的责任,协调各组织部门任务与职能,[②]还增加了将可能为人口贩运被害人的人转介至庇护所接受护理与等待身份认定的认定前置保护程序细则。[③] 该程序的启动给相关部

---

① See Home Office/Border and Immigration Agency, Impact Assessment of Ratification of the Council of Europe Convention on Action against Trafficking in Human Beings, 2008, https://www.legislation.gov.uk/ukia/2008/248/pdfs/ukia_20080248_en.pdf (last visited on Dec. 28, 2023).

② See National Committee to Combat Human Trafficking, National Referral Mechanism, 2022, https://www.ncct.gov.sa/en/national-referral-mechanism (last visited on Dec. 28, 2023).

③ See Office to Monitor and Combat Traicking in Persons, 2022 Trafficking in Persons Report: Saudi Arabia (US Department of State, 2022), https://www.state.gov/reports/2022-traicking-in-persons-report/saudi-arabia (last visited on Dec.27, 2023).

门认定人口贩运被害人身份预留了一定的时间,起到最大化保护人口贩运被害人合法权益的作用。

尽管越来越多的缔约国建立"国家转介机制"以打击人口贩运和为人口贩运被害人提供相应的支持,但就现有机制建设状况而言,具体程序多为仅规定了人口贩运被害人身份的认定主体以及认定机构职能,存在机构工作内容规范较为笼统、缺乏具体程序性规定等问题。原因有二:从国际层面上看,《巴勒莫议定书》中人口贩运被害人身份认定程序的空白,导致大多依照《巴勒莫议定书》立法的缔约国也缺乏在对人口贩运被害人身份认定程序机制上的创新;从国内层面来看,各缔约国多从维护社会秩序的政治意愿出发,始终秉持以打击犯罪为结果导向的刑事立法理念,对以人口贩运被害人保护为中心的身份认定缺少重视,甚至存在担心加紧认定人口贩运被害人身份会导致该国人口贩运数量的上升,从而表明政府在解决这个问题方面做得不够等想法。

3.各缔约国执法人员缺乏专门培训

在人口贩运被害人身份认定过程中,尽管许多国家制定了有利于保护人口贩运被害人的法案,但人口贩运被害人的自我认定报告水平仍然有限,第三方认定主体负有一定的责任。各国认定人口贩运被害人身份的直接主体多为最早接触被害人的一线执法机关或人员,如警察、边防检查机关、移民管理局等。他们通常根据一些指标对可能的人口贩运被害人进行初筛,然后再将其详细信息移交给有关司法部门。因此,若一线执法机关或人员在初筛环节错误认定人口贩运被害人身份,将会给后续司法认定环节造成严重后果。

在实践中,各国执法人员与部门缺乏专门认定人口贩运被害人身份的相关培训,部分工作人员还对人口贩运被害人存在刻板印象,这种成见影响了他们认定人口贩运被害人的能力。① 如在以性剥削为目的的人口贩运中,执法人员往往会将人口贩运被害人视为卖淫类犯罪的罪犯,拒绝将其认定为人口贩运被害人。此外,由于缺乏专业培训,各国执法人员不仅有认定错误的问题,而且在组织纪律方面也存在腐败问题。不少执法人员在人口贩运过程中与人口贩运者沆瀣一气,从原籍国到过境国再到目的国均有执法人员或部门与人口贩运者共谋,人口贩运者则将报酬与之共享的案件并不少见。②

---

① See Kathryn McPherson Serio, Identifying and Better Serving Victims of Human Trafficking: An Approach to Addressing the Growing Human Trafficking Crisis in Louisiana, *Journal of Race, Gender, and Poverty*, 2014, Vol.5, No.1, p.201.

② See Motseki Morero Moses, Justice for Victims of Human Trafficking in Gauteng Province, South Africa, *Technium Social Sciences Journal*, 2022, Vol.28, p.365.

四、《巴勒莫议定书》中人口贩运被害人身份认定的建议

(一)弥补《巴勒莫议定书》中人口贩运被害人身份认定的立法不足

1.《巴勒莫议定书》应明确"人口贩运"的定义要素

《巴勒莫议定书》对"人口贩运"定义要素应作出尽可能详细的解释,尤其对于首次出现的概念应给予一定的说明,如"性剥削""利用他人行为进行卖淫"等。诚然,《巴勒莫议定书》作为一个专门针对人口贩运的国际文件,其内容宜简洁明了,但目前的《巴勒莫议定书》内容已不能完全解决和应对各缔约国实施过程中的疑问与难题,对于一些新兴术语的解释可通过修订议定书或发布相关解释例的方式予以说明。同时,对各项定义要素的说明也不应仅停留在概念层面的解析,可由联合国指派专门机构针对每一要素涉及的具体情形发布典型指导性案例以供各缔约国在日常司法实践中参考。

2.《巴勒莫议定书》应明确加入被害人非犯罪化原则

明确参与非法活动的人口贩运被害人的法律地位对人口贩运被害人保护具有重要意义。被害人非犯罪化原则已被国际社会普遍接受,对被害人非犯罪化原则的明确也已有先例可循。如上所述,《巴勒莫议定书》可借鉴 2005 年《人口贩运公约》以及《2011 年指令》。两者相较而言,《2011 年指令》在明确犯罪人非犯罪化原则方面的立法更加成熟、更有参考价值。其明确了被害人非犯罪化原则适用的必要条件,即贩运行为与人口贩运被害人非法行为之间存在一定的因果关系,也即,人口贩运被害人的非法行为是其作为人口贩运被害人的直接后果。

除此之外,《巴勒莫议定书》还应结合实际进一步明确被害人非犯罪化原则的适用。首先,明确人口贩运经历与人口贩运被害人参与非法活动之间的直接因果关系以及谁应该承担该因果关系举证责任。[①] 其次,该原则适用的犯罪类型及范围也应细化,如是否能适用于任何刑事犯罪?是否只适用于与人口贩运密切相关的违法行为?最后,该原则适用的效力范围也要具体加以规定。如在量刑阶段即开始适用,还是满足一定条件后就不启动刑事诉讼,或什么情况下可以完全免责,什么情形下只是减少罪责等实践中存在的问题均亟须解决。

3.《巴勒莫议定书》应增补人口贩运被害人身份认定规范

在《巴勒莫议定书》中及时增补关于人口贩运被害人身份认定规范,以弥补其在人口贩运被害人保护上的缺陷,同时也有利于各缔约国有效认定人口贩运被害人身份,从而真正实现对人口贩运被害人的人权保护。

[①] See Marija Jovanovic, The Principle of Non-Punishment of Victims of Trafficking in Human Beings: A Quest for Rationale and Practical Guidance, *Journal of Trafficking and Human Exploitation*, 2017, Vol.1, No.1, p.58.

在实体规范层面上,《巴勒莫议定书》应在第二章"对人口贩运被害人权利的保护"之前增补认定标准,可侧重于对其与非法移民、难民作出可区分性标识,如可通过设定特殊要素指标的系数高低来进行区分。同时,《巴勒莫议定书》增补人口贩运被害人身份认定规范时,要关注相关国际法律规范在人口贩运被害人身份认定方面的已有规定,如2005年《人口贩运公约》《打击人口贩运示范法》中对人口贩运儿童被害人适用年龄推定等方面的具体规定,①在其基础上进一步优化。

在程序机制层面上,《巴勒莫议定书》应为搭建国际层面的人口贩运被害人身份认定程序机制提供法律框架。考察与借鉴各缔约国已有的立法经验,《巴勒莫议定书》应立足于构建各国家之间、各国际组织之间在人口贩运被害人身份认定方面的合作协商机制,加强信息互通。首先,应明确各缔约国人口贩运被害人身份认定的主体机构,可为一线边境执法机关,同时可参考英国人口贩运中心建立起全球性人口贩运信息中心对各缔约国认定主体进行管理。其次,应规定国际层面人口贩运被害人身份认定的大致流程。具体而言,可分为初步审核和一般调查两大阶段。在初步审核阶段,执法人员应针对已发现的可能为人口贩运被害人的人进行一些筛查,以评估有关人士是否涉及人口贩运。如初步审核结果认为该人具有被贩运的可能性,则进入一般调查阶段,通过对该可能为人口贩运被害人的人的全面查问,以确定受调查人士是否为真正的人口贩运被害人。

(二)各缔约国因地制宜完善国内立法

1.各缔约国国内立法应与《巴勒莫议定书》保持一致

各缔约国在依据《巴勒莫议定书》制定国内法时,应尽量在人口贩运的定义上保持一致,且对《巴勒莫议定书》中提及的所有剥削形式均应有所制约。尽管目前《巴勒莫议定书》在对"人口贩运"定义概念方面仍然存在一定的模糊之处,但其对于人口贩运三要素、剥削形式等方面的规定仍然是各缔约国立法参考的标准。

此外,打击人口贩运需要全球合作,而全球合作不仅要体现在执法方面,更要立足于立法方面。《巴勒莫议定书》的诞生为国际社会在打击人口贩运上的合作提供了一个契机,各缔约国应借此进一步加强立法上的协作。各缔约国可以以一定的区域为界限,建立一个统一的立法协商与监督机制,遵循《巴勒莫议定书》统筹各国立法细节,为各国在执法上的合作奠定坚实的基础。

2.完善人口贩运被害人身份认定的国内程序机制

各缔约国国内被害人身份认定程序既需符合正当程序的要求,也需符合本国国情。目前来看,一部分缔约国已成功实践了"国家转介机制",但仍然缺乏具体的程序性规范;一部分缔约国虽有较为成熟的程序性规范,但未建立起程序机制。因此,各缔约国之间应取长补短,以国家转介机制为平台,不断完善程序性规范。

针对国家转介机制,各缔约国内人口贩运被害人身份认定的主体应适当扩大范围,不应

---

① See European Trafficking Convention, Article 10(3); Model Law against Trafficking in Persons, Article 18.

只是一线执法机构,而应扩大至医院、学校等可能与人口贩运被害人有接触的公益性单位。认定主体范围的扩大将会大大增加发现人口贩运被害人的可能性,也会更有利于人口贩运被害人及时获得救助。但需注意医院、学校等公益性单位毕竟不是执法机构,在行使某些职能方面应有所制约,其在发现可能的人口贩运被害人时,仅承担及时报告给一线执法机构的义务,其后的专业认定仍应保留给一线执法机构。此外,沙特阿拉伯的人口贩运被害人保护前置程序也可借鉴,各缔约国要根据各执法机构的便利条件,对尚未被确立为人口贩运被害人的人提供基本生活保障。

针对程序性规定,各缔约国应不断细化人口贩运被害人身份认定的具体流程。首先,在初步审核阶段,可通过对人口贩运被害人身份的分类来快速识别人口贩运被害人基本信息,此处可参照越南的相关规定,可将人口贩运被害人分为仍滞留在境外的本国人口贩运被害人、自行回国的人口贩运被害人、国内人口贩运被害人、被解救的人口贩运被害人以及外国国籍的人口贩运被害人五类,[①]以便根据人口贩运被害人实际需要对其提供"因人而异"的保护措施。其次,在一般调查阶段,应明确认定机关调查的期限,可设置为3至7天,以提高认定机关的工作效率。最后,各缔约国内还应建立人口贩运被害人身份认定反馈程序,即若将该人认定为人口贩运被害人,应出具有关书面决定书以确保其后续法定权利的行使;若不予认定为人口贩运被害人,也应及时通知可疑的被贩运者本人,且赋予其在一定期限内申请复核的权利。

3.各缔约国强化执法部门人员培训与监督

各缔约国提高对人口贩运被害人身份认定准确率的关键就在于提升其执法部门以及一线调查人员的认定意识及认定能力。

为此,各缔约国应加大对相关执法工作人员的培训。一方面,要加强有关人口贩运的理论知识的教育,剖析易混淆的人口贩运被害人的案例;另一方面,也要加强对于执法工作人员组织纪律方面的要求,避免出现执法者同人口贩运者共谋现象的发生。此外,针对培训的课程还应设置一定的实战考核,考核通过者方可上岗认定人口贩运被害人身份;针对执法人员的腐败问题,应加强执法监督,严惩腐败行为。

结 论

人口贩运是全球历史遗留的严重犯罪问题。近年来,国际社会不断呼吁打击人口贩运者的同时,也越来越重视对人口贩运被害人的保护。面对日益复杂的人口贩运案件,如果想真正落实对人口贩运被害人的保护,就必须重视对人口贩运被害人身份的认定,必须清楚地认识到现阶段人口贩运被害人身份认定的难题,进而有针对性地提出弥补性的认定建议。要完善人口贩运被害人身份认定问题,应从国际和国内角度双管齐下。从国际层面来说,不

---

① See Oanh Nguyen & Hoan Nguyen, Human Trafficking and Responses to Identification of and Assistance for Victims of Human Trafficking in Vietnam, *Flinders Law Journal*, 2018, Vol.20, No.1, pp.82-83.

仅要从《巴勒莫议定书》等国际文件中厘清认定标准,还要对相关实体和程序规范进行增补;从国内层面来讲,各国也应不断完善国内立法,充分把握"国家转介机制"等有效机制,加速国内人口贩运被害人认定程序机制的确立,同时也要加强对执法人员的培训,为正确认定人口贩运被害人保驾护航。诚然,目前人口贩运被害人的认定的理论与实践尚不成熟,但随着国际社会对人口贩运被害人保护意识的强化、理论研究的深入、执法实践的总结,有理由相信人口贩运被害人身份认定机制将会不断完善。

党内法规学教材的"三个面向"*

——从刘练军教授《党内法规学讲义》说起

刘怡达**

摘要：党内法规学科建设催生了一系列党内法规学教材，刘练军教授独著的《党内法规学讲义》即为其中之一。随着党内法规学教材的日渐增多，教材建设同样需要进行"供给侧结构性改革"，思考"我们需要怎样的党内法规学教材"。优良的党内法规学教材应面向教学活动，经受教学活动的检验，作者也要有丰富的教学经验。同时，因党内法规学乃是一门新兴学科，诸多理论问题尚未达成共识，故优良的党内法规学教材还应面向学术争鸣，特别是以研究生为受众的专著型教材。再者，优良的党内法规学教材应面向工作实践，兼顾党内法规基础理论和党内法规实施现状，而非单纯的"操作手册"或"工作指南"。

关键词：党内法规学；党内法规学教材；教学活动；学术争鸣；工作实践

The Three Orientation of Intra-Party Regulations Textbooks: Thoughts on Professor Liu Lianjun's Lectures on Intra-party Regulations

Liu Yida

Abstract: The subject construction of intra-party regulations gives birth to a series of intraparty rules and regulations textbooks, one of which is professor Liu Lianjun's *Lectures on Intra-party Regulations*. With the increasing number of intra-party regulations textbooks, the construction of textbooks should involve "supply-side structural reform". And we must think over its content. Good intra-party regulations textbooks should include teaching activities which need to be tested. The authors should have rich

---

* 文章DOI：10.53106/615471682024120039011。

** 刘怡达，法学博士，湖南大学法学院副教授，研究方向：中国宪法学。电子邮箱：liuyida@hnu.edu.cn。

teaching experience. At the same time, intra-party regulations is a new subject, many theoretical issues have not yet reached a consensus, so good intra-party regulations textbooks should face academic contention, especially the specialized textbooks targeted at postgraduates. Furthermore, good intra-party regulations textbooks should consider working practice, the basic theory of intra-party regulations, and the current situation of intra-party regulations implementation, instead of becoming a simple "operation manual" or "work guide".

Key Words：intra-party regulation jurisprudence；intra-party regulations textbooks；teaching activities；academic contention；working practice.

一、党内法规学科及其教材的兴起

加强党内法规学科建设，既是依规治党事业发展之必然，亦是依规治党事业发展之必需。2021年12月召开的全国党内法规工作会议即明确要求，"推进党内法规理论研究和学科建设"①。随着党内法规制度建设和依规治党事业的不断推进，其中的实践经验愈加需要理论总结和阐释，现实问题的解决亦离不开智识的支持，此项事业的行稳致远则有赖于后备人才的培养。为此，与党内法规相关的理论研究和专业教学，在近年来呈现出规模化发展态势。如果说党内法规制度建设更多的是一种"自上而下"的推进过程，这尤其表现为党中央先后出台了3份《中央党内法规制定工作五年规划纲要》，在其中对中央党内法规制定工作进行顶层设计。那么，党内法规学科建设则有着明显的"自下而上"的特征，起初由少数高等学校和科研机构自主探索设立相关的教学科研组织，从事党内法规学的教学和研究工作。而后，随着理论之于实践的重要性日益彰显，党内法规学科建设被纳入党和国家的决策部署当中。可以预见的是，随着依规治党事业的不断持续推进，党内法规学科也必将呈现愈加蓬勃发展之势。

任何学科的建设都离不开相应教材的建设，因为教材乃"教学之材料"，反映的是相应学科的知识体系。教材与学科之间有着紧密的关联，此即习近平总书记指出的，"学科体系建设上不去，教材体系就上不去；反过来，教材体系上不去，学科体系就没有后劲"②。以至于教材建设的成效，很大程度上成为观察学科发展程度的重要指标。教育部2019年12月印发的《普通高等学校教材管理办法》第27条即规定，把教材建设作为高校学科专业建设的重要内容。在党内法规学科建设过程中，教材建设同样受到重视，例如，中国法学会会同中共中央办公厅法规局组织编写了《党内法规学》教材，解决了党内法规教学"无书可教、无书可

---

① 王沪宁：《在全国党内法规工作会议上的讲话》，载中共中央党史和文献研究院编：《十九大以来重要文献选编（下）》，中央文献出版社2023年版，第597页。

② 习近平：《在哲学社会科学工作座谈会上的讲话》，人民出版社2016年版，第23页。

学"的问题。[1] 时至今日,比较完善的党内法规体系已经形成,推进党内法规制度建设向纵深发展,需要进行党内法规制度的"供给侧结构性改革"。[2] 相应地,在党内法规学教材与日俱增的当下,建设党内法规学科亦应注重教材的"供给侧结构性改革",集中表现为对"我们需要怎样的党内法规学教材"这一问题的回答。东南大学刘练军教授独著的《党内法规学讲义》近期在北京大学出版社出版发行,作为一部以课堂讲授内容为"底稿"的"讲义式"教材,其无疑丰富了党内法规学教材的"朋友圈"。有鉴于此,本文以这部别具一格的教材为例,试着回答"我们需要怎样的党内法规学教材"这个问题。

二、面向教学活动的党内法规学教材

但凡有教学活动便会有教材,尽管教材的现实载体和表现形式不尽一致。可以说,"教学方法无论如何革新,教科书在教育上所占的重要地位,恐将永久不会动摇"[3]。在很大程度上来说,教材就是为教学活动而生的,相应地,优秀的教材应当是与教学活动高度契合的。例如,《普通高等学校教材管理办法》第23条规定了高校教材的选用原则,其中就包括"适宜教学"。我们需要的党内法规学教材亦是如此,即应当是一部面向教学活动的教材。

一方面,面向教学活动的党内法规学教材,应经受过教学活动的检验。如果说优质的商品须经得起市场的检验,而课堂是使用教材最多的场合,那么,一部好的教材则应在课堂上经受过教学活动的检验。在实践中,此种检验往往表现为某部教材受到一定数量师生的自主选用。由于党内法规学是一门新兴学科,因而在最初的课堂教学过程中并没有现成的教材可用,或者说课堂教学乃是先于教材编写的,不过这也促成了一种"讲义式"教材的诞生。在众多类型的教材当中,"讲义式"教材应当是最贴近教学活动的。因为"讲义"一词的本义就是"为讲课而编写的教材"[4],"讲义式"教材脱胎于教师在课堂教学时的讲稿,嗣后经反复修缮加工便成为教材。此种类型的教材,可以说是在整个编写过程中都在接受教学活动的检验。例如,我国历史上不少经典教材便属于"讲义式"教材,虽然其"前身"是相对粗糙的讲稿,但因其内容已经过教学实践反复考验而日臻完善。[5]《党内法规学讲义》一书的名称,便已充分表明其是一部"讲义式"教材,该教材是作者通过整理其在党内法规学课堂上的录音,并以此为基础反复修改而成。[6] 随着"党内法规学"被纳入法学一级学科的学科范围,[7] 党内法规学领域的教学活动将更加普遍,现已出版的教材将在教学活动中接受持续检验,这要求教材编写者根据选用师生反馈的意见,适时对教材作出修订。

---

[1] 参见宋功德、张文显主编:《党内法规学》,高等教育出版社2020年版,前言。
[2] 参见宋功德:《党规之治:党内法规一般原理》,法律出版社2021年版,第157~168页。
[3] 赵廷为:《教材及教学法通论》,福建教育出版社2007年版,第107页。
[4] 中国社会科学院语言研究所词典编辑室编:《现代汉语词典》,商务印书馆2016年版,第646页。
[5] 参见李瑞山、金鑫:《上世纪二三十年代大学讲义集中出版现象概说——以中文学科为中心》,载《出版科学》2015年第4期。
[6] 参见刘练军:《党内法规学讲义》,北京大学出版社2023年版,第392页。
[7] 参见朱非:《一级法学学科体系新增五个方向》,载《上海法治报》2024年1月31日第B2版。

另一方面，面向教学活动的党内法规学教材，其作者应有丰富的教学经验。在教材相对稀缺的年代，教师自编各类讲义供教学活动使用乃是常态，此时的教材在"量"上无疑是稀缺的，但在"质"的方面往往能够得到保证。随着教育和出版事业的高速发展，很难再说教材是"稀缺货"了，可是在教材编写过程中，却出现了诸如"编者不教"和"编教分离"的问题。作者的水平深刻影响乃至决定了作品的水平，教材既然是供教学活动使用的，那么，其编写者是否具有丰富的教学经验，很大程度上决定了教材质量的优劣。正是缘于此，《普通高等学校教材管理办法》第 16 条规定，教材编写团队应包含一线教师；第 17 条亦规定，教材编写完成后应送一线教师审读和试用。事实上，在教学活动与教材编写之间，存在着一种"编教相长"的关系，即教学经验丰富者有利于一部高质量教材的锻造，同时，"教材的编写过程，是促使编著教师系统总结成功教学经验和方法的过程"①。在现有的数部党内法规学教材中，中国法学会会同中共中央办公厅法规局组织编写《党内法规学》的过程中，便"广泛听取了有关高校党内法规学课程教师和学生的意见建议"②，以期更好地契合教学实践。《党内法规学讲义》一书的作者则是"按照自己编的提纲来讲授，并将讲课录音整理出版"③，有着明显的"教者编"和"编者教"特征。

三、面向学术争鸣的党内法规学教材

有异于自然科学讲求"唯一正解"和"非此即彼"，人文社会科学在方法和观点上其实很难做到整齐划一。比如对于某一问题，理论研究中常有"甲说""乙说"和"丙说"等不同学术观点。法学作为人文社会科学的重要一支，于法学教材的编写而言，"如何处理学界通说与争鸣观点之间关系"的问题被提出。对此，有论者认为，法学教材的编写应"尽可能地容纳学术界的通说，不介入具体的学术纷争"④。亦有论者指出，"教材应反映某一学科知识的先进性和相对正确性"，"教材并不要求都是通说和定论"，"关键是教材中所叙述的观点应该是言之有理的"。⑤ 此种理论争鸣会对教学产生一定影响，曾有一项调查研究表明，"理论体系不成熟，争议点多"，是学生在"党内法规学"课程学习中遇到的主要障碍之一。⑥ 本文以为，教材的主要内容是否应限于通说，或者说教材在何种程度上承载了通说，这不仅取决于教材的自身定位和预期受众，而且受到相应实践和学科进展的影响。

首先，无论是法学各二级学科的教材，还是现有的党内法规学教材，在自身定位上其实

---

① 王恬、阎燕：《加强教材建设 助力人才培养》，载《中国大学教学》2013 年第 9 期。
② 宋功德、张文显主编：《党内法规学》，高等教育出版社 2020 年版，后记。
③ 刘练军：《党内法规学讲义》，北京大学出版社 2023 年版，第 391 页。
④ 杨海坤、胡玉鸿：《谈谈法学专业的教材编写》，载李进才主编：《更新教材机制 推进教材建设——社会主义市场经济条件下高等教育教材更新机制研究》，高等教育出版社 2003 年版，第 276 页。
⑤ 陈金钊：《问题与对策：对法学教材编写热潮的感言》，载汤唯主编：《法学教育模式改革与方法创新》，中国人民公安大学出版社 2009 年版，第 44~45 页。
⑥ 参见代杰：《高校开设"党内法规学"法学本科课程探究》，载《中共青岛市委党校青岛行政学院学报》2020 年第 1 期。

有较大差别。比如有论者把法学教材分为3类,分别是法学院校组织编写的教材,知名学者主编的全国统编教材,以及1到2位作者编写的专著型教材。① 于现有的数部党内法规学教材而言,中国法学会会同中共中央办公厅法规局组织编写的《党内法规学》乃是一部彰显官方意志的教材。该教材自然应当以呈现理论通说为主,比如对于党内法规体系的构成,在现有理论研究中有着不同见解,② 上述《党内法规学》一书则是以《中共中央关于加强党内法规制度建设的意见》为据,将党内法规体系的构成概括为"1+4"。③ 相较而言,不具有官方色彩的专著型教材,无疑有着更大的"自由发挥空间"。例如,在《党内法规学讲义》一书中,党内法规体系被划分为6大部门,分别是"党章部门""党内综合性法规部门""党的自身建设法规部门""党的领导法规部门""党的组织法规部门"和"党内监督法规部门"。④ 当然,此种"自由发挥"并非漫无边际的,《党内法规学讲义》的"党内法规学分论"部分亦是按照"1+4"结构展开的。这般安排既可让教材使用者感知多元的观点,亦能避免初学者在众说纷纭中感到无所适从。

其次,优质的教材其实需要尽可能地做到"量体裁衣",即为教材使用者"量身定制"一部教材。于绝大多数教材而言,学生可谓是人数最众的使用者,是故"学生的学习需求对教材设计有制约作用"⑤。正是缘于受众对教材内容选取的关键指引作用,有论者在谈及宪法学教材编写时表示,"对于本科生而言,教材主要解决从无知到有知的过程",故"作为本科生适用的宪法学教材应以介绍通说为主"⑥。考虑到现阶段党内法规领域的课程,主要是面向研究生开设的。而研究生特别是博士研究生在汲取知识之余还需创造新知,于是,供此类群体使用的党内法规学教材,在内容上自然不应局限于通说的介绍,而应呈现一些理论上的争鸣。比如《党内法规学讲义》一书的底稿,乃是作者讲授"党内法规学"硕士研究生课程时的讲稿,故而该教材体现了颇多的学术争鸣,较为典型的是在谈及党内法规与国家法律的关系时,全面梳理了"对立论""等同论"和"高级法论"等各异的观点。⑦ 再者,《党内法规学讲义》谈及了"党章与宪法的关系"问题,其不仅呈现了较具影响力的3种理论观点,而且较为明确地提出了本教材作者的主张。⑧

再次,法学研究素有争鸣的传统,有论者曾梳理现代中国法学重大理论和实践问题的争鸣,⑨这大概与法的思辨精神有着极大的关系。也正是因为大量法学争鸣的存在,以至于法

---

① 参见蒋志如:《试论法学教育对法科教师的基本要求》,载黄进主编:《中国法学教育研究》(第4辑),中国政法大学出版社2013年版,第116页。
② 参见蒋清华、何芸:《党内法规体系的部门划分:一种"1+3"体系》,载周叶中主编:《党内法规理论研究》(第8辑),法律出版社2022年版,第79~99页。
③ 参见宋功德、张文显主编:《党内法规学》,高等教育出版社2020年版,第44~45页。
④ 参见刘练军:《党内法规学讲义》,北京大学出版社2023年版,第76~79页。
⑤ 曾天山:《教材论》,人民教育出版社2019年版,第66页。
⑥ 秦前红、任丽莉:《宪法学教材建设与宪法学研究关系探微——基于两版教材的样本分析》,载《河南省政法管理干部学院学报》2010年第3期。
⑦ 参见刘练军:《党内法规学讲义》,北京大学出版社2023年版,第45~51页。
⑧ 参见刘练军:《党内法规学讲义》,北京大学出版社2023年版,第182~185页。
⑨ 参见何勤华:《新中国法学发展规律考》,载《中国法学》2013年第3期。

学研究往往难以形成所谓的通说,甚至有论者将法学通说喻为"法学研究中最为紧缺之物"①。一般来说,愈是新出现的重大理论和实践问题,围绕其展开的争鸣愈多,通说也就愈难形成。较之于法学其他学科,党内法规学无疑是一门新兴学科,因而在诸多重大问题上难以达成学术共识,可谓是党内法规研究的"阶段性特征"。②如此一来,即便党内法规学教材欲在全书中体现通说,也必然会面临"客观不能"的问题。党内法规的属性和性质即为一例,相关讨论对"党内法规是否'姓法'"的问题有着不同见解,或是将其定性为"社会法"和"软法",③或是认为其"具有法律与政策二重属性"④,或是视之为"与国家法律并行的法规范"⑤。此时,理想的党内法规学教材或许需要体现这种争鸣,并在此基础上表明作者深思熟虑后的观点。比如《党内法规学讲义》一书系统展现了"党内法规性质"的不同学说,并表示"党内法规学是一门新兴学科,对党内法规的定性讨论必将持续下去"⑥。

复次,党内法规学具有典型的交叉学科特征,诸如法学、政治学、马克思主义理论等不同传统学科,均从各自的视角去观察党内法规及其制度建设。于此情形下,虽然已有一些专门从事党内法规教学科研的人员,但总体来说,党内法规学的"教学科研人员都是从上述几个学科抽调而来"⑦。例如,国内较早设立的武汉大学党内法规研究中心,便是"集中法学、政治学、马克思主义理论、公共管理学等优势学科的专家学者,积极开展党内法规研究"⑧。此般做法无疑契合了党内法规制度建设"跨领域"的特征,亦可在较短的时间内实现党内法规教学科研事业的繁荣。不过,由于观察视角存在或大或小的差异,由此使得研究方法和研究结论难免不同,此种不同也会体现到党内法规学教材当中。除了在教材中言明,本学科的学习和研究需要运用多学科的方法;更表现为教材中的观点其实是众多不同学科之见解的呈现,特别是那些由不同学科教学科研人员共同编写的教材。《党内法规学讲义》一书更多是从法学视角进行写作,作者在谈及"党内法规学的研究方法"时即表示,"与政治学等学科相比,党内法规学与法学之间的联系更紧密",并提出"一定要把党内法规作为一种规范来进行规范化分析"⑨。

最后,法学学科是实践性很强的学科,党内法规制度建设的丰富实践,同样会对党内法规学教材的内容产生极大影响。例如,在党内法规制度建设过程中,由于党内法规的数量愈来愈多,故而需要进行党内法规的体系划分。对此,2013年11月印发的《中央党内法规制定工作五年规划纲要(2013—2017年)》,指出了"党的领导和党的工作方面的党内法规""党

---

① 姜涛:《认真对待法学通说》,载《中外法学》2011年第5期。
② 参见王立峰:《党内法规研究向何处去——党内法规研究的知识图谱、现状反思及自主性理论构建》,载《郑州大学学报(哲学社会科学版)》2022年第1期。
③ 参见姜明安:《论中国共产党党内法规的性质与作用》,载《北京大学学报(哲学社会科学版)》2012年第3期。
④ 屠凯:《党内法规的二重属性:法律与政策》,载《中共浙江省委党校学报》2015年第5期。
⑤ 肖金明、冯晓畅:《治理现代化视域下的党内法规定位——兼与"党内法规是软法"商榷》,载《四川师范大学学报(社会科学版)》2019年第1期。
⑥ 刘练军:《党内法规学讲义》,北京大学出版社2023年版,第33页。
⑦ 刘俊杰:《论党内法规学的学科独立》,载《马克思主义理论学科研究》2022年第6期。
⑧ 中心介绍,https://iplr.whu.edu.cn/zxgk/zxjs.htm,最后访问日期:2024年2月26日。
⑨ 刘练军:《党内法规学讲义》,北京大学出版社2023年版,第16页。

的思想建设方面的党内法规"和"党的组织建设方面的党内法规"等6种党内法规类型。待到2016年12月印发《中共中央关于加强党内法规制度建设的意见》,则明确提出了以"1+4"为基本框架的党内法规制度体系,至此,党内法规的体系划分可谓大体成型。于是,绝大多数党内法规学教材都遵循"1+4"的构成,设置"党章""党的组织法规""党的领导法规""党的自身建设法规"和"党的监督保障法规"等篇章。《党内法规学讲义》一书更是以此为据,论及了党内法规学的学科划分,包括"党章学""党的组织法规学""党的领导法规学""党的自身建设法规学"和"党的监督保障法规学"。①

四、面向工作实践的党内法规学教材

学以致用是教学活动的基本要求和主要追求,特别是对那些应用性较强的学科。党内法规的生命力在于执行,这使得党内法规学科具有极为浓厚的应用性特征。从这个意义上来说,党内法规的教学活动乃是面向依规治党事业,培养德才兼备、经世致用的人才。相应地,供党内法规教学活动使用的教材,自然也应当面向依规治党的工作实践。

其一,面向工作实践的党内法规学教材,应当兼顾党内法规基础理论和党内法规实施现状。培养经世致用的法治人才乃是法学教育之己任,但不可因此将"法学教育"与"职业培训"等同起来。正是缘于此,有论者认为"法学教育天生就具有内在的二重性,即职业培训性和学术研究性的二重对立"②。党内法规学的教学同样如此,这要求党内法规学教材应实现理论与实践的有机结合。《党内法规学讲义》一书在谈及"党内法规学的研究对象"时指出,"党内法规的基本原理、发展沿革和制度体系,更多的是静态的党内法规",除此之外"还应当关注动态的党内法规,即党内法规的实践运行"。③ 事实上,不少有关"党内法规学教材"的研究均已意识到该问题,比如有论者认为,党内法规学教材在内容上应包括"运行论",以便"从动态的角度廓清党内法规从创制到执行的实施体系"④。在现有的党内法规学教材中,通常会设置"党内法规实施"之类的章节,以便关照党内法规的执行实践。例如,《党内法规学》在第9章和第10章用较大篇幅讲述了"党内法规的制定"和"党内法规的实施"。⑤ 现有数部党内法规学教材的作者多为党内法规理论研究者,为避免教材疏远实践,作者应尽可能地运用实践素材进行写作,使教材在具有理论深度的同时也不忘真实的实践。比如在《党内法规学讲义》一书中,作者结合既往对党内法规的清理实践,比较全面地讲解了"党内法规清理的模式"问题。⑥

---

① 参见刘练军:《党内法规学讲义》,北京大学出版社2023年版,第10~11页。
② 王晨光:《法学教育的宗旨——兼论案例教学模式和实践性法律教学模式在法学教育中的地位、作用和关系》,载《法制与社会发展》2002年第6期。
③ 刘练军:《党内法规学讲义》,北京大学出版社2023年版,第8页。
④ 管华、秦丽云:《"党内法规学"教材建设的设想》,载田士永主编:《中国法学教育研究》(第4辑),中国政法大学出版社2020年版,第61页。
⑤ 参见宋功德、张文显主编:《党内法规学》,高等教育出版社2020年版,第270~349页。
⑥ 参见刘练军:《党内法规学讲义》,北京大学出版社2023年版,第113~114页。

其二，面向工作实践的党内法规学教材，应当为党内法规制定和实施的实践提供理论指引。不可否认，在当前党内法规理论研究中，"理论研究滞后于实践发展的状况仍未根本扭转"①，党内法规学教材编写总体上仍处在起步阶段。但是，理论研究和教材编写绝非单纯的注释或宣传，其对党内法规实践仍可发挥一定的指引作用，特别是党内法规学教材的读者有相当一部分是党内法规实务工作者。此种理论指引往往始于学术批评，有论者形象地比喻道，"在党内法规研究过程中，学者如同质量检验员，学术批评就是要对党内法规制度产品进行检测和打分"②。例如，党内法规的概念可谓是党内法规制度建设的"元问题"，1990年7月印发的《中国共产党党内法规制定程序暂行条例》，2012年5月出台的《中国共产党党内法规制定条例》，以及2019年8月修订的《中国共产党党内法规制定条例》，对"何为党内法规"这个问题先后给出了3个不同的答案。其中，第3个答案被认为是"最权威的关于'党内法规'概念的界定"③。但是，这并不妨碍在教材中进行拓展性的思辨，比如《党内法规学讲义》认为，该定义"只是从制定主体上确立了形式意义上的党内法规的范围，并未覆盖到实质意义上的党内法规"④。当然，理论指引还应在批评的基础上进行建构，即有针对性地提出理论对策。

其三，面向工作实践的党内法规学教材，不应是一部党内法规领域的"操作手册"或"工作指南"。诚然，党内法规教学活动应当契合依规治党事业，党内法规学教材的编写亦应关照实践，但是，不能因此就把党内法规学教材定性为纯粹的"工具书"。于此层面而言，党内法规学教材不仅要讲清党内法规之"术"，而且要言明党内法规之"理"。于"术"的方面而言，党内法规制度建设实践已然走在党内法规理论研究之前，这为党内法规学教材的编写提供了海量素材。于"理"的方面而言，党内法规学教材有必要构建一套党内法规自身的理论，其中便包括党内法规学概念的提炼，比如《党内法规学讲义》就认为，"党内法规学要走向繁荣、趋于成熟，就必须有更多的学术概念产生"⑤。当然，在此过程中亦可借鉴其他相关学科成熟的理论，比如"法律渊源"是法学理论研究中的相对成熟的范畴，尽管也面临着重构的问题，但仍可将其借鉴到党内法规学当中。《党内法规学讲义》一书便参考"法律渊源"的理论，提出了"党内法规渊源"的概念，并介绍了7种党内法规的渊源。⑥

结　语

党的十八大后，党内法规体系进入加速形成阶段，在此过程中，党内法规理论研究经历了从"少人问津"到"时髦显学"的转变。为了因应党内法规制度建设的现实需求，使依规治党事业能够后继有人，党内法规学科建设的重要性愈发突显。有鉴于此，一大批党内法规研

---

① 王伟国：《理想与现实：党内法规学学科建设之路》，载《党内法规研究》2023年第1期。
② 宋功德：《党规之治：党内法规一般原理》，法律出版社2021年版，第498页。
③ 宋功德、张文显主编：《党内法规学》，高等教育出版社2020年版，第16页。
④ 刘练军：《党内法规学讲义》，北京大学出版社2023年版，第27页。
⑤ 刘练军：《党内法规学讲义》，北京大学出版社2023年版，第61页。
⑥ 参见刘练军：《党内法规学讲义》，北京大学出版社2023年版，第62～68页。

究机构应运而生,一大批党内法规方向或专业的研究生陆续入学,一大批讲授党内法规的课程随之开设。但随之而来的问题是,党内法规领域的理论著述和学科教材在一段时期内可谓稀缺。为了"解决党内法规学习教育存在的'无书可教、无书可学'问题"①,中国法学会会同中共中央办公厅法规局组织编写了《党内法规学》一书。与党内法规理论研究经历了"由冷至热"的变化一样,随着党内法规学科建设愈加受到重视,党内法规学教材也将发生"由少到多"的变化,即从最初的"无书可教、无书可学",转变为出版发行的党内法规学教材日益增多。在《党内法规学讲义》后记中,编写党内法规学教材即被比喻为"一个不容错过的'风口'"②。此时,面对现实中"炙手可热"的党内法规学教材编写活动,我们不妨进行一些"冷思考",因为党内法规学教材建设需要完成的不再是"从无到有",而是如何实现"从有到优",这需要冷静思考并审慎回答"我们需要怎样的党内法规学教材"。

人才培养被认为是高等学校的首要职能,但因受不当评价体系和考核指标等的影响,"重科研、轻教学"的倾向仍在一定程度上存在。③ 此种倾向有一个体现便是"重论文发表、轻教材编写",这极易致使教材有"量"而无"质"。当然,编写一部好的教材本身并非易事,因为研究深厚、实务通晓、一线教学,可谓是好教材编写者应当具备的三个必要条件,而同时符合此三条件且有闲暇编写教材的人显然不多。此时,"讲义式"教材或可成为一种兼顾各种情形的最优解,即由研究功底深厚且通晓实务工作的教师讲授相关课程,继而在授课讲稿的基础上修订成为一部学科教材。可以说,此种"讲义式"教材乃是教师在"传道授业解惑"之外的附带产品。

---

① 陈冀平:《在〈党内法规学〉编委会成立及编写工作启动会上的讲话》,https://www.chinalaw.org.cn/portal/article/index/id/10591/cid/5.html,最后访问日期:2024年2月26日。
② 刘练军:《党内法规学讲义》,北京大学出版社2023年版,第391页。
③ 参见张文、赵婀娜、葛亮亮:《高校真的重科研轻教学吗?(教学科研之辩)》,载《人民日报》2015年4月22日第12版。

对配偶的不忠行为相对人的精神损害赔偿请求[*]

——对最高裁判所 2019 年 2 月 19 日民集 73 卷 2 号第 187 页的评释

[日]水野纪子[**]著 赵宸毅[***]译

摘要：自 1978 年 3 月 30 日最高裁判所作出判决后，对配偶的不忠行为相对人的精神损害赔偿请求的诉讼数量急剧增加。这种诉讼也形成了和交通事故案件类似的、所谓的赔偿金额的"市场行情"，而在学界也存在否定这种请求权的有影响力学说。2019 年 2 月 19 日最高裁判所的判决没有否认以不忠行为为由的侵权责任，但是判决认为当事人不负有因不忠行为导致夫妻离婚为理由的侵权责任。这个判决认为夫妻关系是根据夫妻双方的意思、由夫妻双方进行决定的。这个判决给配偶的不忠行为相对人责任问题以再度思考的机会，同时对离婚精神损害赔偿金等离婚给付问题也造成了影响。

关键词：不忠行为；离婚；精神损害赔偿；侵权责任；婚姻法

---

[*] 文章 DOI：10.53106/615471682024120039012。

本文原标题为：《不贞行为の相手方への慰谢料请求—最判 2019 年 2 月 19 日民集 73 卷 2 号 187 页的评价—》，载《法学》第 84 卷 4 号（2020 年）。本译稿的摘要系水野纪子教授单独为本译文惠赐，关键词系译者所加。感谢水野纪子教授无私惠赐高作，让翻译工作可以顺利进行。感谢辛崇阳、王强两位教授对本译稿从语言和学术上予以校正，得以让此翻译稿更至严谨。希冀借由此稿，可以让国内学术界和实务界及时了解日本法中关于不忠行为的精神损害赔偿相关判例法和学说发展。

[**] 水野纪子，日本东北大学法学研究科教授，从事日本民法，特别是家族法、继承法，以及西欧民法和日本民法的比较研究。

[***] 赵宸毅，中国政法大学比较法学研究院博士研究生，研究方向：婚姻家庭法、中国民法和日本民法的比较。电子邮件：zgzfzcy@126.com。

Compensation Claim for Mental Damages of the Spouse's Infidelity Relative
—Commentary on the Supreme Court's Case of February 19, 2019 Vol. 73, No. 2, Page 187 of Collection of Civil Judgments—
MIZU NO Noriko

Abstract: In Japan, the practice of one spouse exercising the right to claim compensation for mental damage against the other person in the spouse's act of infidelity was established by case law in the 1920s. In recent years, some new developments have been made, such as stipulating the statute of limitations for the extinction of this right of claim; defining infidelity as a joint infringement, the liability for damages owed by both parties to the infidelity as the unreal joint obligation; the order of occurrence of marriage breaches and infidelity. The 2019 case of the Supreme Court further draws a line between the two kinds of right of claim, "compensation for mental damage based on infidelity" and "compensation for mental damage based on divorce". No matter how the case law develops and changes, the principle that should be grasped is: the legal interests suffered by the betrayed spouse are opposite to the legal interests of the spouse who did the infidelity act such as freedom of love and divorce, and the adjustment of these legal interests should be handled by the family law. Only in special cases can it be regulated by the law of tort liability.

Key Words: infidelity; divorce; compensation for mental injury; the law of tort; marriage law

一、对配偶的不忠行为相对人的精神损害赔偿请求权的兴盛

配偶一方可以对另一方实施不忠行为中的相对人请求精神损害赔偿金的做法，在日本的司法实践中由来已久。从卖淫、嫖娼和短暂性的出轨行为，到夫妻关系恶化、夫妻一方与第三人恋爱的不忠行为，在日常生活中并不少见。因此，请求获得精神损害赔偿金的相关案例不在少数，诉讼件数逐渐增多，形成了和交通事故案件类似的、所谓的赔偿金额的"市场行情"，单独对这个问题进行专题讨论的实务书籍也有出版。[①]

这种请求权的起源历史悠久。在作为刑事处罚的通奸罪存在的第二次世界大战之前，承认丈夫拥有这种请求权被认为是理所当然的。但不仅是丈夫，大审院决定1926年7月20日刑集5卷8号第318页的有关男子忠实义务的刑事判例，在判决理由中也承认了妻子

---

① 相关专题实务书籍的代表作有如：中里和伸『判例による不貞慰謝料請求の実務』（LABO，2015年）等。

拥有这种请求权。① 这种对妻子请求权承认的确立,是从大审院时代的判例开始的。② 但是,有学者称:"二战之前经营艺妓娼妓[特别是后者(引用者注:指艺妓和娼妓中的娼妓)]的场所,只要是以已婚男子为经营对象的,就常被认为是侵权行为,这和今日一般的法律确信的观点有所不同"③,所以人们一直认为妻子实际上并不会在法庭上提出精神损害赔偿的请求。到了二战结束之后,即使妻子方面的请求逐渐增加,这种诉讼也依然不多。但是,以最判1979年3月30日民集33卷2号第303页(以下简称1979年判决)为契机,这类诉讼开始激增。

1979年判决虽然以没有相当因果关系为理由否定了子女的精神损害赔偿请求权,但关于配偶者的精神损害赔偿请求权,判决认为"和夫妻一方的配偶保持性关系的第三人,只要其存在故意或过失,无论是通过诱惑该配偶发展至保持性关系,还是两人的关系来自于自然发生的爱情,都是对作为该夫妻中另一方配偶的丈夫或妻子的权利侵害,其行为具有违法性,可以认为该第三人对另一方配偶所遭受的精神痛苦有进行精神损害赔偿的义务",这一做法在非常广泛的范围内普遍成立。以1979年判决为契机,学界开始广泛讨论这种请求权的是非,不承认精神损害赔偿请求权的否定说也成为当时有力的学说。

对于这种请求权的行使,有观点认为其会抑制强制认领或者被当作美人计的手段,以至于根据案件的具体情况不同会相应地产生很多弊端。下述1996年的两件最高裁判所判例,则对这种请求权的行使施加了一定的限制。④ 另外,最判1994年1月20日集民171号第1页(以下简称1994年1月判决)规定了这种请求权的消灭时效,自原告知道其配偶和第三者的不忠行为时算起,从时间上对请求权行使作出了一定的限制。但是,行使这种精神损害赔偿请求权的更大弊端在于,不忠行为发生同时夫妻关系还在继续维持的情形,作为原告的配偶会成为三角关系中的赢家:例如最判1994年11月25日判时1514号第82页(以下简称1994年11月判决)判决认为,基于不忠行为这一共同侵权行为的损害赔偿债务是一种不真正连带债务,对实施不忠行为的配偶者债务的免除,并不会自然产生对不忠行为中的相对人债务免除的效果,从而否定了通过对不忠配偶的宽恕限制请求权行使的做法。⑤

最判1996年3月26日民集50卷4号第993页(以下简称1996年3月判决)判决认

---

① 这里的"忠实义务"日文原文为"貞操義務","貞操義務"这一用语虽然没有在《日本民法典》中明文出现,但是一般认为夫妇之间互负"貞操義務"以此维持共同婚姻生活,违反该义务会构成《日本民法典》第770条的不忠行为。冈林伸幸「不貞行為に基づく慰謝料請求権」末川民事法研究7卷2~3頁参照。——译者注

② 大审院是1875年至1947年期间日本的最高裁判机构。1947年大审院被废止,新设最高裁判所。——译者注

③ 中川善之助「『夫の貞操義務』に関する裁判に就て」法学協会雑誌45卷2号(1928年)25頁。

④ 这里的"强制认领"日文原文为"強制認知","強制認知"是除了"任意認知"之外的一种"認知"方式,主要是根据《日本民法典》第787条提起"認知訴訟"来实现的,"認知訴訟"和我国《民法典》第1073条规定的亲子关系确认和否认制度较为不同,因此译者借鉴史尚宽先生的译法,将"強制認知"翻译成"强制认领"。参见史尚宽:《亲属法论》,中国政法大学出版社2000年版,第568页。——译者注

⑤ 1994年11月判决的争议焦点在于,原告的丈夫与不忠行为的妻子通过调解离婚,调解中的债务免除条款效力是否涉及作为共同不法行为人的被告。被责令进行损害赔偿的被告向原告的前妻求偿,被作为共同侵权行为者之间的求偿而被承认。

为,"甲的配偶乙与婚外第三人丙保持性关系的情形,如果甲与乙的婚姻关系在婚外性关系成立之前已经出现破绽的,只要没有特殊情况,丙对甲不承担侵权行为责任。但是,丙与乙保持性关系本身是对甲的一种侵权行为。……是因为不忠行为侵害了甲维持和睦的婚姻共同生活的权利,或者说值得法律保护的利益。但在甲乙双方的婚姻关系已经出现破绽的情况下,原则上,对甲来说没有这样的权利或值得法律保护的利益。"婚姻出现破绽后的不忠行为不被视为过错行为的构成,是最高裁判所在缓和消极破绽主义判例法过程中所使用的方法。虽然在离婚相关的判例法中对严格的消极破绽主义起到一定的缓和效果,但在这种请求权的情形下很难起到同样效果。① 对于1996年3月判决,原告婚姻关系出现破绽的时期和不忠行为开始时间的前后关系成为诉讼的一大争点问题。但是这一争点,无论对于提出主张的当事人双方还是对此进行认定的法官来说,都是一项极其困难的工作。

另外,在最判1996年6月18日家月48卷12号第39页(以下简称1996年6月判决)的判决中,向第三人女性口头承诺要和妻子离婚的出轨丈夫和作为原告的妻子一起,对作为丈夫出轨对象的被告——第三人女性施加了让其支付500万日元的骚扰和暴力行为的压力,在这种所谓的美人计案件中,最高裁判所认为精神损害赔偿金请求权的行使"违反诚实信用的原则,构成权利滥用而不被允许"。对本案来说适用权利滥用法理来进行判决是妥当的,但该案例也导致了"无论该案例是否属于美人计类型的案件,对于作为被告的第三人女性主张本案是美人计或者诉讼欺诈,原告则进一步认为被告的这些主张是对自己的名誉权侵犯,因此导致争论无限变大且长期化"②的实务现状。

学术界也对这个问题进行了积极讨论,通过比较法研究发现西欧诸国中不承认这种请求权的国家比较多。③ 日本学术界从肯定说到否定说,有各种各样的学说,但现在否定说占优势。本稿不介绍学说的对立和分类,有关内容可参见作者以前的论文和本论文中对判例的评论等。④

对于不忠行为中的精神损害赔偿请求权这个主题,采否定说立场的作者在2008年发表

---

① 日本学界对于离婚原因有两种分类:一种是"过错主义",即只有被请求离婚的配偶方有过错的情形可以准予离婚。另一种是"破绽主义",其中还可分为"积极的破绽主义",即婚姻只要出现破绽无论配偶方有无过错都可准予离婚;"消极的破绽主义",即使婚姻出现破绽,但是有过错的配偶方无权请求离婚。鍛冶良堅「離婚における積極的破綻主義と消極的破綻主義」法律論叢70卷1号(1997年)参照。——译者注

② 中里和伸『判例による不貞慰謝料請求の実務』(LABO,2015年)58頁。

③ 代表性的比较法研究成果有:前田達明『愛と家庭と不貞行為に基づく損害賠償』(成文堂,1985年)。

④ 关于最判2019年2月19日民集73卷2号第187页的这个判例,已经有很多的判例评注。安達敏男,吉川樹士・戸籍時報782号66頁;家原尚秀・法律のひろば72卷7号54頁;石松勉・新判例解説Watch 25号93頁;福岡大学法学論叢64卷3号693頁;大島梨沙・新判例解説Watch 25号123頁;山下純司・法教465号132頁;櫛橋明香・令和元年度重要判例解説78頁;潮見佳男・家庭の法と裁判24号114頁;樫見由美子・民商155卷6号1158頁;遠藤隆幸・月報司法書士573号38頁;企業法実務研究会,松嶋隆弘,胡光輝・月刊税務事例52卷5号67頁;吉田邦彦,桑月佳・北大法学論集71卷1号159頁等参照。

了《对不忠行为中的相对人请求精神损害赔偿》一文,该文以对1979年判决的评析为开端,[1]结合对1996年3月判决的评析,[2]并对近些年来法国法的相关判例进行了介绍。[3] 在2008年发表的这篇论文中所提出的解释论和判断至今也没有发生改变。也就是,结论依然如下:被背叛配偶遭受的法益侵害,是与不忠行为人的恋爱和离婚自由等法益相对立的,对这些法益进行调整是应由家族法负责的问题,即使现在的家族法保护力度较弱,但原则上还是应被委托给家族法的领域。例外是,只有在第三人的行为样态极具违法性的情况下,即发生了逼迫作为恋人配偶的原告离婚并加以身体、精神暴力等直接加害行为时,才能成为侵权责任法的保护对象。

本文以和这个主题相关的最新判决最判2019年2月19日民集73卷2号第187页为中心,思考该判决的影响。

二、最判2019年2月19日民集73卷2号第187页

在2019年判决的案件中,丈夫作为原告对妻子的出轨对象即第三人男性行使精神损害赔偿请求权。但是,并不是请求赔偿不忠行为所带来的损害,而是请求赔偿原告离婚所带来的损害,这则案例并不是本文主题"基于不忠行为损害赔偿请求权"直接相关的判例。根据1994年1月判例法则的规定,基于不忠行为的请求权从原告知道不忠行为存在时起开始计算消灭时效,本案中该请求已因时效消灭,因此原告以原告离婚的成立时点为起算点,提出了离婚损害赔偿请求。

本案原告于1994年3月结婚,同年8月和1995年10月诞生两子女。如上所述,婚姻生活出现破绽的时期和不忠行为发生时点的前后关系是这类案件的争议焦点,因此在本案的事实认定中,原告婚姻生活出现破绽的时点被认定为夫妻间性行为消失的2008年12月。不忠行为的开始是2009年5月,2010年5月原告得知此事后,被告与原告妻子的不贞关系被解除。解除不忠行为关系约4年后,2014年4月原告和妻子分居,同年11月原告申请夫妻关系纠纷调解,翌年2月达成离婚调解协议。在该离婚调解协议中,离婚给付只限于财产分配,没有达成给付精神损害赔偿金的合意。离婚3个月后原告向被告申请离婚精神损害赔偿的调解未达成一致,遂于2015年11月提起本案诉讼。通过对本案事实审查裁判所认

---

[1] 关于最高裁1979年3月30日判决,作者的评注有:水野紀子「夫と同棲した女性に対して妻または子から慰謝料を請求できるか—最高裁昭和54年3月30日判決評釈」法学協会雑誌98卷2号(1981年)291頁以下;水野紀子「不貞行為の相手方に対する配偶者および未成年子の慰謝料請求」民法判例百選II債権〈第二版〉(1982年)178頁以下等。

[2] 关于最高裁1996年3月26日判决,作者的评注有:水野紀子「婚姻関係破綻後の不貞行為と他方配偶者に対する相手方の不法行為責任」ジュリスト臨時増刊・1996年度重要判例解説(1997年)76頁以下;水野紀子「婚姻関係が既に破綻している夫婦の一方と肉体関係を持った第三者の他方配偶者に対する不法行為責任の有無」民商法雑誌116卷6号(1997年)94頁以下。

[3] 水野紀子「不貞行為の相手方に対する慰謝料請求」山田卓生先生古稀記念・円谷峻・松尾弘編『損害賠償法の軌跡と展望』(日本評論社,2008年)133頁以下参照。

为：" 本案的不忠行为导致夫妻间失去了信赖关系,这是使原告最终产生决意要和妻子离婚的原因"(原审),因此第一审、原审均支持了原告的请求。

但是最高裁判所对原审作出如下改判："夫妻一方,因另一方的侵权行为而陷入被迫离婚的精神痛苦中的,可以此为理由要求对方赔偿其损失。但本案不是在夫妻间,而是夫妻一方向与另一方保持不贞关系的第三人请求赔偿离婚带来的精神损失费问题。不同夫妻之间的离婚原因并不一致,但无论是协议离婚或诉讼离婚,是否通过离婚解除婚姻关系,本来就是应由该夫妻自己决定的事情。因此,因不忠行为导致该夫妻的婚姻关系出现破绽并离婚的,夫妻一方和第三人可能会对该夫妻另一方承担不忠行为的侵权责任。即使如此,也不能直接解释为第三人应当承担使该夫妻离婚的侵权责任。第三人以该理由承担侵权责任的,不应仅限于该第三人与夫妻一方之间存在不忠行为,还应有使该夫妻离婚的意图并且对婚姻关系进行不正当干涉等,使得该夫妻不得不离婚的特殊情况。综上所述,只要没有这些特殊情况,夫妻中的一方配偶就不能向另一方配偶以及不忠行为中的相对人请求离婚的精神损害赔偿。"

正如判决内容所述,该判决并没有否定"可以以不忠行为为理由请求第三人负担侵权行为责任的情况",而是明确"第三人不承担使夫妻离婚为理由的侵权行为责任"。即并未推翻承认配偶一方对实施不忠行为第三人有权请求精神损害赔偿的判例法则。

但在以往的判例实务中,关于不忠行为的结果,根据夫妻是否离婚其损害赔偿额的认定会有所不同,离婚情形下认定损害额往往更大。不忠行为导致夫妻离婚的情形,原告往往会被认为受到了严重的损害。在2019年判决的调查官解说中关于这一点做了如下叙述："在不忠行为精神损害赔偿额的计算中,到目前为止的下级裁判所判例中,不忠行为导致婚姻关系出现破绽、离婚的情形中一般会将不忠行为的因素考虑进去。但从本判决的立场来看,不应只是将其作为一种损害简单加在离婚精神损害赔偿之上。另一方面,不忠行为导致婚姻出现破绽、离婚的情形,一般可以评价为:对不忠行为精神损害赔偿中的被侵害利益'作为丈夫或妻子的权利'这种人格利益的侵害较大。因此在本案的情况中,作为精神损害赔偿额数额增加的要素予以考虑这个行为本身是应当允许的。"[1]

关于向不忠行为中第三人请求精神损害赔偿情形下的侵权行为要件论,对每个要件都出现过具体讨论。首先,关于保护法益和被侵害利益,1979年判决表述为"作为丈夫或妻子的权利",1996年3月判决表述为"对和睦的婚姻共同生活的维持"。认为是侵害"作为丈夫或妻子权利"的观点,可能会和"承认对配偶身体拥有物权性的支配权"相联系。有一种理解方式认为最高裁判所在1996年3月判决中,否定了1979年判决的保护法益和被侵害利益的构造,将其更换为"维持和睦的婚姻共同生活"。但是,调查官解说并未采用这种理解方式,仍然以使用"作为夫或妻的权利"的构造为前提。此外,在学说中,也有一种观点认为:不仅是配偶间离婚原因导致的精神损害赔偿金和离婚本身导致的精神损害赔偿金可以并存,对不忠行为第三人的精神损害赔偿金请求也可以和这两种赔偿金并存,应当将对这几种赔

---

[1] 家原尚秀「配偶者の不貞相手に対して離婚慰謝料を請求することの可否—最高裁平成31年2月19日第三小法廷判決」法律のひろば72卷7号(2019年)54頁。

偿金的请求统一起来处理。① 但是这两者与夫妻间的精神损害赔偿金不同,对第三人来说不忠行为是对一个单独行为的评价,1996年3月判决为何将这种请求评价为和离婚原因导致的精神损害赔偿金所不同的离婚本身导致精神损害赔偿金,至今还未明确。此外,无论不忠行为会给原告带来多大的精神痛苦,也不能否定"作为丈夫或妻子的权利"的要件构造与对配偶拥有排他性支配权问题具有密切的相关性。

其次,关于相当因果关系这一要件,1979年判决否定子女的精神损害赔偿请求权的依据是认为不存在相当因果关系,判决认为"父亲对未成年子女倾注感情,并进行监护和教育,都和其是否与其他女性同居无关,因为这些行为可以根据父亲自己的意思实施"。因此判决认为子女的精神损害和父亲的行为之间没有相当的因果关系。但是,2019年判决仅表述为"离婚导致婚姻关系解除本来就是夫妻之间应予决定的事情",并没有使用相当因果关系的表述。如果采用"离婚这一当事人之间的决定切断了相当因果关系"的构造的话,则和意思介入导致切断相当因果关系的构造类似,也许是判决时考虑到了本案对过劳自杀等案件可能造成影响。但实际上,将离婚造成的损害作为"夫妻之间应予决定的事情"从损害中扣除的判断,也应适用不忠行为所致精神损害赔偿金的情形。这种判断和前文调查官解说的"对人格利益侵害过大"的构造下在损害数额之上追加的方法是不相容的。

无论如何,想要通过对这些要件的讨论就可以解决这种精神损害赔偿金所带来的混乱是很难的。而且,重视夫妻在婚姻关系上的自己决定权,否定第三人不忠行为的影响力的2019年判决,不得不说是对于承认不忠行为第三人精神损害赔偿金请求权相关判例法理,从消极评价角度中修正的一种价值判断。

本判决的案件是来自丈夫方的请求。判决明确地驳回了其请求,明显是受到了本案事实的影响。当然,即使是来自妻子方的请求也不会有所不同,但和对丈夫相比不忠行为带来的婚姻生活的破绽会对妻子产生更大的影响。

实际上,配偶的不忠行为不一定会立即导致离婚。特别是没有经济能力的妻子,即使知道丈夫的不忠行为而感到苦恼,但只要丈夫不破坏家庭,大多会为了维系生活而选择继续维持婚姻生活。但是,由于受不忠行为影响精神上会遭受巨大的打击,在不信任和苦恼持续一段时间后,无法忍受的妻子在准备请求离婚时,会发现不忠行为的精神损害赔偿请求权已经因时效而消灭。如果没有经济能力的妻子在不忠行为发生后不久就立即要求离婚的话,除了不忠行为以外还会有很多夫妻关系间无法忍受的问题。这样的损害可以作为侵权责任法的保护法益予以解决的话,至少是只能在夫妻两人之间。而且,本来离婚精神损害赔偿的保护法益,应作为离婚制度的离婚给付而构成,并非侵权责任法。

接下来,本文将对离婚精神损害赔偿金进行回顾。

---

① 潮見佳男「判例評釈 不貞相手である第三者に対する離婚慰謝料の請求の可否—最高裁判所第三小法廷平成31年2月19日判決(平成29年(受)1456号)—」家庭の法と裁判24号(2020年)114頁参照。

三、离婚精神损害赔偿金的定位

如果把民法体系比作一个植物,那么侵权责任法可以说是像植物成长起点的领域。侵权责任法的法创造性是不言而喻的。法官们对照故意和过失的不同程度设置了各种各样的阶段,使创设危险的人和因创设危险而获得利益的人承担责任,主要是为了保护受害者而逐渐创造出社会所需要的新型民事责任。[①] 对此,家族法的主要领域可以说相当于植物的树枝和树干,其变化主要是通过立法来进行的。

日本法中的离婚精神损害赔偿金,也是判例法在侵权责任法领域创造出的一种请求权。明治民法起草者没有效仿设立母法中存在的原配偶的离婚后扶养义务制度。立法草案中一度被设立的离婚后扶养相关条文,在后来讨论其和户主扶养义务顺序的过程中被删除。当时的日本社会,是以具有自我经营职能的"家"为基础的,婚姻、离婚、领养关系的建立和解除等取决于家庭成员之间的协商交流,与从"婚姻不解除主义"发展起来的欧美婚姻法差异巨大。所以,在当时也可以说是一部迫不得已的立法。

在没有家族法保护的时期,当事人之间的力量关系决定着家族事务的发展。在过去具有自我经营职能的"家"中,妻子作为单纯的劳动力隶属于家主而被虐待般使用的情况不在少数。在最判 1963 年 2 月 1 日民集 17 卷 1 号第 160 页事实婚姻关系出现破绽的所谓"婆婆虐使儿媳"判例中,最高裁判所支持了对配偶的父母等第三人的离婚精神损害赔偿请求,这是因为存在着这样的时代背景。但是,随着产业结构的变化,工薪族家庭开始逐渐增多,在配偶父母的影响力支配下的具有试婚性质的事实婚姻开始减少,开始同居后立刻提交结婚申请的夫妻逐渐增多。而且,在历史上如俗语"媳妇是从院子里得到的"所说,如果妻子娘家在力量关系对比上处于弱势的话儿媳妇就会被公婆虐待般使用,所以家庭事务很多都是由双方父母家庭力量关系所决定的。但是近代以来由双方父母的力量关系决定的情况变少,家庭事务变成由夫妻双方的力量关系强弱所决定。日本的近代化过程,并不是像西欧社会的近代化一样社会保障制度在财物和照护方面起到安全保障网的作用,而是财物方面由企业向愿意长时间劳动的、以男性为主的职员们发放工资为保障,照护方面则由一边兼职工作一边照顾家庭的主妇们来承担。日本的近代化就是在这种低程度社会福利下得到了发展。即使到了现代,男女在家务负担方面差距过大依然是日本的特征,就一天内分配于家务劳动的时间而言,男性为 14 分钟,女性为 148 分钟(数据来源于 2018 年经济合作组织 OECD)。

但是在以夫妻为单位的近代家族中,日本家族法没有实现对承担照护劳动的配偶者进行补偿的功能。欧美的法律制度通过离婚时补偿一笔优厚的离婚给付,确保了婚姻中夫妻的平等。遗憾的是,日本法的离婚给付制度在这方面的立法考量上是极不充分的。

[①] 在法国法中,像这样保护被害人的判例,未将过错和民事责任之间的关系完全分离开,认为过错和民事责任仅限于"事实上的分居",没到"离婚"的程度的论文有:Ch. Rade, L'impossible devorce de la faute et de la re-sopnsabilite cibile, D. 1998, chron. 301.

为了实现男女间的形式平等,战后家族法的修订对作为离婚给付的财产分割制度进行立法。但在财产分割制度立法后,最判 1956 年 2 月 21 日民集 10 卷 2 号第 124 页判例也承认了离婚精神损害赔偿金,最判 1971 年 7 月 23 日民集 25 卷 5 号第 805 页判例承认了已经进行财产分配情况下的离婚精神损害赔偿金。这个 1971 年的判例是一个典型的家庭暴力离婚案件,身体遭受伤害的妻子带着子女回娘家之际,婆婆威胁道:"把你手脚都打断",并把孙子女抢下。在前一个诉讼中妻子要求离婚并请求将子女交给自己,裁判所判决将监护人定为丈夫,并命令将"一个衣柜和一个碗橱"分与妻子。由于前一个诉讼中的离婚判决存在很大的问题,所以最高裁判所认为应当追加离婚精神损害赔偿金。在现在的实务中,逐渐形成了婚姻内积累的现存财产 1/2 这样的财产分配基准,虽然不会再出现被判决只能获得"一个衣柜和一个碗橱"类似的情况,但在婚姻持续时间较短的情况下,数额也并不会很大。此外,在家庭暴力案件中,想要过正常生活而强烈要求离婚的受害者并不想等待和另一方的交涉,只是通过调解就将所有财产让给加害人的情况也不少见。

夫妻财产分割中现存财产 1/2 的标准,是从德国法和法国法中作为夫妻财产制的清算而继受的内容,可以说与西欧法相比日本法实际上没有离婚给付制度。财产分割,并不能成为对承担照护劳动而成为经济弱者的配偶实施救济的离婚给付的手段。离婚精神损害赔偿金,是在财产分割基础上追加的、为了实现离婚给付的一种手段。但是在侵权行为的框架下,精神损害赔偿请求只能向实施侵权行为的配偶提出,因此有学者提出在非有过错离婚情形下也可承认的"破绽精神损害赔偿金"概念。① 此外,还有观点提出了通过扩展"清算"概念来作为纠正因离婚所生社会地位不均衡的给付,但这些提案并未能被实务所接受。虽然在实务中逐渐确立了养育费的请求权,但由于养育费强制收取程序中缺乏公共支援,所以养育费的债务不履行比例很高。而且在日本,母子家庭的贫困成为一种严重的问题已经由来已久。对不依赖于离婚精神损害赔偿金这一构造,完善离婚给付制度相关立法的呼声较高。但无论如何,现时点的离婚精神损害赔偿金应被理解为一种只能在夫妻间被认可的离婚给付。

欧美的离婚制度,经历了从"婚姻禁止解除主义"到"过错主义",再到"破绽主义"的漫长历史过程。在所有离婚只能在法庭上争讼的制度中,无论是关于离婚诉讼的争论点,还是围绕过错性的争论界限都在被深刻地认知和讨论。同时,过错主义离婚制度所保护的法益,特别是关于家族内弱者保护的功能也被逐渐意识到,破绽主义离婚制度开始逐渐得到确立。

与此相对,日本法中离婚相关事务则被交给极端的私人自治,原则上无法律机关参与的协议离婚成为离婚的形态。而且,日本的诉讼离婚制度广泛地赋予法官判决驳回诉讼请求的权限,消极破绽主义以后的判例法开始逐渐采用不限定争议焦点的做法,夫妻对其夫妻生活(有时也包括婚前时期)中的所有事情都可以进行主张和证明,诉讼离婚制度甚至成为"私人战争法"。② 但这种悲惨的"私人战争",作为非常例外的情况只不过占据了全部离婚案件的 1%左右,所以与此有关的问题并没有被大多数国民所意识到。

---

① 久貴忠彦「財産分与請求権と慰籍料との関係」ジュリスト増刊・民法の争点(1978 年)参照。
② 水野紀子「有責配偶者からの離婚請求」法学教室 193 号(1996 年)52 頁以下;水野紀子「破綻主義的離婚の導入と拡大」ジュリスト 1336 号(2007 年)19 頁以下参照。

比起作为基督教社会的西欧,日本在传统上对于婚姻外的性关系,特别是丈夫的不忠行为,有着更加宽容的文化。正因为如此,对不忠行为中的相对人的精神损害赔偿请求诉讼,如果被放在限定争议焦点的民事诉讼中,会带来怎样的混乱,也许很难达成共识。

四、刑事处罚的领域和"特殊情况"的意义

在德国法中,判例一贯以来都否定对不忠行为中的相对人的精神损害赔偿金请求权。但存在反对判例立场的肯定说。关于请求权的内容,肯定说也比日本法更为局限。例如,有学者认为:"不允许对丧失的持续利益进行赔偿,即不允许对婚姻持续或履行婚姻义务相关的利益进行赔偿。……关于这些,德国民法 1569 条以下规定了离婚后的财产关系,由此可知法条排除了这种赔偿请求的意图。"①因此,以离婚制度的优厚保护为前提,德国学者的肯定说只承认从该保护中溢出部分的补偿。此外,在肯定说中不支持精神损害赔偿金请求权的学说也很强势,例如有学者认为"关于赔偿的范围,不应包含消极的损害,也不应支持精神损害赔偿金。的确,精神损害赔偿往往会成为一种报复行为,起到惩罚和威吓的功能,应当将其委托给刑法的世界"②。

即使委托给刑法领域,恢复通奸罪并将其作为一种刑事处罚的做法也没有可行性了。并且,在被告的行为恶性非常强的场合,典型例如对原告的妻子实施了类似于强奸罪的情况下,除了可能负刑事处罚之外,当然也有可能发生侵权责任。而且,通说认为被告对原告妻子的强奸行为,"同时对该女性的丈夫来说还单独构成一项侵权行为"③。但是作者不采这种立场。对于这种侵权行为被害者的妻子作为原告行使损害赔偿请求权即可,并不需要由丈夫来行使。④

对于性犯罪,未来保护被害人的各种援助手段应当比现时点越来越多样,因此要对刑事处罚进行重新审视。在今年 6 月召开的"关于性犯罪的刑事法律讨论会"中,有委员提出以下意见,本文对其进行直接引用:"首先,把强制性交等罪和强制猥亵罪等主要的性犯罪纯粹看作是对性自由的犯罪,个人认为还是舍弃这种立场比较好。性自由这一法益概念,的确在否定传统的旧思考方式中起到了决定性的重要作用。也就是说,将妻子的贞操视同作为家长的丈夫的所有物那样予以保护,并因此认为夫妻间的强奸行为不具有可罚性这种传统思考方式,是基于强奸罪的保护法益是性自由的立场,如果采用在夫妻之间性自由也有可能被侵害的思考方式的话,恐怕这种传统思考方式要被完全排除。但是,通过性自由这个概念被否定的,与其说是对方按照自己的要求为自己提供性的利益是理所当然的思想、感觉(例如,

---

① 前田達明『愛と家庭と不貞行為に基づく損害賠償』(成文堂,1985 年)97 頁。
② 前田達明『愛と家庭と不貞行為に基づく損害賠償』(成文堂,1985 年)98 頁。
③ 幾代通・徳本伸一『不法行為法』(有斐閣,1993 年)87 頁。该观点认为加害人是否知道受害人女性已婚在所不问。
④ 关于 1979 年判决的评注,作者已经采用了这种解释立场。水野紀子「夫と同棲した女性に対して妻または子から慰謝料を請求できるか—最高裁昭和 54 年 3 月 30 日判決評釈」法学協会雑誌 98 巻 2 号(1981 年)306 頁参照。

带有家长主义色彩的女性歧视),不如说是法律保护的价值或者是其否定犯罪的力量。① 也就是说,在家长主义色彩的女性歧视中没有正面价值的限度内,性自由的概念被理解为有功能性的。今天,有必要再将此往前继续推进。主要的性犯罪,就是典型的基于家长主义的女性歧视的基础实施的——自己认为对方提供性的利益是理所当然之后实施的犯罪行为。因此,为了防止性犯罪,对这种基本思想、感觉在社会上蔓延的防止行为才会被认为是有需要的。此时,如果认为性犯罪只是单纯侵犯性自由的罪,就无法把握应进行否定评价的性犯罪的本质。并非仅是禁止违反被害人意思的行为、侵害被害人自由的行为,还应当包含对性自由侵害行为基础中的家长主义色彩的女性歧视思想、感觉,有必要将这些作为社会中否定评价的对象。"②

这里所描述的对性犯罪认识方法的变化,与丈夫对强奸妻子的犯人拥有独立的侵权行为请求权这种解释方法是不相容的。而且,这个领域的发展会让人深切地感受到,基于当时时代通念的局限性,以及例如对性自由这个概念的绝对化中存在的危险和局限性。

前文 2019 年判决认为:"第三人以该理由承担侵权责任的,不应仅限于该第三人与夫妻一方之间存在不忠行为,还应有使该夫妻离婚的意图并且对婚姻关系进行不正当干涉等,使得该夫妻不得不离婚的特殊情况。"可见,判决承认了第三人的干涉对婚姻关系来说可能被评价为侵权行为。这里所谓的"特殊情况"应该理解为什么内容呢?如果对其进行最大限度地扩大解释的话,第三人在被告离婚后和其结婚的所谓"抢婚"③情形下,可能会有符合"特殊情况"的解释。但是这样的解释也很难说通。这是因为,夫妻关系的基础是基于夫妻之间自己的意思、是判决中所说的"本来就是由夫妻间自己决定的事情",这是比以前的判例法更为限定、一种极其例外的情况。如果站在广泛地认为能够成为"特殊情况"的可能性立场的话,当事人会为了寻求自己的案件被认定为"特殊情况"而导致诉讼不减反增,就无法实现限定侵权行为成立的意义。作为"特殊情况"承认的例外情形,不妨设想为从跟踪狂到威胁行为这些超越正常程度的加害行为。但是在现时点,倒不如只考虑一下现在无法设想的"特殊情况"发生的可能性,思考一下最高裁判所暂时没有对这种"特殊情况"作出具体规定,这种对未来判例法发展的审慎态度。与性有关的领域关系到人格的根本,对其保护的常识和构造在未来可能有超越现在想定情况的发展。

此外,更进一步的发展会是:"夫妻间的不忠行为不是侵权行为"的解释立场会被主张。④ 暂且不论在遥远的将来日本的离婚制度是否会被从根本上进行改革,但笔者在现时点不采用这种解释立场。婚姻约定的核心就是相互负有忠实义务。对这一义务的违反,可以说是会成为对配偶精神上最高程度的家庭暴力。

---

① 这里的"家长主义"日文原文为"家父長主義的ミソジニー","家父長主義的ミソジニー"一般是指近代历史上家族中,男性家长具有终身的、绝对的权威,以此对家族成员进行支配。上野千鶴子「家父長制と資本制」(岩波書店,2009 年)10 頁参照。——译者注
② 「法務省 性犯罪に関する刑事法検討会 各委員から提出された自己紹介及び意見(五十音順)」http://www.moj.go.jp/content/001323852.pdf。
③ 这里所说的"抢婚"是指第三人和已婚者恋爱并使其离婚,该第三人和其结婚。——译者注
④ 松本克美「貞操義務の非法化」二宮周平等編『現代家族法講座第 2 巻・婚姻と離婚』(日本評論社,2020 年)参照。

结　语

　　1979 年判决是作者年轻时做助手的时候,在东京大学民事法判例研究会上进行报告的判例。站在否定说的立场上进行报告的时候,精神损害赔偿金请求否定说的论文尚未存在。在研究会的讨论中,持肯定立场的星野英一教授说:"你还是个年轻的单身女性,所以会得出这样的言论,但是随着年龄增长结婚以后你的意见可能会改变的吧。"在一旁聆听的呗孝一教授打趣道:"这个问题可以说是价值观的石蕊试纸呢。"作者的指导教师加藤一郎教授也赞同了否定说,笑道:"我也受到了水野纪子的影响。"加藤教授在研究会结束之后执笔写作的《家族法判例百选(第 3 版)》中将学说观点改成了否定说。恩师们的音容笑貌,至今依然记忆犹新,距离彼时已经过去 40 多年,三位教授都已然驾鹤西去。

　　无论哪门学问都是一样的,但是做学问并不是一个人独立且孤独的存在,而是从上一代继受后,再将接力棒转交给下一代。恩师们的观点和思想,被继受了下来并交付给了年轻一代。至于无法与其面对面直接接受教导的更早的先辈,例如对笔者来说中川善之助教授就是这样的存在,则可以从他所著的文字中追溯其思想,有幸得以向其"当面"请教。因此,能够生活在同一时代进行学术讨论,是民法学术共同研究活动中一个不可多得的优点。我想我已经和在东北大学被称为"三大先生"的几代通教授、铃木禄弥教授、广中俊雄教授,在日本东北大学这个舞台上充分发挥了这种优势。

　　渡边达德教授和笔者同样出生于 20 世纪 50 年代。由于出生时间的关系,我提前一年从日本东北大学退休,非常感激能和渡边教授一起在东北大学共事。渡边教授无论是在民法学研究还是在学校的行政事务中,都体现出了一种诚实、顾及周围人感受的踏实感,以及敏锐的判断力。有渡边教授这样从心底可以信赖的同事,我感到非常安心。缺乏行政能力的作者只是将一堆待解决的问题留给了渡边教授来接收,是一个给人添麻烦的同事,但渡边教授总是温和宽容对待。借此机会,谨致谢忱。